| 명문동양문고 |

莊子

장자 명언

金東求 편저

100

下

明文堂

장자(莊子) & 《장자》

장자에 대해서 사마천은 그의 불후의 명저 《사기(史記)》 노자·한비(韓非)열전에 이렇게 기록하고 있다.

『장자는 몽(蒙 : 하남 상구의 동북) 사람으로 이름은 주(周). 일찍이 몽의 칠원(漆園)의 관리가 되었다. 양(梁)나라 혜왕(惠王)이나 제나라 선왕(宣王)과 시대를 같이한다. 박학하여 모든 서적에 막히는 것이 없었으며, 학문의 근본은 노자의 설에 귀착한다.

그런 까닭에 저서는 10여만 자에 미치는 대저(大著)가 있는데, 대개가 노자의 도(道)를 더 설명한 우화이다. 〈어부〉, 〈도척』, 〈거협(胠篋)〉 등 여러 편을 지은 것은 그것으로 공자의 제자를 비난하고, 노자의 학설을 밝히고자 한 것이다.

〈외루허(畏累虛)〉, 〈항상자(亢桑子)〉 등 여러 편을 쓴 것은 모두 가공의 이야기로 그 실상은 없다. 그러나 문장이 매우 훌륭하며, 세상일을 지시하고 인정을 추찰(推察)하며, 이런 것들에 의하여 유가(儒家)나 묵가(墨家)를 공격하였으므로 당시의 석학(碩學)이란 학자들도 예봉(銳鋒)을 피할 수 없었다.

그 말은 대해(大海)와 같아서 끝이 없었고 멈춤이 없이 분방했다. 그런 까닭에 왕공(王公), 대인(大人)들에게는 훌륭한 인물로서 대우를 받지 못했지만, 오직 초나라의 위왕(威王)은 장주(莊周)의 현명함을 듣고 사신을 보내 예물을 후히 하여 장자를 재상으로 초빙했다.

그러자 장자가 사신에게 말했다. "당신은 제사에 희생으로 쓰는 소를 보았소(子見夫犧牛乎)? 비단옷을 입히고 풀과 콩을 먹이지만, 막상 태묘(太廟)에 끌려 들어가게 되었을 때 그 소가 어미 잃은 외로운 송아지가 되기를 바란들 무슨 소용이 있겠소. 그만 돌아가시오. 나는 차라리 살아서 더러운 진흙 속에서 꼬리를 끌고 다니겠소(寧其生而 曳尾塗中)." 』

이상이 《사기(史記)》 열전에 있는 장자에 대한 언급이다.

장자(莊子)는 주 열왕(周烈王) 7년(BC 369?~BC 286)에 태어났다. 이름은 주(周). 전국시대 송(宋)나라 출신이다.

그의 저서 《장자》는《남화진경(南華眞經)》또는《장자남화경(莊子南華經)》이라고도 한다. 당나라 현종(玄宗)이 천보(天寶) 원년(742년)에 존경하고 숭상한다는 뜻으로 이름을 바꾸었는데, 이때 장주에게는 남화진인(南華眞人)이라는 존호(尊號)가 붙여졌다.

내편 7, 외편 15, 잡편 11로 모두 33편으로 10여만 자에 이른다. 그 가운데 내편이 비교적 오래되었고 장자의 근본사상이 실려 있어 장자의 저서로, 그리고 외편과 잡편은 후학에 의해 저술된 것으로 추측하고 있다.

장자는 노자의 학문을 깊이 연구하였으며, 그의 사상의 밑바탕에서 동일한 흐름을 엿볼 수 있다. 인위적·작위적인 행위를 배척하고 자연을 존중하며, 그 무엇에도 얽매이지 않는 삶을 역설한다.

《장자》의 문학적 발상은 우언우화(寓言寓話)로 엮여졌으며, 그 문장은 비유, 풍자, 우화가 풍부하고 유려하며, 거침이 없고 종횡무진한 상상과 표현으로 우주의 본체·근원·물화현상(物化現象)을 설명하였고, 속세의 지식인을 경멸하기도 하였다.

장자는 철학사상에 있어서 노자의 『도법자연(道法自然)』의 관점을 계승하고 발전시켜 도가를 진정한 학파로 만들었으며, 그 자신도 도가의 중요한 대표 주자가 되어 노자와 함께 『도가의 조상』으로 불린다.

장자 사상의 중요한 구성 부분 중 하나는 상대성이론의 인식이다. 장자는 사물이 항상 상대적이고 상생(相生)적이라고 생각하는데, 말하자면 어떤 것이든 서로 대립적이면서도 서로 의지하는 정 반대의 두 가지 측면이 있다는 것이다.

장자의 산문(散文)은 선진(先秦)의 제자(諸子) 가운데서 독특한 풍격을 지니고 있으며, 우화를 대량으로 채택하여 허구화한 것으로 상상이 기이하고 형상이 생동적이다. 또한 다양한 비유를 구사하는 데 능하고 발랄하며 예지가 깊다.

장자는 말한다.

"내 말의 열에 아홉은 우언(寓言)이고, 열에 일곱은 중언(重言)이며, 치언(卮言)은 일상으로 하고 있으나, 자연스럽게 조화를 이루고 있다.

열의 아홉을 차지하는 우언은 밖의 사물에 비유하여 말하는 것이다. 아버지가 아들의 중매를 서지 않는 것은, 아버지가 아들을 칭찬하는 것보다 부모 아닌 다른 사람의 칭찬이 더 나을 수 있기 때문이다. 이것은 그 사람의 잘못이 아니라 원래 인간이 그렇게 되어 있기 때문이다.

사람들은 자신과 같은 입장이면 호응하고 자신과 다른 입장이면 반대한다. 자신과 같은 생각은 옳다고 여기고, 자신과 다른 생각은 틀렸다고 여긴다.

열의 일곱을 차지하는 중언은 사람들의 논쟁을 그치게 하기 위한 것이다. 이는 연로한 사람의 말인데, 아무리 나이가 많아도 일에 대한 본말을 모른다면 연로한 사람이라

도 선배가 될 수는 없다. 선배이면서도 인간으로서의 도를 갖추지 못한 사람이라면 진부한 사람(陳人)이다.

일상으로 하는 치언은, 자연의 조화로 자연을 따라 무궁하고 자연을 따라 영원할 수도 있다. 옳고 그름을 따지지 않으면 조화를 이루고, 옳고 그름을 따지면 조화를 이루지 못한다. 조화를 말하는 것도 조화롭지 못하다. 그러므로 무언으로 말하는 것이다. 말을 하되 옳고 그름을 따지지 않으면 평생 말을 하여도 말을 한 일이 없는 것이 된다. 평생토록 말을 하지 않아도 말을 하지 않은 것이 아니다."

전반적으로 장자의 산문은 낭만주의적인 스타일로 고대 산문에서는 드물게 중국 문학사에서 독보적으로 후세 문학에 깊은 영향을 미친다.

그의 글은 어록체 형식에서 벗어나 선진(先秦) 산문이 성숙 단계로 발전했음을 보여주는 것으로, 장자는 선진 산문의 최고 성취를 대표한다고 할 수 있다.

장자 名言 100 上

목 차

내편(內篇)

외편(外篇)

장자 名言 100 下

목 차

외편(外篇)

잡편(雜篇)

장자 명언 100
莊子 名言

下

외편(外篇)

9. 선성(繕性)

德은 모든 것을 포용하여 仁이 되고,
道는 이치에 닿지 않는 것이 없어 義가 된다

세속에서 본성을 닦기 위해 속된 학문을 익혀 처음의 상태로 돌아가려 하거나, 세속적 욕망에 빠져 있으면서 그 명(明)을 이루기를 추구하는데, 이를 일러 몽매한 백성이라고 한다.

옛날에 도로써 다스리던 사람은 고요함(恬)으로써 지혜를 길렀고, 지혜가 생겨도 지혜로써 하고자 함이 없었으니, 그를 두고 지혜로써 고요함을 기른다고 말한다.

지혜와 고요함이 서로를 길러 줌으로써 그 본성에서 조화와 이치가 생겨나는 것이다.

무릇 덕은 조화이며, 도는 이치에 맞는 것이다. 덕은 모든 것을 포용하니 인(仁)이고, 도는 이치에 닿지 않는 것이 없으니 의(義)이다.

의(義)가 분명해지고 만민(萬民)이 서로 친애(親愛)하는 것은 충(忠)이고, 마음이 순수독실(純粹篤實)해져 본래의 모습(情)으로 돌아가는 것은 악(樂)이고, 자기 몸이 행하는 대로 맡겨 두고도 절도에 알맞게 따르는 것이 예(禮)이다.

그런데 예악(禮樂)에만 치우쳐 행해지면 천하가 어지러워진다. 남을 바로잡아주려 하면서도 자기의 덕을 어둡게 하는데, 덕이란 사물을 가리지 않는 것인바 덕이 가려지면 만물은 반드시 그 본성을 잃어버리게 된다.

*선성(繕性) ; 세속에 살면서 본성을 닦음. 繕(선)은 수신(修身), 제가(齊家), 치국(治國), 평천하(平天下)의 수제치평(修齊治平)과 같은 의미로, 여기서는 본성을 '닦는다'는 뜻으로 쓰였다.

■ 陰陽和靜 鬼神不擾
(음 양 화 정 귀 신 불 요)

"음양(陰陽)이 조화를 얻어 고요하며, 귀신도 사람들을 동요시키지 아니한다."

*陰陽和靜 ; 음과 양이 조화를 이루어 조용했다.

*鬼神不擾 ; 귀신이 사람들을 동요시키지 않는다.

【寓言】 옛사람들은 구별이 없는 혼돈(渾沌) 속에 살면서도 세상과 하나가 되어 욕심을 버리고 고요하게 지냈다.

이 시대에는 음양이 본래의 조화를 얻어 고요하며, 귀신도 사람들을 동요시키지 아니하고(陰陽和靜 鬼神不擾), 사계절의 운행이 절도에 맞으며, 만물이 손상되지 아니하고, 모든 생물(生物)이 요절하지 않았다.

사람들이 비록 지혜를 가지고 있어도 그것을 쓸 데가 없었으니, 이를 일컬어 만물일체(至一)가 실현된 시대라 한다.

이 시대에는 아무도 억지로 함이 없고, 늘 자연 그대로의 상태였다.

■ 不以辯飾知 不以知窮天下 不以知窮德
(불 이 변 식 지 불 이 지 궁 천 하 불 이 지 궁 덕)

"그럴듯한 말재주로 지혜를 꾸미지 않았고, 지혜로 세상을 속속들이 알려 하지 않았으며, 덕을 지혜로 궁구(窮究)하

너를시 잃었다."

*辯 ; 말을 잘하다, 이리저리 둘러대는 말.

*飾 ; 꾸미다, 위장하다.

*窮 ; 궁구하다, 끝까지 밝혀내다, 탐구하다.

【寓言】 옛날 자기 몸을 안전하게 보존했던 사람은 '변설로써 지혜를 꾸미지 않았고, 지혜로써 천하를 다 알고자 하지 않았으며, 지혜로써 덕을 다 밝히려 하지 않았다(不以辯飾知 不以知窮天下 不以知窮德).' 홀로 자신의 바른 입장을 지키면서 본성으로 돌아갈 뿐이었다. 그 밖에 또 무엇을 했겠는가!

도(道)는 본래 소소한 행동으로 이룰 수 있는 것이 아니고, 덕(德)은 본래 소소한 지식으로 알 수 있는 것이 아니다.

작은 지식은 덕을 손상시키고, 자잘한 행동은 도를 손상시킨다. 그러므로 자기를 바로잡을 따름이라고 말한다. 온전한 즐거움을 일러 뜻을 얻었다고 일컫는다.

■ 상 기 어 물　실 성 어 속 자　위 지 도 치 지 민
喪己於物 失性於俗者 謂之倒置之民

"외물에 의해 자기 자신을 잃고 세속에 의해 본성을 잃는 사람을 두고 본말이 전도된 백성이라 한다."

【寓言】 옛날에 이른바 뜻을 얻었다는 것은, 초헌(軺軒 ;

옛날, 대부 이상의 관료가 타던 앞 지붕이 비교적 높고 휘장이 있는 수레)을 타고 면류관(冕)을 쓰는 벼슬아치가 되는 것이 아니라, 더할 수 없는 즐거움의 경지를 말하는 것이다.

그런데 지금의 이른바 뜻을 얻었다는 것은, 높은 벼슬아치가 되는 것을 말한다. 높은 벼슬이 일신상에 있다는 것은 자기의 명이나 본성이 아니고, 외물이 우연히 와서 잠시 머무는 것이다. 와서 머문다는 것은 오는 것을 막을 수도 없고 가는 것을 붙잡아둘 수도 없다.

그러므로 높은 벼슬아치가 되었다고 방자하지 않고, 곤궁하다고 해서 세속에 영합하지 않는다. 그 즐거움이란 높은 벼슬아치가 되든 곤궁하든 한결같기 때문이다. 그러므로 근심이 없었다.

그런데 지금은 자기에게 머물렀던 것이 떠나면 즐거워하지 않는데, 이로써 보자면, 비록 높은 벼슬로 즐거움이 있었다 하더라도 허황됨만을 겪은 것이다.

그러므로 외물에 의해 자신을 잃고 세속에 물들어 본성을 잃는 사람을 두고 본말이 전도된 백성이라 한다(故曰 喪己於物 失性於俗者 謂之倒置之民).

9. 繕性

繕性於俗學, 以求複其初;滑欲於俗思, 以求致其明:謂之蔽蒙之民.

古之治道者, 以恬養知. 生而無以知爲也, 謂之以知養恬. 知與恬交相養, 而和理出其性. 夫德, 和也;道, 理也. 德無不容, 仁也;道無不理, 義也;義明而物親, 忠也;中純實而反乎情, 樂也;信行容體而順乎文, 禮也. 禮樂遍行, 則天下亂矣. 彼正而蒙己德, 德則不冒. 冒則物必失其性也. 古之人, 在混芒之中, 與一世而得淡漠焉. 當是時也, 陰陽和靜, 鬼神不擾, 四時得節, 萬物不傷, 群生不夭, 人雖有知, 無所用之, 此之謂至一. 當是時也, 莫之爲而常自然.

逮德下衰, 及燧人, 伏羲始爲天下, 是故順而不一. 德又下衰, 及神農, 黃帝始爲天下, 是故安而不順. 德又下衰, 及唐, 虞始爲天下, 興治化之流, 梟淳散樸, 離道以善, 險德以行, 然後去性而從於心. 心與心識知, 而不足以定天下, 然後附之以文, 益之以博. 文滅質, 博溺心, 然後民始惑亂, 無以反其性情而複其初. 由是觀之, 世喪道矣, 道喪世矣, 世與道交相喪也. 道之人何由興乎世, 世亦何由興乎道哉! 道無以興乎世,世無以興乎道, 雖聖人不在山林之中, 其德隱矣. 隱故不自隱.
古之所謂隱士者, 非伏其身而弗見也, 非閉其言 而不出也,
非藏其知而不發也, 時命大謬也. 當時命而大行乎天下, 則反
一無跡 ; 不當時命而大窮乎天下, 則深根寧極而待 : 此存身
之道也. 古之存身者, 不以辯飾知, 不以知窮天下, 不以知窮
德, 危然處其所而反其性, 己又何爲哉! 道固不小行, 德固不
小識. 小識傷德, 小行傷道. 故曰 : 正己而已矣. 樂全之謂得
志.

古之所謂得志者, 非軒冕之謂也, 謂其無以益其樂而已矣.
今之所謂得志者, 軒冕之謂也. 軒冕在身, 非性命也, 物之儻
來, 寄也. 寄之, 其來不可圉, 其去不可止. 故不爲軒冕肆志,
不爲窮約趨俗, 其樂彼與此同, 故無憂而已矣! 今寄去則不樂.
由是觀之, 雖樂, 未嘗不荒也. 故曰 : 喪己於物, 失性於俗者,
謂之倒置之民.

10. 추수(秋水)

여름벌레에게 얼음을 말해 줄 수 없는 것은
시간에 얽매여 있기 때문이다.

가을비가 때맞춰 내리자 모든 냇물이 황하(河)로 흘러들어 그 물길의 흐름이 커지니, 양쪽 강둑의 거리가 멀어 소나 말을 분별할 수 없을 정도였다.

그리하여 황하의 신 하백(河伯)은 흔연히 기뻐하면서 천하의 아름다움이 모두 자기 때문이라고 생각했다. 물결을 따라 동쪽으로 가서 북해에 이르러 동쪽을 바라보니 물의 끝이 보이지 않았다.

이에 하백은 얼굴을 돌려 북해의 신 약(若)을 향하여 탄식하여 말했다.

"세간에 이르기를, 백 가지 도리를 들으면 자기만한 이가 없는 줄 안다고 생각한다던데, 바로 나를 두고 한 말 같소. 또 나는 일찍이 중니(孔子)의 견문을 낮게 평가하고, 백이(伯夷)의 의로운 행위를 가볍게 여기는 이야기를 들은 적이 있는데, 이제까지 나는 그 말을 믿지 않았소. 지금 당신의 헤아리기 어려운 모습을 보니, 내가 당신의 문 앞에 이르지 않았다면 그야말로 위태로웠을 것이오. 나는 하마터면 큰 도를 깨달은 사람들의 비웃음거리가 될 뻔하였소"

북해의 신 약이 말했다.

"우물 안 개구리에게 바다를 말해 줄 수 없는 것은 자신이 머무는 곳에만 얽매여 있기 때문이고, 여름벌레에게 얼음을 말해 줄 수 없는 것은 시간에 얽매여 있기 때문이며, 보잘것없는 선비(曲士)에게 도를 말해 줄 수 없는 것은 교리에 속박되어 있기 때문이오 지금 그대는 황하의 기슭에서 나와 큰 바다를 보고 비로소 그대의 부끄러움을 알았으니, 그대와 장차 큰 도리를 함께 할 수 있겠소. ……"

*추수(秋水) ; 가을비.

*곡사(曲士) ; 전체를 모르고 일부만 아는 사람이라는 뜻. 소인(小人). 보잘것없는 사람.

■ 望洋向若而歎

"넓은 바다를 바라보고 약(若)을 향해 탄식한다."

*若 ; 북해의 신.

{다른 사람의 위대함을 보고 자신의 미흡함을 부끄러워

한다는 말이다.}

■ 今我睹子之難窮也 吾非至於子之門則殆矣

"지금 당신의 헤아리기 어려운 모습을 보니 내가 당신의

문 앞에 이르지 않았다면 그야말로 위태로웠을 것이오."

*睹 ; 보다, 가리다, 분별하다.

*殆 ; 위태롭다, 대체로.

■ 井蛙不可以語於海 拘於虛也

夏蟲不可以語於氷者 篤於時也

"우물 안 개구리에게 바다를 말해주어도 모르는 것은 사

는 곳에 매여 있기 때문이고, 여름벌레에게 얼음에 대하여 이

야기해 주어도 모르는 것은, 그 때(시기)에 매여 있기 때문이

다."

*井蛙 ; 우물 안 개구리.

*拘 ; 잡히다, 매이다.

*篤 ; 도탑다, 전일(專一)하다.

【寓言】망양지탄(望洋之嘆) ; 옛날 황하(黃河) 맹진(孟津)에 하백(河伯)이라는 물의 신이 살고 있었다. 그는 늘 자기가 사는 강을 보면서 그 넓고 풍부함에 감탄을 하고 있었다.

어느 해 가을, 홍수로 인해 모든 개울물들이 황하로 흘러들자, 강의 너비는 하백으로도 믿기지 않을 정도가 되었다. 흐름이 너무나 커서 양쪽 기슭이나 언덕이 너무 멀리 떨어지는 바람에 소와 말을 분간할 수 없을 정도였다.

하백은 천하의 아름다움이 모두 자기에게 있다며 가슴이 벅차하였다. 그리고는 강의 끝을 보려고 동쪽으로 따라 내려갔다.

한참을 흘러 내려간 후 마침내 북해(北海)에 이르자, 그곳의 신 약(若)이 반가이 맞아 주었다. 하백이 약의 안내로 주위를 돌아보니, 천하가 모두 물로 그 끝이 보이지 않았다. 맹진을 떠나본 적이 한 번도 없었던 하백은 그 너른 바다를 바라보고, 북해의 신 약(若)을 향하여 탄식하며(望洋向若而嘆) 말했다.

"세간에 이르기를, 백 가지 도리를 들으면 자기만한 이가 없는 줄 안다고 생각했더라던데, 비로 니를 두고 한 말 같소. 또 나는 일찍이 중니의 견문을 낮게 평가하고, 백이(伯夷)의 의로운 행위를 가볍게 여기는 이야기를 들은 적이 있는데, 이제까지 나는 그 말을 믿지 않았소. '지금 당신의 헤아리기 어려운 모습을 보니, 내가 당신의 문 앞에 이르지 않았다면 그야말로 위태로웠을 것이오(今我睹子之難窮也 吾非至於子之門則殆矣).' 나는 하마터면 큰 도를 깨달은 사람들의 비웃음거리가 될 뻔했소."

북해의 신 약(若)은 웃으며 말했다.

"'우물 안 개구리(井中之蛙)에게 바다에 대해 말해도 소용없음은 그가 사는 곳에 얽매여 있기 때문이고, 여름벌레에게 얼음에 대해 말해도 소용없음은 그가 시절에 묶여 있기 때문이오(井蛙不可以語於海者 拘於虛也 夏蟲不可以語於冰者).' 지금 그대는 벼랑 가에서 나와 큰 바다를 보고 비로소 그대의 어리석음을 깨달았으니, 이제야말로 큰 이치를 말할 수 있게 된 것이 아니겠소?"

여기서 『망양지탄』은 가없는 진리의 길을 보고 스스로 자기가 이루었다고 생각했던 것을 부끄럽게 여긴다는 의미로 사용되었다. 오늘날에는 뜻을 넓게 해석하여 자기의 힘이 미치지 못함을 탄식한다는 의미로도 쓰인다.

장자는 이 장에서 하백과 약(若)의 문답 형식을 빌려, "도(道)의 높고 큼이나 대소귀천(大小貴賤)은 정해진 것이 아니다. 따라서 사람들은 그 구별을 잊고 도에 따라야 한다."고 주장한다.

■ 不似稊米之在太倉乎
불 사 제 미 지 재 태 창 호

"돌피의 낟알이 커다란 창고에 있는 것 같지 아니한가?"

*稊米 ; 돌피(볏과의 한해살이풀).

【寓言】태창제미(太倉稊米) ; 큰 창고 속에 있는 한 알의 돌피라는 뜻으로, 극히 작은 물건, 하찮은 것을 이르는 말.

황하의 신 하백(河伯)과 북해의 신 약(若)의 대화에서 나온 이야기다.

하백이 약(若)을 바라보고 탄식하며 말했다. "세간의 속담에 이르기를, '도(道)에 대해 조금 들었다고 세상에 나만한 사람이 없다고 우쭐댄다.'고 했는데 바로 나 같은 사람을 두고 한 말입니다."

북해의 신 약(若)이 말했다. "사해(四海)에 둘러싸여 있는 이 세계가 천지 사이에 있는 것을 헤아려 본다면 개미구멍이

근 소택(沼澤) 기에 있는 것 같지 아니한가? 중국이 해내(海內)에 있는 것을 따져 본다면 돌피의 낱알이 커다란 창고에 있는 것 같지 아니한가(計中國之在海內 不似稊米之在太倉乎)?

사물의 수를 만이라고 일컫지만 사람은 그 중의 하나에 지나지 않으며, 사람들이 구주(九州)에 살면서 곡식이 자라고 배와 수레가 소통하는 공간 가운데 개인이 차지하는 것은 그 일부분에 지나지 않는다. 이것을 만물과 견주어 본다면 털끝 하나가 말 몸에 붙어 있는 것 같지 않은가?"

사람은 만물의 영장이라고 한다. 이 말을 들으면 사람이 지구의 주인이고 나아가서는 우주의 주인이라도 되는 것 같다. 그러나 우주를 놓고 보면 사람의 존재는 작은 티끌만도 못하다.

『태창제미(太倉稊米)』는 "크나큰 창고 속에 있는 한 알의 돌피"라는 말이 되고, 이는 다시 "사람은 크나큰 창고 속에 있는 한 알의 돌피와 같이 작은 존재"라는 말이 된다. 이는 송나라 때 범준(范浚)이란 사람이 쓴 《심잠(心箴)》에 나오는 말이다.

그는 《심잠》에서, 사람은 미미한 존재이지만, 또한 삼재(三才)를 구성하는 요소가 된다는 사실을 지적한다. 삼재(三

才)는, "하늘(天) · 땅(地) · 사람(人)"을 뜻하는 것으로서, 옛 사람은 이것이 세상의 가장 중요한 세 가지 요소라고 생각했다.

돌피와 같이 작은 존재로서의 사람이 세상의 가장 중요한 요소가 되는 이유는 무엇일까? 범준은 그 이유를, 사람에게는 마음(心)이 있기 때문이라고 말하고 있다. 사람에게 마음은 그만큼 중요하다.

선현들은 마음이 육체의 주인이 되는 삶은 훌륭한 삶이고, 육체가 마음의 주인이 되는 삶은 불행한 삶이라고 말했다. 같은 뜻으로, 『창해일속(滄海一粟)』, 『구우일모(九牛一毛)』가 있다.

■ 道人不聞 至德不得 大人無己
도 인 불 문　지 덕 부 득　대 인 무 기

"道를 터득한 사람은 명성이 세상에 들리지 않고, 지극한 덕을 지닌 사람의 덕은 칭송할 수 없고, 대인은 자신을 의식하지 않는다."

{대인(大人), 즉 도(道)를 닦은 훌륭한 자는 자기라는 것을 생각하지 않는다. 자신의 집착에서 벗어난 사람.}

【寓言】하백이 말했다. "세상사람 누구나 말하기를, "지

극히 작은 것은 형체가 없고, 지극히 큰 것은 에워쌀 수가 없다고 합니다. 그것이 사실입니까?"

북해 신 약(若)이 말했다. "무릇 작은 것을 기준으로 큰 것을 보면 다 보지 못하고, 큰 것을 기준으로 작은 것을 보면 분명히 보지 못한다.

말로 설명할 수 있는 것은 만물 가운데서 큰 것이고, 마음으로 이해할 수 있는 것은 만물 중에서 작은 것이니, 말로 설명할 수도 없고 마음으로 이해할 수도 없는 것은 지극히 작다든가 크다든가 하는 것을 초월하고 있다.

……그러므로 대인(大人)의 행동은 남을 해치는 데로 나아가지는 않고, 어진 은혜를 많다고 여기지 않는다. 움직임은 이익을 추구하지 않고, 문지기를 천하게 여기지도 않는다. 대인은 재산 때문에 남과 다투지 않으나, 겸양의 미덕을 자랑하지 않으며, 대인은 일을 할 때 남의 힘을 빌리지 않지만, 자력으로 먹는 것을 자랑하지도 않고, 탐욕스럽고 더러운 사람이라고 하여 천하게 여기지도 않으며, 대인은 행동은 세속과 달리하더라도 크게 다름을 갖고서 많다고 여기지 않고, 무리를 좇고자 함에 있어 아첨하는 것을 천하게 여기지 않는다.

세속의 작위나 녹봉(爵祿)으로 그 행동을 권장할 수도 없고, 형벌이나 치욕으로도 욕되게 할 수 없다. 이는 대인이 시

비를 가릴 수 없고, 크고 작음의 한계를 그어 구별할 수 없다
는 사실을 알고 있기 때문이다.

듣건대, '道를 터득한 사람은 명성이 세상에 들리지 않고,
지극한 덕을 지닌 사람의 덕은 칭송할 수 없고, 대인은 자신
을 의식하지 않는다(道人不聞 至德不得 大人無己).'고 하였
으니,, 이것이 곧 시비, 대소의 구별을 버린 지극함이다."

■ 夔憐蚿 蚿憐蛇 蛇憐風 風憐目 目憐心
　　기 련 현　현 련 사　사 련 풍　풍 련 목　목 련 심

"기(夔)는 노래기를 부러워하고, 노래기는 뱀을 부러워했
다. 뱀은 바람을 부러워하고, 바람은 눈을 부러워했고, 눈은
마음을 부러워했다."

*夔 ; 용과 같이 생겼으며 다리가 하나인 고대 전설상의 동
　물.
*蚿 ; 노래기.
*憐 ; 부러워하다.

{발이 하나뿐인 괴물 기(夔)는 백 개의 발이 달린 노래기를
부러워하고, 노래기는 발이 없는 뱀을 부러워한다. 발이 없어
도 걸을 수 있기 때문이다. 또 그 뱀은 바람을 부러워한다. 뱀
은 몸을 움직이지 않으면 갈 수가 없으나, 바람은 움직이지

않고도 스스로 멀리 갈 수가 있기 때문이다. 그런 바람은 또한 눈(目)을 부러워한다. 눈은 가만히 있어도 멀리 볼 수 있기 때문이다. 그 눈은 또 마음을 부러워한다. 마음은 보지 않아도 스스로 깨달을 수가 있기 때문이다.

이렇듯 사람이란 모두 자기에게 없는 것을 보고는 그것을 훌륭하다고 여기기 쉽다.)

■ 以衆小不勝爲大勝也
이 중 소 불 승 위 대 승 야

"여러 작은 패배가 있음으로써 큰 승리를 거둘 수 있다."

【寓言】노래기가 뱀에게 말했다. "나는 많은 발을 가지고 있는데도 발 없는 자네를 따라가지 못하니, 어째서 그렇지?"

뱀이 말했다. "저절로 자연스런 기능이 움직이는 것은 어떻게 바꿀 수가 있는가? 내 무엇 때문에 발 같은 걸 쓸 필요가 있겠는가!"

뱀이 바람에게 말했다. "나는 등이나 겨드랑이를 움직여 기어가는데, 그러니까 이것은 발이 있는 것과 다르지 않지. 그런데 지금 자네는 휙휙 소리를 내며 북해에서 일어나 휙휙 소리 내며 남해로 들어가는데도 형체가 없는 무(無)와 같으니, 무슨 까닭인가?"

바람이 말했다. "그러네. 나는 휙휙 소리 내며 북쪽 바다에서 일어나 남쪽 바다로 들어가지. 그러나 사람이 나를 손가락으로 찌르는 것만으로도 나를 이기고, 나를 발로 밟는 것만으로도 또한 나를 이길 수 있지. 그렇지만, 저 큰 나무를 꺾고 큰 집을 날려버리는 것은 다만 나만이 할 수 있는 일이지. '그러므로 여러 작은 패배가 있음으로써 큰 승리를 거둘 수 있다네(故以衆小不勝爲大勝也).' 커다란 승리를 거둘 수 있는 것은 오직 성인만이 할 수 있는 것이지."

작은 일에 이기려고 하지 않는다. 그러한 태도가 있어야만 큰 것에서 이길 수 있다. 성인들은 그렇게 크게 이길 수 있다.

■ 臨大難而不懼
임 대 난 이 불 구

"큰 어려움에 당해도 두려워하지 않는다."

*懼 ; 두려워하다.

【寓言】 공자(孔子)가 광(匡) 지역에 여행했을 때, 송(宋)나라 사람들이 그를 겹겹으로 둘러쌌는데도 공자는 거문고를 타고 노래를 부르면서 전혀 그치려 하지 않았다. 자로(子路)가 들어와 뵙고 공자에게 말했다. "이런 위급한 상황 속에

서 선생님께서는 어찌 음악만 즐기고 계십니까.”

공자가 말했다. “이리 오너라. 내 너에게 말해주마. 나는 오래 전부터 궁핍함을 피하려 애썼지만 피할 수 없었다. 이것도 운명이다. 또 오래 전부터 영달(榮達)을 추구했지만 얻지를 못하였다. 이것도 시세(時勢)일 것이다.

요·순의 시대에는 천하에 궁핍한 사람이 없었으나, 그것은 그들의 지혜가 뛰어나서가 아니었다. 또 걸·주(桀紂)의 시대에는 천하에 형통한 사람이 하나도 없었던 것은 그들의 지혜가 뒤떨어져서가 아니었다. 시세(時勢)가 우연히 그렇게 되었을 뿐이다.

무릇 물길로 다니면서 교룡(蛟龍)을 피하지 않는 것은 어부의 용기이고, 뭍으로 다니면서 외뿔소나 호랑이를 피하지 않는 것은 사냥꾼의 용기이다. 번뜩이는 칼날이 눈앞에서 교차해도 죽음을 삶처럼 보는 것은 열사(烈士)의 용기이다. 곤궁이 운명임을 알고, 형통에는 때가 있음을 알아 큰 어려움을 당하여도 두려워하지 않는 것은 성인의 용기이다(臨大難而不懼者 聖人之勇也).”

■ 不聞夫埳井之蛙乎
불 문 부 감 정 지 와 호

“저 우물 안 개구리에 대해 듣지 못했는가?”

*埳井 ; 얕은 우물.

【寓言】공손룡(公孫龍)이 위모(魏牟)에게 물었다. "저는 어려서부터 선왕(先王)의 도를 배우고, 커서는 인의의 행위에 밝게 되었습니다. 사물의 동(同)과 이(異)를 조화시키거나, 굳은 돌과 흰 돌을 변별시키고, 세상에서 흔히 그렇지 않다고 하는 것을 그렇다고 하고, 세상에서 흔히 옳지 않다고 하는 것을 옳다고 하여 여러 학자들의 지혜를 곤혹스럽게 하고, 많은 학자들의 변론을 궁지에 빠뜨렸습니다.

그래서 저는 스스로 최고의 경지에 도달했다고 생각했습니다. 그런데 이제 장자의 말을 듣고는 멍해진 채 뭐가 뭔지 모르게 되어 버렸습니다. 저의 의론(議論)이 그에게 미치지 못하는 것인가요, 아니면 저의 지식이 그에게 미치지 못하는 건가요? 지금 저는 입을 벌릴 수도 없을 지경입니다. 감히 묻겠습니다. 어떻게 하면 좋습니까."

공자(公子) 모(牟)가 안석에 기대어 크게 한숨을 짓고 하늘을 우러러 웃으며 말했다. "그대는 우물 안 개구리 얘기를 듣지 못했는가(不聞夫埳井之蛙乎)? 개구리가 어느 날 동해의 거북에게 말했지. '나는 참 즐겁다. 웅덩이 위로 뛰어올라가 놀기도 하고, 깨진 벽 틈으로 들어가 쉬기도 한다. 물로 들어가서는 양쪽 겨드랑이를 수면에 대고 턱을 물 위에 받치며,

진흙을 발로 차면 발등까지밖에 빠지지 않지. 장구벌레나 게나 올챙이를 눌러봐도 나만한 것이 없지. 게다가 한 웅덩이를 독차지하고서 웅덩이를 지배하는 즐거움 또한 지극하지. 그대도 한번 들어와 보면 어떻겠는가?' 하고.

그래서 동해의 거북이 들어가 보려고 왼발을 넣기도 전에 오른쪽 무릎이 걸리고 말았지. 그래서 어정어정 기어 나와 개구리에게 바다 얘기를 했다네.

'천리의 먼 거리로도 바다의 크기를 표현하기에 부족하고, 천 길의 높이로도 바다의 깊이를 형용하기에 부족하다. 우임금 때 10년 동안 아홉 번이나 큰 장마가 졌지만 바다의 물은 불어나지 않았고, 탕임금 8년 동안 일곱 번이나 가뭄이 들었지만 바다의 물은 줄어들지 않았다. 시간이 짧고 긴 것에 따라 변화하는 법이 없으며, 물의 많고 적음에 따라 줄고 늘지 않는 것이 바다의 즐거움이라네.' 라고.

그 얘기를 듣고 우물 안 개구리는 소스라치게 놀라서 멍하니 정신을 잃어버렸다고 하더군. 당신의 지혜란 옳고 그름의 한계조차 모를 정도인데, 장자의 말을 이해하려 하고 있으니, 그것은 마치 모기에게 산을 짊어지게 하고, 노래기에게 황하를 건너게 하는 것과 같아서 감당해 내지 못할 것이네. 또한 지혜가 오묘한 말을 논할 정도가 못 되면서도 스스로 일시적인 궤변에 의한 이익이나 추구하는 것은 무너진 우물 안의 개구리와 뭐가 다르겠는가(是非埳井之蛙與)?"

■ **用管窺天 用錐指地**

"대롱으로 하늘을 엿보고 송곳으로 땅을 잰다."

*窺 ; (구멍이나 틈으로) 엿보다, 들여다보다.

■ **學於邯鄲**

"한단에서 걸음걸이를 배우다."

{한단(邯鄲)은 하북성(河北省) 남서부 태행(太行)산맥의 동쪽 기슭에 있는 도시로서, 교통의 요지이며 부근 농산물의 집산지다. 춘추시대부터의 옛 도시로, 기원전 4세기 전국시대 조(趙)나라의 수도이다. 공손룡(公孫龍)은 전국시대 조나라의 사상가로, 자신의 학문과 변론이 당대 최고라고 여기고 있었다. 그러던 차에 위모(魏牟)에게 장자에 관한 이야기를 듣게 되었다.}

【寓言】한단지보(邯鄲之步) ; 위 항에 이어서, 위모는 공손룡에게 계속해서 말했다. "장자는 이제 땅속의 황천(黃泉)에까지 발을 들여놓고, 하늘 끝 대황(大皇)에까지 오르려 하고

있네. 남북을 가릴 것 없이 거침없이 사방으로 자기를 해방하여 짐작할 수도 없는 심원한 경지에 빠져, 동쪽도 서쪽도 없이 심오하고 유현(幽玄)한 경지로부터 시작해서 대도(大道)로 돌아가고 있는 사람이네.

그런데 자네는 그저 자질구레한 지혜의 분별로 그를 찾으려 하고, 하찮은 변설로 그를 좇으려 하니, 이는 마치 '가느다란 대롱구멍으로 하늘을 엿보고 송곳으로 땅의 깊이를 재려는 짓이니(是直用管窺天 用錐指地也)' 참으로 좁은 소견이 아니겠는가! 자넨 그만 돌아가게!

또한 자넨 저 수릉(壽陵)의 젊은이가 한단(邯鄲)에 가서 걸음걸이를 배웠다는 이야기를 듣지 못하였는가(且子獨不聞夫壽陵餘子之學於邯鄲與)?

그는 한단의 걸음걸이를 미처 배우기도 전에 또 그 옛 걸음걸이마저 잊어버리고 결국 엉금엉금 기어서 고향으로 돌아갈 수밖에 없었다고 하네.

이제 그대도 얼른 떠나지 않으면 그대 자신의 지금까지 가졌던 지식마저 잊어버리고, 자신의 학업마저도 잃어버리고 말 걸세."

공손룡(公孫龍)은 너무도 놀란 나머지 열린 입을 닫지도 못하고, 입천장으로 올라붙은 혀를 내리지도 못한 채 뒤도 돌아보지 않고 달아났다.

조나라는 큰 나라, 연나라는 작은 나라다. 한단은 대도시, 수릉은 작은 도시다. 그 작은 도시 청년이 대도시를 동경한 나머지 격에 맞지 않는 걸음걸이를 배우려다가, 자기가 걷던 걸음걸이마저 잊고 엉금엉금 기는 시늉을 하며 돌아왔다는 이야기다. 제 분수를 잊고 무턱대고 남을 흉내 내다가 이것저 것 다 잃음을 비유하여 이르는 말이다.

이 이야기에서, 대롱의 구멍으로 하늘을 엿본다는 뜻으 로, 좁은 식견으로는 광대한 사물의 진면목을 제대로 파악 할 수 없음을 이르는 『용관규천(用管窺天)』의 성어와, 제 분수를 잊고 무턱대고 남을 흉내 내다가 이것저것 다 잃음 을 비유한 『한단지보(邯鄲之步)』의 성어가, 또 그 『용관규 천(用管窺天)』에서 『관견(管見)』이란 성어가 생겨났다.

■ 寧其生而曳尾於塗中乎

"차라리 살아서 꼬리를 진흙 속에 끌고 다니기를 바랐겠 소?"

*曳 ; 끌다.

*塗 ; 칠하다, 더럽히다, 매흙질하다.

【寓言】예미도중(曳尾塗中) ; "진흙탕 속에서 꼬리를 끌며 살아감. 벼슬에 얽매여 사는 것보다 고향에서 빈천하나마 편안히 살아감이 낫다."는 말이다.

장자가 복수(濮水) 가에서 낚시질을 하고 있을 때, 초나라 임금이 대부 두 사람을 그에게 보내 자신의 뜻을 전하게 했다.

"수고스럽겠지만 나라의 정치를 부탁드리려고 합니다."

장자는 낚싯대를 드리운 채 돌아보지도 않고 말했다. "내가 들기로는, 초나라에는 신구(神龜)라는 신령스런 거북이 있는데, 죽은 지 이미 삼천 년이나 되었다고 합니다. 임금은 그것을 비단으로 싸서 상자에 넣어 묘당 위에 보관하고 있다고 합니다. 그 거북이라면, 죽어서 뼈만 남아 존귀하게 되고 싶겠습니까, 아니면 살아서 진흙 속에 꼬리를 끌고 다니고 싶겠습니까(寧其生而曳尾於塗中乎)?"

두 대부가 대답했다. "그야 살아서 진흙 속에 꼬리를 끌고 다니려 할 것입니다."

장자가 말했다. "돌아가시오! 나는 진흙 속에 꼬리를 끌고 다니며 살렵니다."

〈열어구(列禦寇)〉 편에도 비슷한 뜻을 가진 이야기가 있다. 초왕(楚王)이 사신을 보내 장자를 재상으로 초빙했다.

그러자 장자가 사신에게 말했다. "당신은 제사에 희생으로 쓰는 소를 보았소(子見夫犧牛乎)? 비단옷을 입히고 풀과 콩을 먹이지만, 막상 태묘(太廟)에 끌려 들어가게 되었을 때 그 소가 어미 잃은 외로운 송아지가 되기를 바란들 무슨 소용이 있겠소."

장자가 원하는 것은 죽어서 이름을 남기는 것이 아니라, 살아서 평안을 찾는 것이다. 무지렁이 백성들이야 개똥밭에 굴러도 이승이 좋다고 할 수 있으나, 적어도 지도자라면 개똥밭에 굴러다니면서까지 목숨을 구걸하지 않는 것이 옳지 않을까? 재상이 되어 마침내는 권력투쟁의 제물이 되는 것보다는 차라리 평민의 몸으로 평생을 아무 일 없이 보내고 싶다는 것이 장자의 생각이다.

■ 非梧桐不止 非竹實不食 非醴泉不飮
(비오동부지 비죽실불식 비례천불음)

"오동나무가 아니면 깃들이지 않고, 죽실이 아니면 먹지 않으며, 단샘이 아니면 목을 축이지 않는다."

*竹實 ; 대나무 열매의 씨. 맛이 달고 강장제로 쓰인다.

■ 欲以子之梁國而嚇我也?
(욕이자지양국이혁아야)

"양나라 때문에 나를 보고 놀라고 있는 것인가?"

*嚇 ; 화를 벌컥 내다.

【寓言】혜시(惠施 ; 혜자)가 양(梁)나라의 재상으로 있을 때, 장자가 그를 만나러 갔다.

어떤 사람이 혜자에게 말했다. "장자가 오는 것은 선생님 대신 이 나라 재상이 되려는 것입니다."

그러자 혜자는 놀라 사람들을 시켜 사흘 낮 사흘 밤을 두고 장자의 행방을 수소문했다.

그 뒤에 장자가 혜자를 찾아와 만나서 얘기했다. "남방에 새가 있는데, 그 이름을 원추라 부르지. 그대는 그 새를 알고 있는가? 원추(鵷鶵)라는 새는 남해에서 출발하면 북해까지 날아가는데, 오동나무가 아니면 앉지 않고, 대나무 열매가 아니면 먹지 않고, 단 샘물이 아니면 마시지 않는다네(非梧桐不止 非竹實不食 非醴泉不飮). 그런데 솔개가 썩은 쥐를 갖고 있다가, 원추가 날아오자 자기 것을 빼앗을까봐 꽥! 하고 놀랐다고 하네. 지금 당신은 양나라 때문에 나를 보고 꽥 소리를 하고 있는 것인가(今子欲以子之梁國而嚇我也)?"

장자가 보기에는 양나라 재상 정도는 썩은 쥐와도 같다는 말이다.

■ 子非魚 安知魚之樂
_{자 비 어 안 지 어 지 락}

"당신은 물고기가 아닌데, 어찌 물고기의 즐거움을 안다고 하는가?"

【寓言】지어지락(知魚之樂) ; 물고기의 즐거움을 안다는 뜻으로, 융통성 있는 유연한 사고를 비유하는 말이다.

장자와 혜자가 호수(濠水) 다리 위를 거닐고 있었다.

장자가 말했다. "물고기들이 자유롭게 헤엄치는 것은 물고기들이 기분이 좋고 즐겁기 때문이지!"

혜자가 말했다. "자넨 물고기가 아닌데 어떻게 물고기가 즐거운 것을 아는가(子非魚 安知魚之樂)?"

장자가 말했다. "자넨 내가 아닌데 어떻게 내가 물고기의 즐거움을 알지 못하는 것을 아는가(子非我 安知我不知魚之樂)?"

혜자가 말했다. "나는 자네가 아니라서 본래 자네를 알지 못하네. 자네도 본래 물고기가 아니니, 자네가 물고기의 즐거움을 알지 못한다는 것은 틀림없는 일이지."

장자가 말했다. "얘기를 근본으로 되돌려 보세. 자네가 내가 어떻게 물고기의 즐거움을 아는가 하고 물었던 것은, 이미 내가 물고기의 즐거움을 알고 있음을 알았기 때문이었네. 그래서 나에게 그런 질문을 한 것인데, 나는 호숫가에서 물고기와 일체가 되어 그들의 즐거움을 알고 있었던 것이네."

여기서 장자는, 나와 만물이 하나가 되는 물아일체(物我一體)의 절대적 경지에 서면 나와 사물이 심리적으로 하나가 되기 때문에 자기의 마음으로 미루어 남의 마음을 알 수 있다는 것을 말하고 있다.

두 사람의 대화에서 장자는 직관주의적(直觀主義的) 태도를, 혜자는 냉정한 논리적 태도를 대변한다. 혜자는 사람이 서로의 마음을 알 수 없는데 물고기의 마음을 안다는 것은 불가능하다고 본다.

그러나 장자는 인간 『정신』에 직관의 능력이 있다고 믿는다.

"당신이 나를 판단할 수 있다는 전제가 성립할 때만 당신은 내가 물고기의 즐거움을 아는지 여부를 따질 수 있다."

이것이 장자의 주장이다.

장자의 친구인 혜시는 분석적 지성을 갖춘 사람으로서, 당당하고도 정연한 논리에 입각하여 장자 사유(思惟)의 오류를 지적하고자 한다.

그런데 장자도 비슷한 논리로 그에게 맞서면서 논의의 차원을 확장한다. 『물고기의 즐거움』을 두고 벌이는 장자와 혜자 사이의 논쟁은 궤변처럼 보이기도 한다.

이렇게 보면 장자는 인간 인식의 한계성을 보았으며, 또 한계성을 단편적으로 과장하고 있음을 어렵지 않게 읽어낼 수 있다.

장자가 친구 혜시(惠施)와 호수(濠水)의 다리 위에서 대화를 나누었다(莊子與惠子遊於濠梁之上)라는 데서, 『호량지변(濠梁之辯)』이란 성어가 생겨났다.

10. 秋水

秋水時至, 百川灌河. 涇流之大, 兩涘渚崖之間, 不辯牛馬. 於是焉河伯欣然自喜, 以天下之美爲盡在己. 順流而東行, 至於北海, 東面而視, 不見水端. 於是焉河伯始旋其面目, 望洋向若而歎曰: "野語有之曰: '聞道百, 以爲莫己若者.' 我之謂也. 且夫我嘗聞少仲尼之聞而輕伯夷之義者, 始吾弗信. 今我睹子之難窮也, 吾非至於子之門則殆矣, 吾長見笑於大方之家."

北海若曰: "井蛙不可以語於海者, 拘於虛也; 夏蟲不可以語於冰者, 篤於時也; 曲士不可以語於道者, 束於敎也. 今爾出於崖涘, 觀於大海, 乃知爾醜, 爾將可與語大理矣. 天下之水, 莫大於海: 萬川歸之, 不知何時止而不盈; 尾閭泄之, 不知何時已而不虛; 春秋不變, 水旱不知. 此其過江河之流, 不可爲量數. 而吾未嘗以此自多者, 自以比形於天地, 而受氣於陰陽, 吾在於天地之間, 猶小石小木之在大山也. 方存乎見少, 又奚以自多! 計四海之在天地之間也, 不似礨空之在大澤乎? 計中國之在海內, 不似稊米之在太倉乎? 號物之數謂之萬, 人處一焉; 人卒九州, 穀食之所生, 舟車之所通, 人處一焉. 此其比萬物也, 不似豪末之在於馬體乎?

五帝之所連, 三王之所爭, 仁人之所憂, 任士之所勞, 盡此矣! 伯夷辭之以爲名, 仲尼語之以爲博. 此其自多也, 不似爾向之自多於水乎?"

河伯曰: "然則吾大天地而小豪末, 可乎?" 北海若曰: "否. 夫物, 量無窮, 時無止, 分無常, 終始無故. 是故大知觀於遠近, 故小而不寡, 大而不多: 知量無窮. 證向今故, 故遙而不悶, 掇而不跂: 知時無止. 察乎盈虛, 故得而不喜, 失而不憂: 知分之無常也. 明乎坦塗, 故生而不說, 死而不禍: 知終始之不可故也. 計人之所知, 不若其所不知; 其生之時, 不若未生之時; 以其至小, 求窮其至大之域, 是故迷亂而不能自得也. 由此觀之, 又何以知毫末之足以定至細之倪, 又何以知天地之足以窮至大之域!"

河伯曰: "世之議者皆曰:'至精無形, 至大不可圍.' 是信情乎?" 北海若曰: "夫自細視大者不盡, 自大視細者不明. 夫精, 小之微也; 郛, 大之殷也: 故異便. 此勢之有也. 夫精粗者, 期於有形者也; 無形者, 數之所不能分也; 不可圍者, 數之所不能窮也. 可以言論者, 物之粗也; 可以意致者, 物之精也; 言之所不能論, 意之所不能察致者, 不期精粗焉. 是故大人之行: 不出乎害人, 不多仁恩; 動不爲利, 不賤門隸; 貨財弗爭, 不多辭讓 ; 事焉不借人, 不多食乎力, 不賤貪汙 ; 行殊乎俗, 不多辟異 ; 爲在從衆, 不賤佞諂 ; 世之爵祿不足以爲勸, 戮恥不足以爲辱 ; 知是非之不可爲分, 細大之不可爲倪. 聞曰 : '道人不聞, 至德不得, 大人無己.' 約分之至也."

河伯曰 : "若物之外, 若物之內, 惡至而倪貴賤? 惡至而倪小大?" 北海若曰 : "以道觀之, 物無貴賤 ; 以物觀之, 自貴而相賤 ; 以俗觀之, 貴賤不在己. 以差觀之, 因其所大而大之, 則萬物莫不大 ; 因其所小而小之, 則萬物莫不小. 知天地之爲稊米也, 知毫末之爲丘山也, 則差數睹矣. 以功觀之, 因其所有而有之, 則萬物莫不有 ; 因其所無而無之, 則萬物莫不無. 知東西之相反而不可以相無, 則功分定矣. 以趣觀之, 因其所然而然之, 則萬物莫不然 ; 因其所非而非之, 則萬物莫不非. 知堯, 桀之自然而相非, 則趣操睹矣. 昔者堯, 舜讓而帝, 之, 噲讓而絕 ; 湯, 武爭而王, 白公爭而滅. 由此觀之, 爭讓之禮, 堯, 桀之行, 貴賤有時, 未可以爲常也. 梁麗可以沖城而 不可以窒穴, 言殊器也 ; 騏驥驊騮一日而馳千里, 捕鼠不如狸狌, 言殊技也 ; 鴟鵂夜撮蚤, 察毫末, 晝出瞋目而不見丘山, 言殊性也. 故曰 : 蓋師是而無非, 師治而無亂乎? 是未明天地之理, 萬物之情也. 是猶師天而無地, 師陰而無陽, 其不可行明矣! 然且語而不舍, 非愚則誣也! 帝王殊禪, 三代殊繼.

差其時, 逆其俗者, 謂之篡夫;當其時, 順其俗者, 謂之義之徒. 默默乎河伯, 女惡知貴賤之門, 小大之家!"

河伯曰:"然則我何爲乎? 何不爲乎? 吾辭受趣舍, 吾終奈何?"北海若曰:"以道觀之, 何貴何賤, 是謂反衍;無拘而志, 與道大蹇. 何少何多, 是謂謝施;無一而行, 與道參差. 嚴乎若國之有君, 其無私德;繇繇乎若祭之有社, 其無私福;泛泛乎其若四方之無窮, 其無所畛域. 兼懷萬物, 其孰承翼? 是謂無方. 萬物一齊, 孰短孰長? 道無終始, 物有死生, 不恃其成. 一虛一滿, 不位乎其形. 年不可擧, 時不可止. 消息盈虛, 終則有始. 是所以語大義之方, 論萬物之理也. 物之生也, 若驟若馳. 無動而不變, 無時而不移. 何爲乎, 何不爲乎? 夫固將自化."

河伯曰:"然則何貴於道邪?"北海若曰:"知道者必達於理, 達於理者必明於權, 明於權者不以物害己. 至德者, 火弗能熱, 水弗能溺, 寒暑弗能害, 禽獸弗能賊. 非謂其薄之也, 言察乎安危, 寧於禍福, 謹於去就, 莫之能害也. 故曰:'天在內, 人在外, 德在乎天.' 知天人之行, 本乎天, 位乎得, 蹢躅而屈伸, 反要而語極." 曰:"何謂天? 何謂人?"北海若曰:"牛馬四足, 是謂天;落馬首, 穿牛鼻, 是謂人. 故曰:'無以人滅天, 無以故滅命, 無以得殉名. 謹守而勿失, 是謂反其眞.'"

夔憐蚿, 蚿憐蛇, 蛇憐風, 風憐目, 目憐心. 夔謂蚿曰:"吾以一足趻踔而不行, 予無如矣. 今子之使萬足, 獨奈何?"蚿曰:"不然. 子不見夫唾者乎? 噴則大者如珠, 小者如霧, 雜而下者不可勝數也. 今予動吾天機, 而不知其所以然."蚿謂蛇曰:"吾以眾足行, 而不及子之無足, 何也?"蛇曰:"夫天機之所動, 何可易邪? 吾安用足哉!"蛇謂風曰:"予動吾脊脅而行, 則有似也. 今子蓬蓬然起於北海, 蓬蓬然入於南海, 而似無有, 何也?"風曰:"然, 予蓬蓬然起於北海而入於南海也, 然而指我則勝我, 鰌我亦勝我. 雖然, 夫折大木, 蜚大屋者, 唯我能也."故以眾小不勝爲大勝也. 爲大勝者, 唯聖人能之.

孔子遊於匡, 宋人圍之數匝, 而弦歌不輟. 子路入見, 曰:"何夫子之娛也?"孔子曰:"來, 吾語女. 我諱窮久矣, 而不免, 命也;求通久矣, 而不得, 時也. 當堯舜而天下無窮人, 非知得也;當桀紂而天下無通人, 非知失也:時勢適然. 夫水行不避蛟龍者, 漁父之勇也;陸行不避兕虎者, 獵夫之勇也;白刃交於前, 視死若生者, 烈士之勇也;知窮之有命, 知通之有時, 臨大難而不懼者, 聖人之勇也. 由, 處矣! 吾命有所制矣!"無幾何, 將甲者進, 辭曰:"以爲 陽虎也, 故圍之;今非也, 請辭而退."

公孫龍問於魏牟曰: "龍少學先王之道, 長而明仁義之行; 合同異, 離堅白; 然不然, 可不可; 困百家之知, 窮衆口之辯: 吾自以爲至達已. 今吾聞莊子之言, 茫然異之. 不知論之不及與? 知之弗若與? 今吾無所開吾喙, 敢問其方." 公子牟隱機大息, 仰天而笑曰: "子獨不聞夫埳井之蛙乎? 謂東海之鱉曰: '吾樂與! 出跳梁乎井幹之上, 入休乎缺甃之崖. 赴水則接腋持頤, 蹶泥則沒足滅跗. 還虷蟹與科斗, 莫吾能若也. 且夫擅一壑之水, 而跨跱埳井之樂, 此亦至矣. 夫子奚 不時來入觀乎?' 東海之鱉左足未入, 而右膝已縶矣. 於是逡巡而卻, 告之海曰: '夫千里之遠, 不足以擧其大; 千仞之高, 不足以極其深. 禹之時, 十年九潦, 而水弗爲加益; 湯之時, 八年七旱, 而崖不爲加損. 夫不爲頃久推移, 不以多少進退者, 此亦東海之大樂也.' 於是埳井之蛙聞之, 適適然驚, 規規然自失也. 且夫知不知是非之竟, 而猶欲觀於莊子之言, 是猶使蚊負山, 商蚷馳河也, 必不勝任矣. 且夫知不知論極妙之言, 而自適一時之利者, 是非埳井之蛙與? 且彼方跐黃泉而登大皇, 無南無北, 奭然四解, 淪於不測; 無東無西, 始於玄冥, 反於大通. 子乃規規然而求之以察, 索之以辯, 是直用管窺天, 用錐指地也, 不亦小乎? 子往矣! 且子獨不聞夫壽陵餘子之學於邯鄲與? 未得國能, 又失其故行矣, 直匍匐而歸耳. 今子不去,

將忘子之故,　失子之業."公孫龍口呿而不合,　舌擧而不下,
乃逸而走.

　莊子釣於濮水. 楚王使大夫二人往先焉, 曰:"願以境內
累矣!"莊子持竿不顧, 曰:"吾聞楚有神龜, 死已三千歲矣.
王巾笥而藏之 廟堂之上. 此龜者, 寧其死爲留骨而貴乎? 寧
其生而曳尾於塗中乎?"二大夫曰:"寧生而曳尾塗中."莊
子曰:"往矣! 吾將曳尾於塗中."

　惠子相梁, 莊子往見之. 或謂惠子曰:"莊子來, 欲代子
相."於是惠子恐, 搜於國中三日三夜. 莊子往見之, 曰:"南方
有鳥, 其名爲鵷鶵, 子知之乎? 夫鵷鶵發於南海而飛於北海, 非
梧桐不止, 非竹實不食, 非醴泉不飮. 於是鴟得腐鼠, 鵷鶵過之,
仰而視之曰:'嚇!' 今子欲以子之梁國而嚇我邪?"

　莊子與惠子遊於濠梁之上. 莊子曰:"儵魚出遊從容,　是魚
之樂也."惠子曰:"子非魚,　安知魚之樂?"莊子曰:"子非
我, 安知我不知魚之樂?"惠子曰 "我非子, 固不知子矣；子
固非魚也,　子之不知魚之樂,　全矣!"莊子曰:"請循其本.
子曰'汝安知魚樂'雲者, 旣已知吾知之而問我. 我知之濠上
也."

11. 지락(至樂)

지극한 즐거움은 즐거움이 없는 것이고,
지극한 명예는 명예가 없는 것이다

세상에 지극한 즐거움(至樂)이란 것이 있는 것일까, 없는 것일까? 몸을 살린다는 것(活身)이 있는 것일까, 없는 것일까?

지금 무엇을 하고 무엇을 그만두어야 하며, 무엇을 피하고 무엇에 머물러야 하며, 무엇을 취하고 무엇을 버리며, 무엇을 즐기고 무엇을 피해야 할까?

무릇 세상 사람들이 존귀하다고 여기는 것은, 부귀와 장수 그리고 명예이고, 선(善)이다. 좋아하는 것은 몸의 안락과 맛있는 음식과 아름다운 옷과 미색과 음악이다.

세상 사람들이 싫어하는 것은, 가난과 천함, 요절과 불명예이다. 세상 사람들의 괴로움은 몸이 편안하지 못한 것과, 입에 맞는 음식을 먹지 못하는 것과, 아름다운 옷을 입지 못하는 것과, 눈으로 좋은 경치를 보지 못하는 것과, 귀로 좋은 음악을 듣지 못하는 것이다.

이러한 것들을 얻지 못하면 크게 근심하고 두려워하지만, 이런 것들로 몸을 기르는 것은 역시 어리석은 일이다!

무릇 부자는 몸을 괴롭혀 가면서까지 일을 하여 재물을 많이

쌓아놓지만, 다 쓸 수가 없으니, 몸을 위하는 방법으로서는 빗나
간 것이다. 무릇 귀인이란 밤낮으로 옳고 그름을 따지지만, 몸을
위하는 방법으로서는 거리가 멀다!

인생은 근심 걱정과 함께 살아가는데, 오래 살아 정신이 흐려
지지만 죽지도 않으니, 이 또한 괴로움이 아니겠는가! 이 역시
몸을 위하는 일과는 동떨어진 일이다.

열사(烈士)는 세상 사람들의 칭찬을 받지만 몸을 살리지 못하
였으니, 나는 그것이 참으로 善인지 善이 아닌지 모르겠다.

만약 그것이 선이라면 자신을 살리기에는 부족하고, 그것이
선이 아니라면 오히려 다른 사람을 살리기에는 족하다.

그래서 말하기를, "충성스런 간언이 받아들여지지 않으면 뒤
로 물러나 다투지 말라."라고 한 것이다.

옛날 저 오자서(吳子胥)*는 왕과의 다툼으로 인하여 몸을 해
쳤다. 선을 강요하며 다투지 않았다면 명성은 이루어지지 않았을
것이니, 참으로 선이란 것이 진실로 있는지 없는지 모르겠다.

*지락(至樂) ; 최고의 즐거움. 무위(無爲)가 곧 지락(至樂)임을
말하고 있다.
*오자서(吳子胥) ; 춘추시대의 초나라 정치가로, 아버지와 형이
살해당한 뒤 오나라 왕 합려를 보좌하여 강대국으로 키웠으나,
합려의 아들 부차에게 중용되지 못하고 모함을 받아 자결하였다.

^{지 락 무 락} ^{지 예 무 예}
■ 至樂無樂　至譽無譽

"지극한 즐거움이란 즐거움이 없는 것이고, 지극한 명예
란 명예가 없는 것이다."

【寓言】지락무락(至樂無樂) ; 장자가 말한 본래의 뜻은,
진리를 깨닫는 사람의 즐거움은, 즐겁다는 자각이 없는 언
제나 그대로인 것임을 말하려 한 것이다. 그것은 죽고 사는
생사도, 영광도, 굴욕도, 슬픔도, 기쁨도 다 초월한 자기만이
가지는 즐거움이란 뜻이다.

장자는 말하기를, "모름지기 남면(南面)을 한 임금의 즐
거움도 이에서 더 즐거울 수는 없다."고 했다. 그는 또 세
상 사람들이 생각하는 즐거움과 뜻이 높은 사람이 가지고
있는 즐거움이 서로 다른 것을 비유하여 이런 예를 들고 있
다.

노나라 임금이 들 밖에 날아든 바닷새를 붙들어다가 좋
은 음악을 들려주고 사람이 먹는 귀한 음식을 주었다. 그러
나 새는 조금도 반가워하는 일이 없이 사흘을 굶은 끝에 죽
고 말았다는 것이다. 새에게는 역시 새만이 갖는 세계가 있
다. 뜻이 높은 사람에게는 속인들의 영광이나 쾌락 같은 것
이 한갓 고통스런 것에 불과한 것이다.

　『지락무락』은 이 세상에서 가장 즐거운 것은 그것이 즐거운 줄을 모르는 평온무사한 것이란 뜻이다. 보통 우리가 즐겁다고 하는 것은 괴롭다는 것을 전제로 하고 있다. 괴로운 일이 있기 때문에 즐겁다는 감정이 생기는 것이다.

　즐겁다고 느꼈을 때는 벌써 지금까지 괴로웠다는 것과 곧 이어서 괴로운 일이 온다는 것을 뜻한다고 볼 수 있다. 그러므로 즐겁다고 느끼는 즐거움은 상대적인 것인 동시에 괴로움에서 나와 다시 괴로움으로 돌아가는 한 과정에 불과한 것이다.

　그러므로 그것은 참 즐거움이 될 수 없다. 철학자들도 말하기를, "쾌락은 낙이 아니다." 라고 했다. 환난을 겪어 본 사람이 아니면 이 『지락무락』의 뜻을 얼른 이해하기 힘들 것이다.

■ 鼓盆而歌
고 분 이 가

　"동이를 두들기며 노래를 부른다."

　*鼓盆 ; 물동이를 두드린다는 뜻으로, 아내의 죽음을 비유적으로 이르는 말.

　【寓言】고분지통(鼓盆之痛) ; "물동이를 두드리며 서러

위한다."는 뜻으로, 아내가 죽은 아픔을 말한다.

장자의 아내가 죽자, 혜자가 문상을 갔다. 몹시 슬퍼하고 있을 거라고 생각하고 한껏 슬픈 표정을 짓고 장자의 집을 방문해 보니, 장자는 동이를 두들기며 노래를 부르고 있었다 (鼓盆而歌).

혜자가 기가 막혀 놀라 물었다.

"자넨 부인과 살면서 자식도 낳고 함께 늙었지 않았는가. 아내가 죽어 곡을 하지 않는다는 것은 그럴 수도 있는 일이 겠지만, 아니 동이를 두들기며 노래를 부르다니 좀 과한 게 아닌가?"

그러자 장자가 말했다. "그렇지 않네. 아내가 죽었을 때 처음에는 나도 몹시 슬펐지. 하지만 아내가 태어나기 이전을 살펴보면 원래 생명이란 건 없었네. 생명이 없었을 뿐만 아니라 형체조차도 없었지. 형체는 고사하고 기(氣)마저도 없었네. 흐릿하고 아득한 사이에 섞여 있다가 변해서 기가 생기고, 또 기가 변해서 생명을 갖추었네. 그것이 지금 또 바뀌어 죽음으로 간 것일세.

이것은 봄・여름・가을・겨울이 번갈아 운행하는 것과도 같다네. 아내는 지금 천지 사이의 큰 방에서 편안히 자고 있을 걸세. 그런데 내가 큰 소리로 운다면 나 자신이 천명에 통하지 못하는 듯해서 울음을 그쳤다네."

혜자는 이마를 탁 치고는 집으로 돌아가 버렸다.

『고분지통(鼓盆之痛)』이란 아내가 죽었을 때 동이를 두드리며 슬퍼한 장자의 고사에서 나온 말로 상처(喪妻)한 설움을 나타낸다. 또한 남편을 잃은 아내의 슬픔을 나타내는 것을 『붕성지통(崩城之痛)』이라고 한다.

褚小者不可以懷大 綆短者不可以汲深
저 소 자 불 가 이 회 대　경 단 자 불 가 이 급 심

"작은 주머니에는 큰 것은 넣을 수가 없다. 짧은 두레박줄로는 깊은 우물의 물을 퍼 올릴 수가 없다."

*褚 ; 솜옷, 주머니.

*懷 ; 품다, 간직하다.

*綆 ; 두레박줄.

【寓言】경단급심(綆短汲深) ; 짧은 두레박줄로는 깊은 곳의 물을 길을 수 없다는 뜻으로, 능력이 모자라 일을 감당하지 못한다는 말이다.

공자의 제자 안회(顔回)가 동쪽 제(齊)나라로 가려 할 때에 공자는 걱정스러운 얼굴을 했다. 이를 지켜보던 자공(子貢)이 자리를 내려서서 물었다.

"저는 감히 묻습니다. 안회가 제나라로 가려하는데, 선생님께서 걱정스런 얼굴을 하심은 무슨 까닭입니까?"

"옛날 관자(管子)가 한 말 가운데 나는 이 말을 매우 좋아한다. '주머니가 작으면 큰 물건을 담을 수 없고, 두레박 줄이 짧으면 깊은 물을 길을 수 없다(褚小者不可以懷大 綆短者不可以汲深).' 대개 이 말은 천명은 정해진 바가 있고, 형체에는 알맞은 바가 있어서 덜거나 더할 수가 없다는 뜻이다. 나는 두렵다. 회(안회)가 제나라 왕에게 요순과 황제의 도를 말하고, 나아가 수인(燧人) 신농(神農)까지 이야기하게 된다면, 제나라 군주는 장차 안으로 자신에게서 해답을 찾다가 얻지 못할 것이고, 얻지 못하면 의혹을 가질 것이니, 사람이 의혹을 갖게 되면 결국 회를 죽이지 않게 될까 하여 걱정하는 것이다."

그릇이 작은 사람은 큰일은 할 수가 없다는 말이다.

"채찍이 길지만 미치지 못한다"라는 뜻으로, 역량이 미치지 못하는 것을 비유하는 『편장막급(鞭長莫及)』이라는 성어와 비슷한 말이다.

■ 以鳥養養鳥
(이 조 양 양 조)

"새가 좋아하는 방법으로 새를 기른다."

【寓言】 제자 안회가 동쪽 제(齊)나라로 가려 할 때에 공자는 걱정스러운 얼굴을 하고 말했다.

"옛날 바닷새가 노(魯)나라 교외에 날아와 앉자, 노나라 제후는 바닷새를 맞아 묘당에서 잔치를 열고 환영했다. 새에게 구소(九韶 ; 순임금의 음악 이름)를 연주하여 즐겁게 해주고 진수성찬을 차려 대접했다. 그런데 새는 눈이 어지럽고 근심과 슬픔에 잠겨 고기 한 점 먹으려 하지 않고, 술한 잔도 마시지 않아 사흘 만에 죽어버렸다.

이것은 자기 자신을 기르는 방법으로 새를 기른 것이지, 새를 기르는 방법은 아니다(非以鳥養養鳥也). 무릇 새를 기른다는 것은 마땅히 깊은 숲에 살게 하고, 넓은 들에서 노닐게 하며, 강호에 떠다니게 하고, 미꾸라지나 피라미를 먹게 하며, 무리를 따라 머물게 하여 자유롭게 살게 하는 것이다. 저 새는 사람의 소리를 듣기 싫어하는데, 어찌 시끄러운 음악을 견뎌내겠는가!"

뜻(志)이 높은 선비(士)는 단지 높은 지위나 녹만으로 맞아들일 수는 없다는 것이다.

11. 至樂

　　天下有至樂無有哉?　有可以活身者無有哉?　今奚爲奚據? 奚避奚處?　奚就奚去?　奚樂奚惡?　夫天下之所尊者, 富貴壽善也;所樂者, 身安厚味美服好色音聲也;所下者, 貧賤夭惡也;所苦者, 身不得安逸, 口不得厚味, 形不得美服, 目不得好色, 耳不得音聲. 若不得者, 則大憂以懼, 其爲形也亦愚哉! 夫富者, 苦身疾作, 多積財而不得盡用, 其爲形也亦外矣! 夫貴者, 夜以繼日, 思慮善否, 其爲形也亦疏矣! 人之生也, 與憂俱生. 壽者惛惛, 久憂不死, 何之苦也! 其爲形也亦遠矣! 烈士爲天下見善矣, 未足以活身. 吾未知善之誠善邪? 誠不善邪? 若以爲善矣, 不足活身;以爲不善矣, 足以活人. 故曰: "忠諫不聽, 蹲循勿爭." 故夫子胥爭之, 以殘其形;不爭, 名亦不成. 誠有善無有哉? 今俗之所爲與其所樂, 吾又未知樂之果樂邪? 果不樂邪? 吾觀夫俗之所樂, 擧群趣者, 硜硜然如將不得已, 而皆曰樂者, 吾未之樂也, 亦未之不樂也. 果有樂無有哉? 吾以無爲誠樂矣, 又俗之所大苦也. 故曰: "至樂無樂, 至譽無譽."

　　天下是非果未可定也. 雖然, 無爲可以定是非. 至樂活身,唯無爲幾存. 請嘗試言之：天無爲以之淸, 地無爲以之寧. 故兩無爲相合, 萬物皆化生. 芒乎芴乎, 而無從出乎! 芴乎芒乎, 而無有象乎! 萬物職職, 皆從無爲殖. 故曰："天地無爲也而無不爲也."人也孰能得無爲哉!

莊子妻死, 惠子吊之, 莊子則方箕踞鼓盆而歌. 惠子曰："與人居, 長子, 老, 身死, 不哭亦足矣, 又鼓盆而歌, 不亦甚乎!"莊子曰："不然. 是其始死也, 我獨何能無槪! 然察其始而本無生；非徒無生也, 而本無形；非徒無形也, 而本無氣. 雜乎芒芴之間, 變而有氣, 氣變而有形, 形變而有生. 今又變而之死. 是相與爲春秋冬夏四時行也. 人且偃然寢於巨室, 而我噭噭然隨而哭之, 自以爲不通乎命, 故止也."

支離叔與滑介叔觀於冥伯之丘, 昆侖之虛, 黃帝之所休. 俄而柳生其左肘, 其意蹶蹶然惡之. 支離叔曰："子惡之乎?"滑介叔曰："亡, 予何惡! 生者, 假借也. 假之而生生者, 塵垢也. 死生爲晝夜. 且吾與子觀化而化及我, 我又何惡焉!"

莊子之楚, 見空髑髏, 髐然有形. 撽以馬捶, 因而問之, 曰："夫子貪生失理而爲此乎? 將子有亡國之事, 斧鉞之誅而爲此乎? 將子有不善之行, 愧遺父母妻子之醜而爲此乎? 將子有凍餒之患而爲此乎? 將子之春秋故及此乎?"於是語卒, 援髑髏, 枕而臥. 夜半, 髑髏見夢曰："子之談者似辯士, 諸子

所言, 皆生人之累也, 死則無此矣. 子欲聞死之說乎?”莊子
曰 : “然.”髑髏曰 : “死, 無君於上, 無臣於下, 亦無四時之
事, 從然以天地爲春秋, 雖南面王樂, 不能過也.”莊子不信,
曰 : “吾使司命複生子形, 爲子骨肉肌膚, 反子父母, 妻子,
閭里, 知識, 子欲之乎?”髑髏深矉蹙額曰 : “吾安能棄南面
王樂而複爲人間之勞乎!”

顔淵東之齊, 孔子有憂色. 子貢下席而問曰 : “小子敢
問 : 回東之齊, 夫子有憂色, 何邪?”孔子曰 : “善哉汝問.
昔者管子有言, 丘甚善之, 曰 ‘褚小者不可以懷大, 綆短者不
可以汲深.’ 夫若是者, 以爲命有所成而形有所適也, 夫不可損
益. 吾恐回與齊侯言堯, 舜, 黃帝之道, 而重以燧人, 神農之
言. 彼將內求於己而不得, 不得則惑, 人惑則死. 且女獨不聞
邪? 昔者海鳥止於魯郊, 魯侯禦而觴之於廟, 奏九韶以爲樂,
具太牢以爲膳. 鳥乃眩視憂悲, 不敢食一臠, 不敢飮一杯, 三
日而死. 此以己養養鳥也, 非以鳥養養鳥也. 夫以鳥養養鳥者,
宜棲之深林, 遊之壇陸, 浮之江湖, 食之鰍鰷, 隨行列而止,
逶迤而處. 彼唯人言之惡聞, 奚以夫譊爲乎! 鹹池九韶之樂,
張之洞 庭之野, 鳥聞之而飛, 獸聞之而走, 魚聞之而下入, 人
卒聞之, 相與還而觀之. 魚處水而生, 人處水而死. 彼必相與
異, 其好惡故異也. 故先聖不一其能, 不同其事. 名止於實,

義設於適, 是之謂條達而福持.”

列子行, 食於道, 從見百歲髑髏, 攓蓬而指之曰 : “唯予與
汝知而未嘗死, 未嘗生也. 若果養乎? 予果歡乎?”種有幾,
得水則爲㡭, 得水土之際則爲蛙蠙之衣, 生於陵屯則爲陵舃,
陵舃得鬱棲則爲烏足, 烏足之根爲蠐螬, 其葉爲胡蝶. 胡蝶胥
也化而爲蟲, 生於灶下, 其狀若脫, 其名爲鴝掇. 鴝掇千日爲
鳥, 其名爲乾餘骨. 乾餘骨之沫爲斯彌, 斯彌爲食醯. 頤輅生
乎食醯, 黃軦生乎九猷, 瞀芮生乎腐蠸, 羊奚比乎不筍, 久竹
生青寧, 青寧生程, 程生馬, 馬生人, 人又反入於機. 萬物皆
出於機, 皆入於機.”

12. 달생(達生)

삶이 태어남을 물리칠 수 없듯, 삶이 떠남 또한 멈출 수 없다

진정한 삶에 통달한 사람은, 타고난 본성으로 어쩔 수 없는 일에는 애쓰지 않는다. 천명에 달한 사람은, 어찌할 수 없는 일에는 알려고 애쓰지 않는다.

형체를 보양하려면 먼저 물질이 필요한데, 물질이 여유가 있는데도 형체를 보양하지 못하는 경우가 있다. 삶은 반드시 형체를 잃지 않아야 하지만, 형체를 잃지 않았는데도 삶을 잃는 이도 있다.

생명이 태어나는 것은 물리칠 수 없는 것처럼, 생이 떠나는 것 또한 멈추게 할 수도 없다. 슬프구나! 세상 사람들은 형체를 보양하면 생명을 보존할 수 있다고 여긴다. 그러나 형체를 보양한다고 해서 삶이 족하지 않으니, 세상에 족한 것이 무엇인가?

비록 부족하지만, 하지 않을 수 없는 것은 면할 수 없기 때문일 것이다. 무릇 형체를 추구하는 것을 면하고자 한다면, 세속적인 것을 그만두는 것 만한 것이 없다.

세속적인 것을 버리면 얽매일 것이 없게 되고, 얽매이는 것이 없으면 마음이 바르고 평안하고, 나날이 새롭게 변화하면 기미가 보이게 된다.

세속적인 일은 일부러 버리시 않아노 버러셔야 하고, 싶은 일부러 잊지 않아도 잊혀야 한다. 세속적인 일을 버리면 육체가 수고롭지 않고, 삶을 잊으면 정신이 손상받지 않는다. 육체가 온전하고 정신이 본래 상태로 돌아가면, 하늘과 더불어 하나가 된다.

천지는 만물의 부모이다. 천지가 합쳐지면 형체를 이루고, 흩어지면 처음 상태가 된다. 육체와 정신이 손상되지 않는 것을 일러 변화에 능하다고 하는데, 정밀하고도 또 정밀하게 하면 근원으로 돌아가 하늘을 도울 것이다.

*달생(達生) ; 생명의 본 의미를 깨달음.

■ 蜩翼之知
<small>조 익 지 지</small>

"매미 날개만을 눈에 둔다."

*蜩 ; 매미.

【寓言】중니(공자)가 초(楚)나라로 가는 길에 숲속을 지나다가 곱사등이가 장대로 매미를 잡고 있는 것을 목격했다. 마치 매미를 줍듯이 잡고 있는 것이었다.

중니가 말했다. "당신의 재주는 대단합니다. 무슨 비결이라도 있습니까?"

곱사등이 노인이 말했다. "비결이 있지요. 대여섯 달 만에 손바닥에 두 개의 구슬을 포개놓아 떨어지지 않으면 매미를 놓치는 경우는 몇 안 됩니다. 구슬 세 개를 포개 놓아도 떨어지지 않으면 놓치는 매미는 열에 하나요, 다섯 개를 포개도 떨어지지 않으면 매미를 그저 줍듯 합니다. 나의 자세는 잘린 나뭇등걸처럼 하고, 내 팔은 마른 나뭇가지처럼 합니다. 비록 천지는 크고 만물은 많다고 하지만, 나는 오직 매미 날개만 눈에 둡니다. 나는 뒤를 돌아보거나 곁눈질도 하지 않고, 오직 매미의 날개만 마음속에 두고 있는데, 어찌 매미를 잡지 못할 수가 있겠소(雖天地之大 萬物之多 而唯蜩翼之知 吾不反不側 不以萬物易蜩之翼 何爲而不得)!"

공자가 제자들을 돌아보며 일러 말했다. "뜻을 흐트러뜨리지 않으면 정신집중이 된다는 것은 이 곱사등이 노인을 두고 이르는 말이다."

■ 善養生者 若牧羊然 視其後者而鞭之
　선 양 생 자　약 목 양 연　시 기 후 자 이 편 지

"양생을 잘하는 자는 마치 양을 기르는 것처럼, 뒤쳐지는 놈을 보고 채찍질을 한다."

*養生 ; 오래 살기 위하여 몸과 마음을 편안히 하고 병에 걸리지 않도록 노력함.

【寓言】전개지(田開之)가 주공의 후예인 위공(威公)을 만났다. 위공이 말했다. "내가 듣자니, 축신(祝腎)이 양생의 도를 배운다는데, 그대는 축신과 교유하고 있으니, 그에 대해 무슨 말을 들었는지?"

전개지가 말했다. "저는 빗자루로 문 앞마당이나 쓸었을 뿐인데, 또한 선생님으로부터 무엇을 들었겠습니까?"

위공이 말했다. "선생은 사양하지 마시오. 과인이 듣기를 원하오."

전개지가 말했다. "선생님께 들었는데, '양생을 잘하는 자는 마치 양을 기르는 것처럼, 뒤쳐지는 놈을 보고 채찍질을 한다(善養生者 若牧羊然 視其後者而鞭之).'고 하였습니다."

양을 치는 사람은 항상 무리에서 가장 뒤에 떨어져 처지는 양에게 매질을 하여 낙오되지 않게 한다. 사람의 양생도 이와 같다. 옛날에 어떤 자가 보통으로 양생을 하고 있었으나 불행하게도 호랑이에게 물려서 죽었다. 또 어떤 자는 호랑이가 있는 위험한 곳에는 가지도 않고 조심했으나, 열병에 걸려서 죽었다.

이것은 어느 것이나 어떤 점에서는 조심했으나, 자기의 결점을 보충하는 것을 잊고 있었기 때문이다.

■ 人之所取畏者 衽席之上 飮食之間
而不知爲之戒者 過也

"사람으로 가장 두려워해야 할 일은 부부의 잠자리나, 음식을 먹는 일이니, 이를 조심할 줄 모르면 양생의 도를 벗어나는 것이다."

*衽席 ; 부부가 동침(同寢)하는 자리, 잠자리.

【寓言】 위 항에 이어, 전개지(田開之)가 위공(威公)의 물음에 대답하여 말했다. "노나라에 선표(單豹)라는 자가

있었는데, 바위굴에 살면서 물만 마시고, 세상 사람들과 이(利)를 다투지 않았습니다. 그래서 나이가 일흔이나 되었는데도 피부가 어린아이의 같지요. 하지만 불행하게도 굶주린 호랑이를 만나서 그만 잡아먹히고 말았습니다. 또 장의(張毅)라는 자가 있었는데, 문이 높은 부잣집이나 발을 드리운 가난한 집을 가리지 않고 분주히 쫓아다녔지만, 나이 마흔에 열병에 걸려 죽었습니다.

선표는 자신의 내면을 잘 길렀지만 호랑이가 그의 외면을 먹어버렸고, 장의는 그의 외면을 잘 길렀지만, 병이 그의 내면을 공격하였습니다. 이 두 사람 모두가 그 뒤처지는 부분을 채찍질하지 않은 경우라고 할 것입니다.”

이 이야기를 들은 중니가 말했다. “ ‘들어가서 숨지 말고, 나서더라도 드러내지 말라. 섶나무처럼 그 중앙에 서라(無入而藏 無出而陽 柴立其中央).’ 만약 이 세 가지를 얻으면, 그 이름은 반드시 지극해질 것이다. 대체로 위험한 길에서 열에 한 명이라도 죽을 위험이 있다면, 부자형제가 서로 경계해 주면서 반드시 무리를 지은 뒤에야 떠날 것이니, 또한 지혜롭지 않겠느냐? ‘사람으로 가장 두려워해야 할 일은 부부의 잠자리나, 음식을 먹는 일이니, 이를 조심할 줄 모르면 양생의 도를 벗어나는 것이다(人之所取畏者 袵席之上 飮食

之間 而不知爲之戒者 過也).'"

양생에서 중요한 것은 음식과 부부의 잠자리에 대해 조심하는 것이다.

■ 似木鷄
사 목 계

"나무로 만든 닭 같다."

【寓言】목계양도(木鷄養到) ; 싸움닭이 나무닭처럼 훈련된다는 뜻으로, 일이 훌륭하게 완성되었음을 비유하는 말이다. 싸움닭을 훈련하는 것과 같이 사람도 수양을 쌓아야 완전한 덕(德)을 지니게 된다는 것을 말한다.

옛날에 닭싸움이라는 투기가 성행한 적이 있었다. 그때 싸움닭을 기르는 데 특출한 재간이 있는 기성자(紀渻子)라는 사람이 있었다.

제(齊)나라 임금이 기성자에게 명하여 싸움닭을 기르게 했다. 그리고는 열흘이 지나서 임금이 물었다. "닭에게 싸움을 시킬 준비가 되었는가?

기성자가 대답하였다. "아니옵니다. 아직은 교만하고 허세를 부리며 제 기운만 믿고 있습니다."

다시 열흘이 지나 왕이 물으니 그가 대답했다. "아니 되옵니다. 아직 다른 닭의 소리나 모습만 보아도 덤벼듭니다."

다시 열흘이 지나 물으니 그가 대답했다. "아니 되옵니다. 아직 다른 닭을 눈을 부릅뜨고 노려보며 기운이 넘칩니다."

다시 열흘이 지나 왕이 묻자 기성자가 대답했다. "이제 낌새가 보입니다. 다른 닭이 울어도 아무런 태도의 변화가 없으니, 멀리서 보면 마치 나무로 만든 닭처럼 보이니(望之似木鷄矣), 그 덕이 온전해졌습니다. 다른 닭들은 감히 맞서지 못하고 지레 겁을 먹고 되돌아서 달아날 것입니다."

그래서 나중에 사람들은 수양이 높고 점잖은 사람을 가리켜 『목계양도(木鷄養到)』라고 하였다. 또한 경우에 따라서는 변통이 조금도 없는 사람을 가리켜 『나무 닭(木鷄)』이라고도 했다. 적의를 가지지 않은 것에 대항하는 적은 없다. 무심(無心)으로 상대를 대하는 것이 만사를 처리하고 곤란을 이겨내는 가장 좋은 방법이라는 비유다.

■ 從水之道而不爲私焉
종 수 지 도 이 불 위 사 언

"물의 흐름을 따를 뿐 나의 힘을 쓰지 않는다."

【寓言】 공자가 여량(呂梁)을 관광했는데, 폭포가 30길이나 되고 물보라가 40리에 이르러, 거북이와 악어, 물고기와

자라도 헤엄칠 수 없는 곳이었다. 그런데 한 장부가 헤엄을 치고 있는 것을 보고서는, 괴로운 일이 있어 죽으려고 하는 것으로 여기고는 제자를 보내 물길을 따라가 구해주도록 하였다. 그런데 그는 수백 보를 헤엄쳐 나와서는 풀어헤친 머리 그대로 흥얼거리면서 걷다가 강둑 아래서 노닐었다.

공자가 가까이 가서 물었다. "나는 그대를 귀신인 줄로 여겼는데, 가만히 보니 사람이구려. 궁금한데, 물에서 헤엄치는 데 무슨 방법이 있소?"

그가 대답하였다. "없습니다. 나에게 별다른 방도는 없습니다. 나는 타고난 대로 시작하여, 본성대로 나아가고 천명대로 할 뿐이오. 나는 소용돌이와 함께 물속으로 들어가고 솟는 물결을 따라 함께 나오니, 물의 흐름에 따를 뿐 굳이 나의 힘을 쓰지 않습니다(從水之道而不爲私焉). 이것이 제가 물에서 헤엄치는 방법입니다."

공자가 말했다. "무엇을 일러 타고난 대로 시작하고, 본성대로 자라며, 명을 따라 이루었다고 합니까(何謂始乎故 長乎性 成乎命)?"

그가 대답하였다. "나는 벼랑에서 태어나 벼랑의 편안함을 느끼니 타고난 그대로입니다. 물에서 자라면서 물을 편안히 여겼으니 본성이 된 것입니다. 제가 그렇게 된 이유를 알지 못하면서도 그렇게 헤엄을 치는 것은 명(命)입니다(不知吾所以然而然 命也)."

물은 제 스스로 가는 길이 있다. 단지 그 길을 따라서 헤엄칠 뿐 자기의 생각을 쓰지 않는다. 이것이 흐르는 물에서 헤엄치는 비결이다. 그 처해진 환경에 거스르지 않는 것이 삶을 온전하게 살아가는 길인 것이다.

■ 稷之馬將敗
직 지 마 장 패

"직의 말은 장차 쓰러질 것이다."

【寓言】 동야직(東野稷)이 말을 모는 기술을 위나라 장공(莊公)에게 선보였는데, 나아감과 물러섬이 먹줄에 맞고, 좌우로 도는 것이 그림쇠에 맞았다. 지켜보던 장공은 문양(文樣)도 이보다 더할 수는 없으리라 여겨 그로 하여금 굽이진 길을 백 번을 돌아오도록 하였다.

안합(顔闔)이 지나가다 이를 보고, 입조하여 장공을 뵙고 말했다. "동야직의 말은 장차 쓰러질 것입니다."

장공이 묵묵히 대꾸하지 않았는데, 잠시 지난 뒤 과연 말이 쓰러졌고, 동야직만 돌아왔다.

장공이 안합에게 물었다. "그대는 어떻게 그걸 알았는

가?"

안합이 말했다. "그 말은 힘이 다했는데도 계속해서 달리게 하였으니, 그래서 쓰러진다고 하였습니다."

다스림에 있어서도 항상 백성의 여력을 남겨 두는 것이 필요한 것이다.

■ 忘其肝膽 遺其耳目 芒然彷徨乎塵垢之外
　　망 기 간 담　유 기 이 목　망 연 방 황 호 진 구 지 외

逍遙乎無事之業 是謂爲而不恃 長而不宰
소 요 호 무 사 지 업　시 위 위 이 불 시　장 이 부 재

"간과 쓸개도 잊고, 자신의 눈과 귀를 놓아둔 채, 세속의 티끌 밖에서 망연히 방황하고, 일을 삼지 않는 일로 소요하니, 이를 일러 의지하지 아니하고, 길러주면서도 주재하지 않는다고 한다."

【寓言】손휴(孫休)란 자가 있었는데, 편경자(扁慶子)의 문하에 이르러 탄식하여 말했다.

"저는 고향에 살면서 수양이 되지 않았다는 말을 듣지 못했고, 어려운 일에 당해서 용기가 없다는 말도 듣지 못했습니다. 그런데 들에 나가 농사를 지어도 풍년을 보지 못하고, 임금을 섬겨도 등용되지 못하였으며, 고향에서도 배척을 당하고, 마을에서는 쫓겨났으니, 도대체 하늘에 무슨 죄

를 지었기에 제가 이 같은 운명을 만난 것입니까?"

편자(扁子)가 말했다. "그대는 저 지인(至人)의 자유로운 행동에 대해 듣지 못했는가! 그는 자신의 '간과 쓸개를 잊고, 자신의 눈과 귀를 놓아둔 채, 세속의 티끌 밖에 망연히 방황하고, 일을 삼지 않는 일로 소요하니, 이것을 일러 의지하지 아니하고, 길러주면서도 주재하지 않는다(忘其肝膽 遺其耳目 芒然彷徨乎塵垢之外 逍遙乎無事之業 是謂爲而不恃 長而不宰)'라고 하는 것이오.

지금 그대는 지식을 꾸며 어리석은 이들을 놀라게 하고, 몸을 닦아 오점을 드러내고, 해와 달을 내건 듯이 밝게 행동하고 있소. 그대는 형체를 온전히 하고서, 귀머거리나 장님, 절름발이와 앉은뱅이처럼 길에서 요절하지도 않고, 사람들 속에서 나란히 서 있는 것만으로도 다행이거늘, 어느 겨를에 하늘을 원망하겠소! 돌아가시오."

손휴가 나가자, 편경자가 바래주고 들어와 잠시 앉아 하늘을 우러러 탄식하였다.

제자가 물었다. "선생님께서는 무엇 때문에 그렇게 탄식을 하십니까?"

편경자가 말했다. "아까 손휴가 왔을 때, 나는 그에게 지인의 덕을 일러주었는데, 내 말을 듣고 놀라서 결국 미혹에 빠질까 걱정이구나."

　제자가 말했다. "그렇지 않습니다. 손휴의 말이 옳고 선생님께서 하신 말씀이 틀렸다면, 틀린 것이 옳은 것을 미혹시킬 수는 없습니다. 또한 손휴의 말이 틀리고 선생님의 말씀이 옳다면, 그는 애당초 미혹된 상태로 왔으니, 또 어찌 선생님의 허물이 되겠습니까?"

　편경자가 말했다. "그렇지 않다. 옛날에 한 마리 새가 노나라 교외에 날아와서 앉았는데, 노나라 임금이 이를 보고 기뻐하여, 새에게 태뢰(太牢)의 예로 대접하고, 구소(九韶)의 풍악을 울려 즐겁게 해주었지. 그러나 새는 시종 근심하고 슬퍼하며 눈이 어지러워져 먹으려고 하지 않았다. 이것은 자기의 양생법으로 새를 기른 것이다. 만약 새를 기르는 방법으로 새를 양육하려고 했다면, 마땅히 깊은 숲에서 살게 하고, 강이나 호수에 떠다니며 미꾸라지를 잡아먹게 하고, 같은 새들을 따라다니거나 함께 머물며 자유롭게 살게 해야 한다.

　지금 손휴는 소견이 좁고 견문이 넓지 못한 사람인데, 내가 지인의 덕을 일러주었으니, 이를 비유한다면 생쥐를 수레나 말에 태우고, 메추라기에게 종이나 북을 치며 즐겁게 해주려는 것과 같으니, 그가 어찌 놀라지 않을 수가 있겠는가?"

12. 達生

達生之情者, 不務生之所無以爲 ; 達命之情者, 不務知之所無奈何. 養形必先之以物, 物有餘而形不養者有之矣. 有生必先無離形, 形不離而生亡者有之矣. 生之來不能卻, 其去不能止. 悲夫! 世之人以爲養形足以存生, 而養形果不足以存生, 則世奚足爲哉! 雖不足爲而不可不爲者, 其爲不免矣! 夫欲免爲形者, 莫如棄世. 棄世則無累, 無累則正平, 正平則與彼更生, 更生則幾矣! 事奚足遺棄而生奚足遺? 棄事則形不勞, 遺生則精不虧. 夫形全精復, 與天爲一. 天地者, 萬物之父母也. 合則成體, 散則成始. 形精不虧, 是謂能移. 精而又精, 反以相天.

子列子問關尹曰 : “至人潛行不窒, 蹈火不熱, 行乎萬物之上而不栗.   請問何以至於此?” 關尹曰 : “是純氣之守也, 非知巧果敢之列. 居, 予語女. 凡有貌象聲色者, 皆物也, 物與物何以相遠! 夫奚足以至乎先! 是色而已. 則物之造乎不形, 而止乎無所化. 夫得是而窮之者, 物焉得而止焉! 彼將處乎不淫之度, 而藏乎無端之紀, 遊乎萬物之所終始. 壹其性, 養其氣, 合其德, 以通乎物之所造. 夫若是者, 其天守全, 其神無隙, 物奚自入焉! 夫醉者之墜車, 雖疾不死. 骨節與人同而犯害與人異, 其神全也. 乘亦不知也, 墜亦不知也, 死生驚懼不入乎其胸中, 是故遻物而不慴. 彼得全於酒而猶若是, 而況得全於天乎? 聖人藏於天, 故莫之能傷也. 複仇者, 不折鏌幹; 雖有忮心者, 不怨飄瓦, 是以天下平均. 故無攻戰之亂, 無殺戮之刑者, 由此道也. 不開人之天, 而開天之天. 開天者德生, 開人者賊生. 不厭其天, 不忽於人, 民幾乎以其真."

仲尼適楚, 出於林中, 見痀僂者承蜩, 猶掇之也. 仲尼曰: "子巧乎, 有道邪?" 曰: "我有道也. 五六月累丸二而不墜, 則失者錙銖; 累三而不墜, 則失者十一; 累五而不墜, 猶掇之也. 吾處身也, 若厥株拘; 吾執臂也, 若槁木之枝. 雖天地之大, 萬物之多, 而唯蜩翼之知. 吾不反不側, 不以萬物易蜩之翼, 何爲而不得!" 孔子顧謂弟子曰: "用志不分, 乃凝於神. 其痀僂丈人之謂乎!"

顏淵問仲尼曰: "吾嘗濟乎觴深之淵, 津人操舟若神. 吾問焉曰: '操舟可學邪?' 曰: '可. 善遊者數能. 若乃夫沒人, 則未嘗見舟而便操之也.' 吾問焉而不吾告, 敢問何謂也?" 仲尼曰: "善遊者數能, 忘水也; 若乃夫沒人之未嘗見舟而便操之也, 彼視淵若陵, 視舟若履, 猶其車卻也. 覆卻萬方陳乎前而不得入其舍, 惡往而不暇! 以瓦注者巧, 以鉤注者憚, 以黃金注者殙. 其巧一也, 而有所矜, 則重外也. 凡外重者內拙."

田開之見周威公, 威公曰："吾聞祝腎學生, 吾子與祝腎遊, 亦何聞焉?"田開之曰："開之操拔篲以侍門庭, 亦何聞於夫子!"威公曰："田子無讓, 寡人願聞之."開之曰："聞之夫子曰：'善養生者, 若牧羊然, 視其後者而鞭之.'"威公曰："何謂也?"田開之曰："魯有單豹者, 岩居而水飲, 不與民共利, 行年七十而猶有嬰兒之色, 不幸遇餓虎, 餓虎殺而食之. 有張毅者, 高門縣薄, 無不走也, 行年四十而有內熱之病以死. 豹養其內而虎食其外, 毅養其外而病攻其內. 此二子者, 皆不鞭其後者也."仲尼曰："無入而藏, 無出而陽, 柴立其中央. 三者若得, 其名必極. 夫畏塗者, 十殺一人, 則父子兄弟相戒也, 必盛卒徒而後敢出焉, 不亦知乎! 人之所取畏者, 衽席之上, 飲食之間, 而不知爲之戒者, 過也!"

祝宗人玄端以臨牢柵說彘, 曰："汝奚惡死! 吾將三月豢汝, 十日戒, 三日齊, 藉白茅, 加汝肩尻乎雕俎之上, 則汝爲之乎?"爲彘謀曰："不如食以糠糟而錯之牢柵之中."自爲謀, 則苟生有軒冕之尊, 死得於腞楯之上, 聚僂之中則爲之. 爲彘謀則去之, 自爲謀則取之, 所異彘者何也!

桓公田於澤, 管仲御, 見鬼焉. 公撫管仲之手曰："仲父何見?"對曰："臣無所見."公反, 誒詒爲病, 數日不出. 齊士有皇子告敖者, 曰: "公則自傷, 鬼惡能傷公! 夫忿滀之氣, 散而不反, 則爲不足; 上而不下, 則使人善怒; 下而不上, 則使人善忘; 不上不下, 中身當心, 則爲病." 桓公曰: "然則有鬼乎?" 曰: "有. 沈有履. 灶有髻. 戶內之煩壤, 雷霆處之; 東北方之下 者倍阿, 鮭蠪躍之; 西北方之下者, 則泆陽處之. 水有罔象, 丘有莘, 山有夔, 野有彷徨, 澤有委蛇." 公曰: "請問委蛇之伏狀何如?" 皇子曰: "委蛇, 其大如轂, 其長如轅, 紫衣而朱冠. 其爲物也惡, 聞雷車之聲則捧其首而立. 見之者殆乎霸." 桓公囅然而笑曰: "此寡人之所見者也." 於是正衣冠與之坐, 不終日而不知病之去也.

紀渻子爲王養鬪雞. 十日而問: "雞已乎?" 曰: "未也, 方虛驕而恃氣." 十日又問, 曰: "未也, 猶應向景." 十日又問, 曰: "未也, 猶疾視而盛氣." 十日又問, 曰: "幾矣, 雞雖有鳴者, 已無變矣, 望之似木雞矣, 其德全矣. 異雞無敢應者, 反走矣."

孔子觀於呂梁, 縣水三十仞, 流沫四十里, 黿鼉魚鼈之所不能遊也. 見一丈夫遊之, 以爲有苦而欲死也. 使弟子並流而拯之. 數百步而出, 被髮行歌而遊於塘下. 孔子從而問焉, 曰: "吾以子爲鬼, 察子則人也. 請問: 蹈水有道乎?" 曰: "亡, 吾無道. 吾始乎故, 長乎性, 成乎命. 與齊俱入, 與汨偕出,從水之道而不爲私焉. 此吾所以蹈之也." 孔子曰: "何謂始乎故, 長乎性, 成乎命?" 曰: "吾生於陵而安於陵, 故也; 長於水而安於水, 性也; 不知吾所以然而然, 命也."

梓慶削木爲鐻, 鐻成, 見者驚猶鬼神. 魯侯見而問焉, 曰: "子何術以爲焉?" 對曰: "臣, 工人, 何術之有! 雖然, 有一焉: 臣將爲鐻, 未嘗敢以耗氣也, 必齊以靜心. 齊三日, 而不敢懷慶賞爵祿; 齊五日, 不敢懷非譽巧拙; 齊七日, 輒然忘吾有四枝形體也. 當是時也, 無公朝. 其巧專而外骨消, 然後入山林, 觀天性形軀, 至矣, 然後成鐻, 然後加手焉, 不然則已. 則以天合天, 器之所以疑神者, 其是與!"

東野稷以御見莊公, 進退中繩, 左右旋中規. 莊公以爲文弗過也. 使之鉤百而反. 顔闔遇之, 入見曰: "稷之馬將敗." 公密而不應. 少焉, 果敗而反. 公曰: "子何以知之?" 曰: "其馬力竭矣而猶求焉, 故曰敗."

工倕旋而蓋規矩, 指與物化而不以心稽, 故其靈台一而不桎. 忘足, 履之適也; 忘要, 帶之適也; 知忘是非, 心之適也; 不內變, 不外從, 事會之適也; 始乎適而未嘗不適者, 忘適之適也.

有孫休者, 踵門而詫子扁慶子曰: "休居鄉不見謂不修, 臨難不見謂不勇. 然而田原不遇歲, 事君不遇世, 賓於鄉里,

逐於州部, 則胡罪乎天哉? 休惡遇此命也?"扁子曰: "子獨
不聞夫至人之自行邪? 忘其肝膽, 遺其耳目, 芒然彷徨乎塵垢
之外, 逍遙乎無事之業, 是謂爲而不恃, 長而不宰. 今汝飾知
以驚愚, 修身以明汙, 昭昭乎若揭日月而行也. 汝得全而形軀,
具而九竅, 無中道夭於聾盲跛蹇而比於人數亦幸矣, 又何暇乎
天之怨哉! 子往矣!"孫子出, 扁子入. 坐有間, 仰天而歎. 弟子
問曰: "先生何爲歎乎?"扁子曰: "向者休來, 吾告之以至
人之德, 吾恐其驚而遂至於惑也."弟子曰: "不然. 孫子之所
言是邪, 先生之所言非邪, 非固不能惑是 ; 孫子所言非邪, 先
生所言是邪, 彼固惑而來矣, 又奚罪焉!"扁子曰: "不然.
昔者有鳥止於魯郊, 魯君說之, 爲具太牢以饗之, 奏九韶以樂
之. 鳥乃始憂悲眩視, 不敢飲食. 此之謂以己養養鳥也. 若夫
以鳥養養鳥者, 宜棲之深林, 浮之江湖, 食之以委蛇, 則安平
陸而已矣. 今休, 款啓寡聞之民也, 吾告以至人之德, 譬之若
載鼷以車馬, 樂鴳以鍾鼓也, 彼又惡能無驚乎哉!"

13. 산목(山木)

곧은 나무는 먼저 베어지고,
물맛 좋은 우물은 먼저 마른다

장자가 산길을 가다가 가지와 잎이 무성하게 자란 커다란 나무를 보았다. 그런데 벌목하는 사람이 그 옆에 멈추어 서서는 나무를 베지 않는 것이었다. 그래서 장자가 그 까닭을 물었더니, "쓸모가 없어요." 하고 대답했다.

장자가 말했다. "이 나무는 목재로 사용될 수 없음으로 인하여 그 천수를 다 할 수 있구나."

장자가 산을 벗어나 친구의 집을 찾아가니, 친구가 기뻐서 종에게 오리를 잡아 내어오라 하니, 종이 말했다. "우는 놈과 울지 못하는 놈 가운데 어떤 걸 잡을까요?"

주인이 말했다. "울지 못하는 놈을 잡아라."

이튿날, 제자가 장자한테 물었다. "그 때 산중의 그 나무는 목재로 사용될 수 없음으로 인해 천년을 누렸는데, 이번에 그 주인은 기러기가 울지 못하는 것으로 잡으라 했으니, 선생님께서는 장차 어디에 처하시렵니까?"

장자가 웃으면서 대답했다. "나는 장차 재목되는 것과 재목되지 않는 그 사이에 처하겠노라. 재목되는 것과 재목되지 않는 그

사이는 비슷하지만 다른 것이다. 그러므로 연루되지 않을 수 있는
것이다."

*此木以不材 得終其天年(차목이부재 득종기천년) : "이 나무는
쓸모가 없기 때문에 천수(天壽)를 다할 수 있다."
천년(天年)은 천수(天壽).

■ 不在得終其天年
_{부 재 득 종 기 천 년}

"쓸모없는 나무는 천수를 다한다."

{재목으로서 쓸모가 없는 나무는 벌채되지 않고 그 천수를 다 누릴 수가 있다. 사람도 특별한 재능이 없음으로써 오히려 자연의 수명을 다할 수 있는 것이다. 곧 불용(不用)이 대용(大用)인 것이다.}

■ 殺不能鳴者
_{살 불 능 명 자}

"울지 못하는 놈으로 잡아라."

■ 處乎材與不材之間
_{처 호 재 여 부 재 지 간}

"재목 되는 것과 재목 되지 않는 사이에 처하겠다."

【寓言】 장자가 산길을 가다가 커다란 나무를 보니 나뭇가지가 무성한데, 벌목하는 사람이 그 옆에 멈추어 서서는 자르지 않아서 그 이유를 물었다.

"쓸모가 없으니까요."

장자가 말했다. "이 나무는 목재로 사용될 수 없음으로 인하여 그 생애를 다 할 수 있구나(此木以不材得終其天年)."

장자가 산을 벗어나 친구의 집을 찾아가니, 친구가 기뻐서 종에게 거위를 삶아 내어오라 하니, 종이 말했다. "우는 놈과 울지 못하는 놈 가운데 어떤 걸 잡을까요?"

주인이 말했다. "울지 못하는 놈을 잡아라(殺不能鳴者)."

이튿날, 제자가 장자한테 물었다. "그 때 산중의 그 나무는 목재로 사용될 수 없음으로 인해 그 천수를 누렸는데, 이번에 그 주인은 거위가 울지 못하는 놈으로 잡았으니, 선생님께서는 장차 어디에 처하시렵니까?"

장자가 웃으면서 대답했다. "나는 장차 재목되는 것과 재목되지 않는 그 사이에 처하겠노라(周將處乎材與不材之間). 재목되는 것과 재목되지 않는 그 사이는 비슷하지만 다른 것이다. 그러므로 연루되지 않을 수 있는 것이다."

유용(有用)과 무용(無用) 간에 중간(중용)을 찾는다는 말이다. 그러나 유용과 무용은 구별하기가 쉽지 않다, 쓸모가 있고 쓸모가 없는 사이에서 어떻게 처신을 해야 하는 것은 매우 어려운 일이다! 그래서 모든 일에 순리적으로 행함으로써 어려움을 피할 수 있는 것이다.

【寓言】 재여부재(材與不材) ; 쓸모있음과 쓸모없음의 사이에 처하란 말로, 처세의 어려움을 이르는 말이다.

"곧은 나무가 먼저 베어지고, 맛있는 샘물이 먼저 마른다(直木先伐 甘井先竭)." 곧 유능함 때문에 오히려 소중한 생명을 잃을 수 있다는 것이다.

곧은 나무는 집을 짓는 데 유용하다. 때문에 목수들이 즐겨 찾는다. 따라서 타고난 수명을 누리지 못하고 베어지게 마련이다. 맛있는 샘물 역시 마찬가지다. 사람들이 많이 찾기 때문에 금방 마를 수 있다. 재능이 뛰어나면 소중한 생명을 해칠 수 있다는 경고이다

따라서 장자는 재주가 없으면 천수를 다 누릴 수 있다(以不材得終其天年)고 했다. 마치 곡원(曲轅)의 나무나 상구(商丘)의 나무처럼 쓸모가 없어서 제 명을 다 누릴 수 있었던 것처럼.

그러나 재주가 없다고 항상 제 생명을 유지하며 살 수 있는 것은 아니다. 인간은 우리가 생각하는 것보다 훨씬 복잡한 이해관계 속에서 살고 있기 때문이다. 재주가 없으면 남에게 줄 것이 없고, 또한 상대방과 교제에 대비할 수 없다. 심하게는 생명조차 부지하기 어려울 때도 있다.

이처럼 인간은 서로 도움을 주기도 하고 피해를 주기도 한다. 상대방을 부리기도 하지만, 상대방에게 부림을 당하기도 한다. 성공한 듯하지만, 실패로 돌아가는 경우도 있다. 숭고한 듯하지만, 모욕적인 삶을 살기도 한다. 이렇기 때문

에 유능함과 무능함의 균형을 유지하는 것이 매우 중요하다.

그래서 장자는 위 항과 같은 이야기를 하였다.

산의 나무는 '쓸모가 없어' 천수를 누리는가 했더니, 거위는 '재주가 없어서' 죽임을 당하였다. 이렇게 인간세상에서는 '재주가 있는' 사람이나, '재주가 없는' 사람이나 모두 그 이유 때문에 불행해질 수도 있다. 험난한 세상을 살아가기 위해서는 한쪽으로 치우치지 않는 중용적 삶이 요구된다.

■ 皮爲之災
피 위 지 재

"가죽이 재앙이다."

【寓言】 초나라의 시남의료(市南宜僚)가 노후(魯侯 ; 애공)를 알현했는데, 노후(魯侯)에게 근심스런 안색이 있었다.

시남자(市南子)가 물었다. "군주께서 안색이 어두우신데, 무슨 까닭인지요?"

노후가 말했다. "나는 선왕(先王)의 도를 배웠고, 선대께서 이룩하신 유업을 닦았소. 나는 귀신을 공경하고 현인을 존경하여 가까이 두어 행함에 잠시도 벗어나 있지 않았소.

그런데도 환난을 면치 못하고 있으니, 그래서 걱정하고 있는 것이오."

시남자가 말했다. "군주께서는 환난을 없애려는 방법이 얄팍하십니다. 풍성한 털을 가진 여우와 아름다운 무늬의 표범이 산림에 살고 바위굴에 엎드려 있음은 고요하게 있음이고, 밤에 나다니고 낮에 가만히 있음은 경계하는 것입니다. 비록 굶주리고 목마르며 곤궁하더라도 오히려 강호에서 멀리 떨어져 먹을 구하는 것은 편안한 것입니다. 그런데도 그물이나 덫에 걸릴 걱정을 면치 못하니, 이것이 어찌 죄가 있어서이겠습니까? 그들의 가죽이 그들의 재앙입니다(是何罪之有哉? 其皮爲之災也). 지금 노나라가 어찌 군주의 가죽이 아니겠습니까?"

표범은 그 아름다운 털가죽으로 인해 죽임을 당한다. 세상의 이치가 그와 같다. 인생을 살아감에 있어 사람들이 돈이나 권력으로 자칫 크나큰 화를 당하는 것은, 스스로 그것을 재앙의 무기로 삼는 세상의 어리석음 때문이다.

■ 直木先伐 甘井先渴

"곧게 자란 나무는 먼저 벌채되고, 물맛이 좋은 우물은 먼저 마른다.”

【寓言】 감정선갈(甘井先渴) ; “물맛이 좋은 우물은 빨리 마른다.”라는 뜻으로, 재능 있는 사람은 많이 쓰여 일찍 쇠퇴한다는 말이다.

공자가 진(陳)나라와 채(蔡)나라 중간에서 사람들에게 갇혀 이레 동안이나 불을 때어 밥을 지어먹지 못했다.

그러자 태공임(大公任)이 찾아와 공자를 위문하여 말했다. “선생께서는 거의 굶어죽게 되셨습니다.”

공자가 답했다. “그렇소.”

태공임이 말했다. “선생께서는 죽음을 싫어하십니까?”

공자가 답했다. “그렇소.”

태공임이 말했다. “내가 죽지 않는 법(不死之道)에 대해 얘기해 보겠소. 동해에 새가 있는데 그 이름을 의태(意怠)라 부르는데, 그 새는 날개를 푸드득거릴 뿐 아무 재주도 없는 듯이 보이지요. 날 때는 다른 새들이 이끌어 주어야 날고, 쉴 때는 다른 새들과 붙어 있지요.

나아갈 때는 감히 다른 새들의 앞에 서지 않고, 물러설 때는 다른 새들보다 뒤에 남지 않지요. 먹이를 먹을 때도 감히 다른 새들보다 앞서 맛보지 않고, 반드시 다른 새가 먹고 난 찌꺼기를 먹지요. 그래서 그 새는 다른 새들 무리에게 배척

당하는 일이 없고, 사람들에게도 해를 입지 않는 것입니다. 그래서 재난을 면하지요.

'곧은 나무는 먼저 잘리고, 단 샘물은 먼저 말라 버리지요(直木先伐 甘井先竭).'

당신을 보면 자신의 지식을 꾸며 어리석은 사람들을 놀라게 하고, 몸을 닦아 남의 허물을 들추어내고, 마치 해와 달을 내걸고 가듯이 훤하게 자신을 나타내려 하고 있어요. 그러하기에 환난을 면할 수 없지요.

전에 내가 위대한 덕을 이룬 사람에게서 들은 바에 의하면, '스스로 뽐내는 자는 공을 잃게 되고, 공을 이루고 물러나지 않는 자는 실패하게 되며, 명성을 이루고 그대로 머물고자 하는 자는 욕을 보게 된다(自伐者無功 功成者墮 名成者虧).'고 했습니다. 어느 누가 과연 공명을 마다하고 보통 사람들과 같이 처신하겠습니까?

그의 도가 널리 행하여져도 자기의 이름을 밝히지 않고, 그의 덕이 세상에 시행되어도 명성을 받아들이지 않으며, 마음을 순수하게 가지고, 언제나 한결같이 행동하여 마치 미치광이인 것처럼 무심하게 공적을 남기지 않고, 권세를 버리며 공명을 추구하지 않는 사람이어야 합니다. 그러면 남을 책잡을 일도 없고, 남에게 책잡힐 일도 없지요. 지인

(至人)은 세속의 명예를 추구하지 않는 법이건만, 당신은 어째서 공명을 좋아하십니까?"

공자가 말했다. "좋은 말입니다."

그 뒤로 공자는 곧 사람들과의 교유를 끊고 제자들을 보내고는 자신은 큰 늪가에 숨어 허름한 옷을 입고 도토리와 밤을 주워 먹으며 살았다.

그리하여 짐승들 사이로 들어가도 무리가 흩어지지 않았고, 새들 틈에 들어가도 그 행렬이 흐트러지지 않았다. 새와 짐승들도 그를 싫어하지 않았으니, 하물며 사람들이야 어떠했겠는가!

쓸모가 있는 것이나, 명예를 추구하는 것, 욕망 따위가 오히려 재앙의 근원이 되는 것이다. 유용(有用) 유재(有材)가 오히려 일신의 화근이 될 수 있는 것이다.

■ 利合者 迫窮禍患害相棄
이 합 자　박 궁 화 환 해 상 기

天屬者 迫窮禍患害相收
천 속 자　박 궁 화 환 해 상 수

"이익으로 맺어진 관계는 급박하고 곤궁하며, 재앙이 닥칠 때 서로 버리는데, 하늘이 맺어준 관계는 급박하고 곤궁하며, 재앙이 닥치면 서로 거두어준다."

【寓言】 공자가 은자(隱者) 자상호(子桑雽)에게 물었다. "나는 두 번이나 노나라에서 쫓겨났고, 송나라에서는 나무를 베어 죽이려 했으며, 위(衛)나라에서는 나의 흔적마저 지워졌고, 상(商)나라와 주(周)나라에서는 곤궁을 처했으며, 진(陳)나라와 채(陳)나라 사이에서는 포위당했습니다. 제가 이러한 여러 환난을 당하면서 친교는 더욱 멀어지고, 제자와 친구들마저 뿔뿔이 흩어졌으니, 무슨 까닭인가요?"

자상호가 대답했다. "당신은 가(假)나라 사람이 도망친 이야기를 들어보지 못했소? 임회(林回)라는 사람이 천금의 벽옥(璧玉)을 버리고 갓난아기를 업고서 달아나자, 어떤 사람이 물었지요. '돈이 되는 것 때문이라면, 갓난아기 쪽이 적고, 그 번거로움으로 말하면, 갓난아기 쪽이 많소. 천금의 벽옥을 버리고 갓난아기를 업고 달아나는 이유는 무엇이오?' 임회가 대답하기를, '벽옥은 이익으로 맺어져 있고, 이 아이는 천륜으로 이어져 있소.' 라고 하였답니다.

무릇 이익으로 맺어진 것은 곤궁과 재난, 해로움이 닥칠 때 서로 버리지만, 천륜으로 이어진 것은 곤궁과 재난, 해로움이 닥칠 때 서로 거둡니다(夫以利合者 迫窮禍患害相棄也 以天屬者 迫窮禍患害相收也).

무릇 서로를 거두는 것과 서로를 버리는 것은 역시 차이가 많습니다. 또 군자의 사귐은 물과 같이 담담하고 소인의 사귐은 감주와 같이 달콤하니, 군자는 담백함으로 친해지고, 소인은 달콤함으로 끊어지는 것이오. 저 까닭 없이 맺어진 것은 또한 까닭 없이 흩어지는 법이오(夫相收之與相棄亦遠矣 且君子之交淡若水 小人之交甘若醴 君子淡以親 小人甘以絶 彼無故以合者 則無故以離)."

공자가 말했다. "삼가 가르침을 공경합니다."

그러고 나서는 천천히 걸어 바람을 타듯이 돌아가 학문을 끊고 책을 버렸다. 제자들이 그 앞에서 읍하는 일이 없게 되었지만, 공자에 대한 정은 갈수록 깊어졌다.

■ 見利而忘其眞
_{견 리 이 망 기 진}

"이익에 사로잡혀 자신의 참다운 입장을 잊고 있다."

【寓言】 장주가 어느 날, 조릉(雕陵)의 울타리 안에서 거닐고 있는데, 이상한 까치 한 마리가 남쪽으로부터 날아오는 것을 보았다. 날개의 폭이 일곱 자나 되고, 눈은 한 치나 되는 그 새는 장주의 이마를 스치고 밤나무 숲에 앉았다.

"이게 무슨 새인가? 날개는 커도 높이 날지를 못하고, 눈은 커도 보지를 못하니!"

장주는 바지자락을 걷어 올리고 빨리 걸어가 활을 잡고 쏘려고 하였다. 그 때 매미 한 마리를 보았는데, 그 매미는 잎이 무성한 그늘에 앉아 자기의 몸조차 잊고 울고 있었다. 그런데 또 사마귀 한 마리가 나뭇잎에 몸을 숨기고 매미를 잡으려고 그 자신의 형체를 잊고 있었다(螳螂執翳而搏之 見得而忘形). 그런데 이상한 까치 역시 사마귀를 노리느라고 자신의 참모습을 잊고 있지 않은가(見利而忘其眞).

"아아, 만물이란 본디 서로 해를 끼치고, 이로움과 해로움을 서로가 불러들이고 있구나!"

그래서 장주가 활을 버리고 돌아서려는데, 밤나무 숲을 지키는 자가 쫓아와서 꾸짖었다.

장주는 집에 돌아와서는 석 달 동안 뜰에 나가지 않았다.

■ 入其俗 從其令
입 기 속 종 기 령

"그 지방에 가면 그 지방의 풍습을 따른다."

【寓言】 위 항에 이어, 제자 인저(藺且)가 장자를 찾아와 물었다. "선생님께서는 요즘 무슨 일로 뜰에 나오시지 않습니까?"

장주가 말했다. "나는 내 형체만을 지키느라 내 몸을 잊고 있었고, 흐린 물을 보는 데 마음을 빼앗겨 맑은 못에 몸을 비춰보는 것을 잊고 있었다. 나는 또 스승에게서, '세속에 들어가면, 그 세속을 좇으라(入其俗 從其令).'는 교훈을 들었는데, 지금 나는 조릉에서 노닐다가 내 자신을 잊어버리고, 이마를 스치고 지나간 그 이상한 까치에 정신이 팔려 내 참모습도 생각하지 못했지. 그 때문에 밤나무밭 지기로부터 밤 도둑으로 몰리는 바람에 나는 뜰에도 나가지 않았던 것이다."

"세속에 들어가면, 그 세속을 좇으라."고 했다. 결국 자연에 내맡긴 순리로운 생활을 하는 것이 현명하게 사는 길이란 뜻이다.

특히 《중용(中庸)》에서는 "부귀에 처하여서는 부귀를 행하고, 빈천(貧賤)에 처하여서는 빈천을 행하고, 오랑캐에 처하여서는 오랑캐에서 행하고, 환란에 처하여서는 환란을 행한다(素富費 行乎富貴 素貧賤 行乎貧賤 素夷狄 行乎夷狄 素患難 行乎患難)."라고 하였다.

이것은 혼란했던 춘추전국시대의 중국인들에게는 자연스런 현상이었을지도 모른다. 어제는 노(魯)나라의 국민이었는데, 오늘은 초(楚)나라의 시민이 될 수도 있었던 당시의 급박했던 현실을 반영한 것으로 보인다.

■ 美者自美 吾不知其美也
미 자 자 미　　오 부 지 기 미 야

其惡者自惡 吾不知其惡也
기 오 자 자 오　　오 부 지 기 오 야

"미인은 스스로 아름답다고 여기므로 나는 아름다운 줄 모르겠고, 추한 사람은 스스로 추하다고 여기기 때문에 나에게는 추하게 보이지 않는다."

【寓言】 양자(陽子 : 楊朱)가 송(宋)나라에 갔다가 여관에서 하룻밤 묵었다. 여관 주인은 두 명의 첩이 있었는데 그중 한 명은 미인이고 또 다른 한 명은 추녀였다. 그런데 추녀는 귀한 대접을 받고 미녀는 천대를 받고 있었다.

양자가 그 까닭을 물었더니, 여관 종이 말했다. "미인은 스스로 아름답다고 여기는지라 제가 오히려 아름다운지 알지 못하겠고, 추녀는 스스로 추하다고 여기는지라 제가 추한지 알지 못하겠습니다(美者自美 吾不知其美也 其惡者自惡 吾不知其惡也)."

양자가 제자들에게 말했다. "너희들도 잘 기억해 두어라! 현명하게 행동하면서도 스스로 현명하다고 여기는 태도를 버리면, 어딜 간들 사람들로부터 사랑받지 않겠느냐(行賢而去自賢之行 安往而不愛哉)!"

스스로의 장점을 장점이라고 생각하는 사람은 진정한 장

점을 지니고 있지 않고, 스스로의 단점을 단점이라고 아는
자는 결코 단점이 될 수 없다.

13. 山木

莊子行於山中, 見大木, 枝葉盛茂. 伐木者止其旁而不取也. 問其故, 曰: "無所可用." 莊子曰: "此木以不材得終其天年." 夫子出於山, 舍於故人之家. 故人喜, 命豎子殺雁而烹之. 豎子請曰: "其一能鳴, 其一不能鳴, 請奚殺?" 主人曰: "殺不能鳴者." 明日, 弟子問於莊子曰: "昨日山中之木, 以不材得終其天年; 今主人之雁, 以不材死. 先生將何處?" 莊子笑曰: "周將處乎材與不材之間. 材與不材之間, 似之而非也, 故未免乎累. 若夫乘道德而浮遊則不然, 無譽無訾, 一龍一蛇, 與時俱化, 而無肯專爲. 一上一下, 以和爲量, 浮遊乎萬物之祖. 物物而不物於物, 則胡可得而累邪! 此神農黃帝之法則也. 若夫萬物之情, 人倫之傳則不然: 合則離, 成則毁, 廉則挫, 尊則議, 有爲則虧, 賢則謀, 不肖則欺. 胡可得而必乎哉! 悲夫, 弟子志之, 其唯道德之鄕乎!"

市南宜僚見魯侯, 魯侯有憂色. 市南子曰: "君有憂色, 何也?" 魯侯曰: "吾學先王之道, 修先君之業; 吾敬鬼尊賢, 親而行之, 無須臾離居. 然不免於患, 吾是以憂." 市南子曰: "君之除患之術淺矣! 夫豐狐文豹, 棲於山林, 伏於岩穴,靜也；夜行晝居，戒也；雖饑渴隱約，猶且胥疏於江湖之上而求食焉，定也. 然且不免於罔羅機辟之患，是何罪之有哉? 其皮爲之災也. 今魯國獨非君之皮邪? 吾願君刳形去皮，灑心去欲，而遊於無人之野. 南越有邑焉，名爲建德之國. 其民愚而樸，少私而寡欲；知作而不知藏，與而不求其報；不知義之所適，不知禮之所將. 猖狂妄行，乃蹈乎大方. 其生可樂，其死可葬. 吾願君去國捐俗，與道相輔而行."君曰: "彼其道遠而險，又有江山，我無舟車，奈何?"市南子曰: "君無形倨，無留居，以爲君車."君曰: "彼其道幽遠而無人，吾誰與爲鄰? 吾無糧，我無食，安得而至焉?"市南子曰: "少君之費，寡君之欲，雖無糧而乃足. 君其涉於江而浮於海，望之而不見其崖，愈往而不知其所窮. 送君者皆自崖而反. 君自此遠矣! 故有人者累，見有於人者憂. 故堯非有人，非見有於人也. 吾願去君之累，除君之憂，而獨與道遊於大莫之國. 方舟而濟於河，有虛船來觸舟，雖有惼心之人不怒. 有一人在其上，則呼張歙之. 一呼而不聞，再呼而不聞，於是三呼邪，則必以惡聲隨之. 向也不怒而今也怒，向也虛而今也實. 人能虛己以遊世，其孰能害之!"

北宮奢爲衛靈公賦斂以爲鍾，爲壇乎郭門之外. 三月而成上下之縣. 王子慶忌見而問焉，曰: "子何術之設?"奢曰:

“一之間無敢設也. 奢聞之:‘既雕既琢, 複歸於樸.’侗乎其無識, 儻乎其怠疑. 萃乎芒乎, 其送往而迎來. 來者勿禁, 往者勿止. 從其強梁, 隨其曲傅, 因其自窮. 故朝夕賦斂而毫毛不挫, 而況有大塗者乎!”

孔子圍於陳蔡之間, 七日不火食. 大公任往吊之, 曰:“子幾死乎?”曰:“然.”“子惡死乎?”曰:“然.”任曰:“予嘗言不死之道. 東海有鳥焉, 其名曰意怠. 其爲鳥也, 翂翂翐翐, 而似無能;引援而飛, 迫脅而棲;進不敢爲前, 退不敢爲後;食不敢先嘗, 必取其緒. 是故其行列不斥, 而外人卒不得害, 是以免於患. 直木先伐, 甘井先竭. 子其意者飾 知以驚愚, 修身以明汙, 昭昭乎如揭日月而行, 故不免也. 昔吾聞之大成之人曰:‘自伐者無功, 功成者墮, 名成者虧.’孰能去功與名而還與眾人! 道流而不明居, 得行而不名處;純純常常, 乃比於狂;削迹捐勢, 不爲功名. 是故無責於人, 人亦無責焉. 至人不聞, 子何喜哉!”孔子曰:“善哉!”辭其交遊, 去其弟子, 逃於大澤, 衣裘褐, 食杼栗, 入獸不亂群, 入鳥不亂行. 鳥獸不惡, 而況人乎!

孔子問子桑雽曰:“吾再逐於魯, 伐樹於宋, 削迹於衛, 窮於商周, 圍於陳蔡之間. 吾犯此數患, 親交益疏, 徒友益散, 何與?”子桑雽曰:“子獨不聞假人之亡與? 林回棄千金之

璧, 負赤子而趨. 或曰:'爲其布與? 赤子之布寡矣;爲其累
與? 赤子之累多矣. 棄千金之璧, 負赤子而趨, 何也?' 林回
曰:'彼以利合, 此以天屬也.' 夫以利合者, 迫窮禍患害相棄
也; 以天屬者, 迫窮禍患害相收也. 夫相收之與相棄亦遠矣,
且君子之交淡若水, 小人之交甘若醴. 君子淡以親, 小人甘以
絶, 彼無故以合者, 則無故以離."孔子曰:"敬聞命矣!"徐
行翔佯而歸, 絶學捐書, 弟子無挹於前, 其愛益加進. 異日,
桑雽又曰:"舜之將死, 眞泠禹曰:'汝戒之哉! 形莫若緣, 情
莫若率.' 緣則不離, 率則不勞. 不離不勞, 則不求文以待形.
不求文以待形, 固不待物."

莊子衣大布而補之, 正緳系履而過魏王. 魏王曰:"何先
生之憊邪?"莊子曰:"貧也, 非憊也. 士有道德不能行, 憊
也;衣弊履穿, 貧也, 非憊也, 此所謂非遭時也. 王獨不見夫
騰猿乎? 其得楠梓豫章也, 攬蔓其枝而王長其間, 雖羿, 蓬蒙
不能眄睨也. 及其得柘棘枳枸之間也, 危行側視, 振動悼栗,
此筋骨非有加急而不柔也, 處勢不便, 未足以逞其能也. 今處
昏上亂相之間而欲無憊, 奚可得邪? 此比干之見剖心, 徵也
夫!"

孔子窮於陳蔡之間, 七日不火食. 左據槁木, 右擊槁枝, 而
歌焱氏之風, 有其具而無其數, 有其聲而無宮角. 木聲與人聲,

犁然有當於人之心. 顏回端拱還目而窺之. 仲尼恐其廣己而造
大也, 愛己而造哀也, 曰:"回, 無受天損易, 無受人益難. 無
始而非卒也, 人與天一也. 夫今之歌者其誰乎!"回曰:"敢問
無受天損易."仲尼曰:"饑渴寒暑, 窮桎不行, 天地之行也,
運物之泄也, 言與之偕逝之謂也. 爲人臣者, 不敢去之. 執臣
之道猶若是, 而況乎所以待天乎?""何謂無受人益難?"仲尼
曰:"始用四達, 爵祿並至而不窮. 物之所利, 乃非己也,
吾命有在外者也. 君子不爲盜, 賢人不爲竊, 吾若取之何哉?
故曰:鳥莫知於鷾鴯, 目之所不宜處不給視, 雖落其實, 棄
之而走. 其畏人也而襲諸人間. 社稷存焉爾!""何謂無始而
非卒?"仲尼曰:"化其萬物而不知其禪之者, 焉知其所終?
焉知其所始? 正而待之而已耳.""何謂人與天一邪?"仲尼
曰:"有人, 天也;有天, 亦天也. 人之不能有天, 性也. 聖人
晏然體逝而終矣!"

莊周遊於雕陵之樊, 睹一異鵲自南方來者. 翼廣七尺, 目大
運寸, 感周之顙, 而集於栗林. 莊周曰:"此何鳥哉! 翼殷不
逝, 目大不睹."蹇裳躩步, 執彈而留之. 睹一蟬方得美蔭而
忘其身. 螳螂執翳而搏之, 見得而忘形. 異鵲從而利之, 見利
而忘其眞. 莊周怵然曰:"噫! 物固相累, 二類相召也."捐
彈而反走, 虞人逐而誶之. 莊周反入, 三月不庭. 藺且從而問

之, "夫子何爲頃間甚不庭乎?"莊周曰:"吾守形而忘身, 觀於濁水而迷 於清淵. 且吾聞諸夫子曰:'入其俗, 從其令.' 今吾遊於雕陵而忘吾身, 異鵲感吾顙, 遊於栗林而忘眞. 栗林 虞人以吾爲戮, 吾所以不庭也."

陽子之宋, 宿於逆旅. 逆旅人有妾二人, 其一人美, 其一人 惡. 惡者貴而美者賤. 陽子問其故, 逆旅小子對曰:"其美者 自美, 吾不知其美也;其惡者自惡, 吾不知其惡也."陽子 曰:"弟子記之:行賢而去自賢之行, 安往而不愛哉!"

14. 전자방(田子方)

내가 배운 것들이란 한낱 흙으로 만든
인형에 지나지 않는 것이었다

전자방(田子方)이 위(魏) 문후(文侯)를 모시고 앉아 여러 차례 계공(谿工)을 칭찬했다.

그러자 문후가 말했다. "계공이 그대의 스승이오?"

자방이 대답했다. "아닙니다. 고향 사람인데, 도에 대한 이야기가 이치에 합당하므로 제가 그를 칭찬하는 것입니다."

문후가 물었다. "그렇다면 그대에게는 스승이 없소?"

자방이 대답했다. "있습니다."

문후가 물었다. "그대의 스승은 누구인가요?"

자방이 대답했다. "동곽순자(東郭順子)입니다."

문후가 말했다. "그런데 그대는 그 분에 대해서 아무 얘기도 하지 않았소?"

자방이 말했다. "그분은 진실하여 비록 사람의 모습은 하고 있지만, 하늘처럼 텅 비어 자연을 따르면서 참됨을 간직하고, 맑고 깨끗하면서도 사물을 포용합니다. 도에 어긋난 사람에게는 용모를 바로 함으로써 그를 깨닫게 하고, 그로 하여금 사사로운 뜻을 없애도록 합니다. 제가 어떻게 그 분의 훌륭함을 이루 다 일컬을 수 있겠습니까?"

자방이 나간 뒤 문후는 멍하니 종일토록 아무 말이 없다가 앞에 서있는 신하를 불러 말했다.

"정말 멀리 떨어져 있구나, 온전한 덕을 지닌 군자와는! 처음에는 성인과 지자(知子)의 말과 인의를 갖춘 사람의 행동을 지극한 것으로 생각했는데, 내가 자방의 스승에 대한 이야기를 듣고 보니 내 몸이 풀려 움직여지지 않고, 입에 재갈이 물린 것처럼 말을 할 수가 없구나. 내가 배워 온 것들이란 한낱 흙으로 만든 인형에 지나지 않는 것이었다. 위(魏)나라는 참으로 나를 얽어매는 존재로구나!"

*전자방(田子方) ; 전국시대 위나라의 학자로, 성은 전(田), 이름은 무택(無擇), 자는 자방(子方)이다.
*동곽순자(東郭順子) ; 가상의 인물.

■ <ruby>夫<rt>부</rt></ruby><ruby>子<rt>자</rt></ruby><ruby>步<rt>보</rt></ruby><ruby>亦<rt>역</rt></ruby><ruby>步<rt>보</rt></ruby> <ruby>夫<rt>부</rt></ruby><ruby>子<rt>자</rt></ruby><ruby>趨<rt>추</rt></ruby><ruby>亦<rt>역</rt></ruby><ruby>趨<rt>추</rt></ruby>

"선생님께서 걸으시면 저도 걷고, 선생님께서 빨리 걸으시면 저도 빨리 걷습니다."

*趨 ; 빨리 걷다, 달리다.

【寓言】역보역추(亦步亦趨) ; "남이 걸어가면 따라서 걷고, 남이 종종걸음을 하면 따라서 종종걸음을 한다." 라는 뜻으로, 일일이 남이 하는 그대로 따라하는 것을 비유하는 말이다.

안연(顔淵)이 중니(仲尼)에게 물었다. "선생님께서 걸으시면 저도 걷고, 선생님께서 빠른 걸음으로 걸으시면 저도 빠른 걸음으로 걷고, 선생님께서 달리시면 저도 달립니다(夫子步亦步 夫子趨亦趨 夫子馳亦馳). 선생님께서 달리면서 먼지조차 남기지 않으시면, 저는 다만 뒤에 처져서 눈만 휘둥그레질 따름입니다."

중니가 말했다. "회(回)야, 무슨 말이냐?"

안회(顔回)가 말했다. "선생님께서 걸으실 때 저도 걷는다고 한 것은 선생님께서 의견을 말씀하시면 저도 또한 의견을 말한다는 것입니다. 선생님께서 빠른 걸음으로 걸으시면 저도 빠른 걸음으로 걷는다고 한 것은, 선생님께서 변론을 하시면 저도 따라서 변론을 한다는 것이고, 선생님께서 달리시면 저도 달린다고 한 것은 선생님께서 도(道)에 대해 말씀하시면 저도 도(道)에 대해 말을 한다는 것입니다.

그런데 선생님께서 달리면서 먼지 하나 내지 않으시는 데 이르러서 제가 다만 뒤에 처져 눈이 휘둥그레질 따름이라고 한 것은, 선생님께서 아무 말씀도 하지 않고서도 사람들에게 믿음을 주고, 친하게 지내지 않고서도 모든 사람들에게 두루 사랑을 받으시고, 따로 통치의 수단을 갖고 있지 않아도 민중들이 선생님 앞에 모이는데, 그렇게 되는 까닭을 알지 못할 따름입니다."

안회는 공자의 모든 행동을 본받으려 하였으나, 아무리 하여도 자신이 미칠 수 없는 것이 있음을 알았다. 곧, 공자는 말을 하지 않아도 사람들이 신뢰하고, 친하려고 하지 않는데도 사람들이 따르고, 벼슬도 없지만 백성들이 스스로 따른다는 점이었다.

안회는 그 까닭을 알 수 없어 공자에게 가르침을 구한 것이다. 공자는 이에 대하여 마음을 비우고 자연만물의 변화에 순응하되, 겉으로 드러난 것보다는 현상 뒤에 숨겨져 있는 근본원리를 깨우치는 것이 중요하다고 가르쳐 주었다.

『역보역추』는 제자가 스승의 발자취를 따른다는 의미

로 사용되었으나, 나중에는 남의 뒤를 그대로 추종하거나, 그대로 흉내 내어 따라한다는 의미로 변화되어 쓰이게 되었다.

■ 哀莫大於心死 而人死亦次之
애 막 대 어 심 사   이 인 사 역 차 지

"슬픈 것은 마음이 죽는 것보다 더 큰 것이 없고, 몸이 죽는 것은 역시 그 다음이다."

【寓言】위 항의 안연의 말에 공자가 말했다. "아! 잘 살펴야 할 일이다! 무릇 슬픈 것은 마음이 죽는 것보다 더 큰 것이 없고, 몸이 죽는 것은 역시 그 다음이다(夫哀莫大於心死 而人死亦次之). 해는 동쪽에서 떠올라 서쪽 끝으로 떨어지는데, 만물이 나란히 따르지 않음이 없다.

눈이 있고 발이 있는 것들은 이 해를 기다려 일을 이루려고 하니, 해가 떠오르면 세상이 드러나고, 해가 떨어지면 세상도 사라진다. 만물 역시 그러하니, 기다림 뒤에 죽고, 기다림 뒤에 태어난다. 우리는 한번 그 몸을 받았으니(成形) 변함없이 다하기를 기다리는데, 외물에 따라 움직이고, 밤낮으로 겨를이 없으니, 그것이 끝 간 데를 모른다. 어렴풋한 가운데 형체를 받고 나와, 운명은 미리 헤아릴 수 없음을 알고서 나는 이를 따라서 날마다 나아가는 것이다.

내가 평생 너와 함께 하는데, 너는 그저 팔뚝 한 번 스치고 지나간 것처럼 나를 잃어버리니, 어찌 슬프지 않겠느냐! 너는 나의 겉모습만을 보지만, 그것들은 이미 지나간 것인데 너는 그것들이 있는 것으로 여기고 찾고 있으니, 이는 마치 말이 쉼터에 잠시 머물다 간 곳에서 뒤늦게 그 모습을 찾는 것과 같다.

내가 너에 대한 기억을 잊어버렸듯이, 너도 나에 대한 기억도 역시 잊힐 것이다. 비록 그렇지만 너는 무엇을 걱정하겠느냐? 비록 이전의 나의 모습을 잊어버렸더라도, 나에게는 잊히지 않는 것이 있기 때문이다.”

■ 甕里醢鷄
옹 리 혜 계

“술독 속 초파리.”

*醢鷄 ; 초·간장 따위에 잘 덤비는 파리, 초파리.

【寓言】옹리혜계(甕里醢鷄) ; “술독 속 초파리.”라는 뜻으로, 식견이 좁고 세상물정을 잘 모르는 사람을 이르는 말이다.

공자가 노담(老聃)을 만났는데, 노담은 그때 막 새로 머리를 감고 나서 머리를 풀어헤친 채 볕에 말리려 하고 있었는데, 꼼짝도 않고 있는 것이 사람의 모습 같지가 않았다.

공자는 물러나 기다리고 있다가 잠시 뒤에 뵙고 말하기를, "제 눈이 어두운 걸까요, 아니면 참으로 그랬던가요? 아까 선생의 형체는 우뚝 서 있는 마른 나무와 같아서 만물을 잊고 인간세계를 떠나 홀로 서 계신 것 같았습니다."

노담(老聃)이 말했다. "나는 만물이 처음 생겨나던 그곳에서 노닐고 있었소."

공자가 물었다. "청컨대, 그런 경지에서 노닌다는 것이 무엇입니까?"

노담이 말했다. "무릇 지음(至陰)과 지양(至陽)을 얻으면 지극히 아름답고 지극히 즐거워지니, 지극한 아름다움을 체득하여 지극히 즐거운 경지에 노니는 사람을 일러 지인(至人)이라 합니다."

공자가 말했다. "원컨대 그 이치를 듣고 싶습니다."

노담이 말했다. "이미 도를 닦은 지인(至人)이어야 이해할 수 있을 것입니다."

공자가 말했다. "선생은 덕이 천지와 짝하는데도 오히려 지언(至言)을 빌려서 마음을 닦고 있으니, 옛날의 군자가 이런 방법을 벗어날 수 있었겠습니까?"

노담이 말했다. "그렇지 않습니다. 물이 샘솟는 것은 아무런 작위가 없이 재질이 절로 그러한 것입니다. 지인이 덕을 체득함에는 수양이라는 작위가 없어도 만물이 그를 사모해 떨어지지 않습니다. 하늘이 스스로 높고 땅이 스스로 두터우며, 해와 달이 스스로 밝은데 그런 것들에 무슨 닦음(修)이 있겠습니까!"

공자가 나와서 안회(顔回)에게 일러 말했다. "내가 도(道)에 대해 아는 수준은 아마도 항아리 속의 초파리와 같다고 할 것이다! 노담 선생이 나의 항아리 뚜껑을 열어주지 않았더라면(其猶醯雞與! 微夫子之發吾覆也) 나는 천지자연의 위대함을 알지 못했을 것이다."

■ **魯國而儒者一人耳 可謂多乎?**
　노 국 이 유 자 일 인 이　가 위 다 호

"노나라를 통틀어 유자(儒者)는 한 사람뿐이니, 많다고 할 수 있겠습니까?"

【寓言】 장자가 노나라 애공(哀公)을 만났는데, 애공이 말했다. "우리 노나라에는 유사(儒士 ; 공자의 가르침을 받드는 유자)는 많은데, 선생의 도를 배우는 이는 적습니다."

장자가 말했다. "노나라에는 유자(儒者)도 적습니다."

애공이 말했다. "온 노나라가 유복(儒服)을 입은 사람들인데 어찌 적다 합니까?"

장자가 말했다. "제가 들으니, 유자가 둥근 갓을 머리에 쓰고 있는 것은 천시(天時)를 안다는 것이고, 네모난 신발을 신고 있는 것은 지형(地形)을 안다는 것이며, 옥(玉) 장식을 허리에 차고 있는 것은 일이 생겼을 때 결단을 내릴 줄 안다는 뜻이라고 합니다. 군자가 그 도를 터득하였다면 굳이 그런 복장을 하지 않습니다.

또한 그런 복장을 한 사람이라 할지라도 반드시 그 도를 아는 것은 아닙니다. 공께서 진정 그렇지 않다고 생각하시면 어디 나라 안에 명령을 내려서 '유자의 도를 지니고 있지 않으면서 유복(儒服)을 입고 있는 자는 사형에 처한다.'라고 해보십시오."

이에 애공이 명령을 내렸더니, 닷새가 지나자 노나라 안에 감히 유복을 입는 자가 아무도 없었다. 그런데 단 한 사람의 장부가 유복을 입고 공문(公門) 앞에 서 있거늘, 애공이 바로 불러서 국사(國事)를 물었더니 천변만화하는 어떤 난제에도 막힘이 없었다.

장자가 말했다. "노나라를 통틀어 유자가 한 사람뿐이니 많다고 할 수 있겠습니까(以魯國而儒者一人耳 可謂多乎)?"

<ruby>是<rt>시</rt></ruby><ruby>射<rt>사</rt></ruby><ruby>之<rt>지</rt></ruby><ruby>射<rt>사</rt></ruby> <ruby>非<rt>비</rt></ruby><ruby>不<rt>불</rt></ruby><ruby>射<rt>사</rt></ruby><ruby>之<rt>지</rt></ruby><ruby>射<rt>사</rt></ruby><ruby>也<rt>야</rt></ruby>

"활을 쏘는 것을 의식하고 쏘는 활은 정말로 쏘는 것이 아니다."

【寓言】 열어구(列禦寇 ; 열자)가 스승 백혼무인(伯昏無人)에게 활솜씨를 선보였다. 그가 활시위를 한껏 당긴 순간 물이 가득 찬 잔을 그의 팔꿈치에 올려놓고서도 쏠 수 있었다. 화살이 시위를 떠남과 동시에 다른 화살과 겹치고, 화살이 떠나자마자 화살이 다시 재어졌다. 이때 그는 마치 인형과 같았다.

백혼무인이 말했다. "활을 쏘는 것을 의식하고 쏘는 활은 정말로 쏘는 것이 아니다(是射之射 非不射之射也). 시험 삼아 그대와 함께 높은 산에 올라가서 험준한 바위를 딛고 선 채로 백 길 아래 깊은 물을 굽어보면서도 활을 잘 쏠 수 있겠느냐?"

그러면서 백혼무인은 열어구를 데리고 높은 산으로 올라가 바위를 딛고 선 채로 백 길 아래 연못을 굽어보고 뒤쪽으로 물러나니, 발의 3분의 2가 바위 밖으로 벗어났다. 열어구에게 다가오라고 손짓을 하니, 열어구는 땅에 엎드린 채 식은땀을 발뒤꿈치까지 적실 정도로 흘렸다.

백혼무인이 말했다. "지인(至人)은 위로는 푸른 하늘을 살피고 아래로는 황천바닥까지 들어가며, 팔방을 헤치고 다니면서도 정신과 기운이 변하지 않는다. 지금 너는 두려움에 떨면서 눈마저 어지러워 보이니, 그래서는 활을 쏘아도 맞히기 어렵겠구나."

진정한 활의 달인은 어떤 경우이거나 활을 쏜다는 것을 의식하지 않고 항상 무위(無爲)의 상태에서 활을 쏘는 것이다.

14. 田子方

田子方侍坐於魏文侯, 數稱谿工. 文侯曰：“谿工, 子之師邪?”子方曰：“非也, 無擇之里人也. 稱道數當故無擇稱之.”文侯曰：“然則子無師邪?”子方曰：“有.”曰：“子之師誰邪?”子方曰：“東郭順子.”文侯曰：“然則夫子何故未嘗稱之?”子方曰：“其爲人也眞. 人貌而天虛, 緣而葆眞, 淸而容物. 物無道, 正容以悟之, 使人之意也消. 無擇何足以稱之!”子方出, 文侯儻然, 終日不言. 召前立臣而語之曰：“遠矣, 全德之君子! 始吾以聖知之言, 仁義之行爲至矣. 吾聞子方之師, 吾形解而不欲動, 口鉗而不欲言. 吾所學者, 直土埂耳! 夫魏眞爲我累耳!”

溫伯雪子適齊, 舍於魯. 魯人有請見之者, 溫伯雪子曰：“不可. 吾聞中國之君子, 明乎禮義而陋於知人心. 吾不欲見也.”至於齊, 反舍於魯, 是人也又請見. 溫伯雪子曰：“往也蘄見我, 今也又蘄見我, 是必有以振我也.”出而見客, 入而歎. 明日見客, 又入而歎. 其僕曰：“每見之客也, 必入而歎, 何耶?”曰：“吾固告子矣：中國之民, 明乎禮義而陋乎知人心. 昔之見我者, 進退一成規, 一成矩, 從容一若龍, 一若虎. 其諫我也似子, 其道我也似父, 是以歎也."仲尼見之而不言. 子路曰:"吾子欲見溫伯雪子久矣. 見之而不言, 何邪?"仲尼曰:"若夫人者, 目擊而道存矣, 亦不可以容聲矣!"

顏淵問於仲尼曰:"夫子步亦步, 夫子趨亦趨, 夫子馳亦馳, 夫子奔逸絕塵, 而回瞠若乎後矣!"夫子曰:"回, 何謂邪?"曰:"夫子步亦步也, 夫子言亦言也;夫子趨亦趨也, 夫子辯亦辯也;夫子馳亦馳也, 夫子言道, 回亦言道也;及奔逸絕塵而回瞠若乎後者, 夫子不言而信, 不比而周, 無器而民滔乎前, 而不知所以然而已矣."仲尼曰:"惡! 可不察與!夫哀莫大於心死, 而人死亦次之. 日出東方而入於西極, 萬物莫不比方, 有目有趾者, 待是而後成功. 是出則存, 是入則亡. 萬物亦然, 有待也而死, 有待也而生. 吾一受其成形, 而不化以待盡. 效物而動, 日夜無隙, 而不知其所終. 薰然其成形, 知命不能規乎其前. 丘以是日徂. 吾終身與汝交一臂而失之, 可不哀與? 女殆著乎吾所以著也. 彼已盡矣, 而女求之以爲有, 是求馬於唐 肆也. 吾服, 女也甚忘;女服, 吾也甚忘. 雖然, 女奚患焉! 雖忘乎故吾, 吾有不忘者存."

孔子見老聃, 老聃新沐, 方將被髮而幹, 蟄然似非人. 孔子便而待之. 少焉見, 曰:"丘也眩與? 其信然與? 向者先生形體掘若槁木, 似遺物離人而立於獨也."老聃曰:"吾遊心於

物之初." 孔子曰 : "何謂邪?" 曰 : "心困焉而不能知,　口
辟焉而不能言. 嘗爲汝議乎其將 : 至陰肅肅, 至陽赫赫. 肅肅
出乎天, 赫赫發乎地. 兩者交通成和而物生焉, 或爲之紀而莫
見其形. 消息滿虛, 一晦一明, 日改月化, 日有所爲而莫見其
功. 生有所乎萌, 死有所乎歸, 始終相反乎無端, 而莫知乎其
所窮. 非是也, 且孰爲之宗!" 孔子曰 : "請問遊是." 老聃
曰 : "夫得是至美至樂也. 得至美而遊乎至樂, 謂之至人."
孔子曰 : "願聞其方." 曰 : "草食之獸, 不疾易藪 ; 水生之
蟲, 不疾易水. 行小變而不失其大常也, 喜怒哀樂不入於胸
次. 夫天下也者, 萬物之所一也. 得其所一而同焉, 則四支百
體將爲塵垢, 而死生終始將爲晝夜, 而莫之能滑, 而況得喪禍
福之所介乎! 棄隸者若棄泥塗, 知身貴於隸也. 貴在於我而不
失於變. 且萬化而未始有極也, 夫孰足以患心! 已爲道者解乎
此." 孔子曰 : "夫子德配天地, 而猶假至言以修心. 古之君
子, 孰能脫焉!" 老聃曰 : "不然. 夫水之於汋也, 無爲而才自
然矣 ; 至人之於德也, 不修而物不能離焉. 若天之自高, 地之
自厚, 日月之自明, 夫何修焉!" 孔子出, 以告顏回曰 : "丘之
於道也, 其猶醯雞與! 微夫子之發吾覆也, 吾不知天地之大全
也."

　　莊子見魯哀公, 哀公曰 : "魯多儒士, 少爲先生方者." 莊子

曰：“魯少儒.”哀公曰：“擧魯國而儒服, 何謂少乎?”莊子
曰：“周聞之：儒者冠圜冠者知天時, 履句履者知地形, 緩佩
玦者事至而斷. 君子有其道者, 未必爲其服也；爲其服者, 未
必知其道也. 公固以爲不然, 何不號於國中曰：‘無此道而爲此
服者, 其罪死!’” 於是哀公號之五日, 而魯國無敢儒服者. 獨
有一丈夫, 儒服而立乎公門. 公即召而問以國事, 千轉萬變而
不窮. 莊子曰：“以魯國而儒者一人耳, 可謂多乎?”

百里奚爵祿不入於心, 故飯牛而牛肥, 使秦穆公忘其賤, 與
之政也. 有虞氏死生不入於心, 故足以動人.

宋元君將畫圖, 衆史皆至, 受揖而立, 舐筆和墨, 在外者半.
有一史後至者, 儃儃然不趨, 受揖不立, 因之舍. 公使人視之,
則解衣般礴臝. 君曰：“可矣, 是真畫者也.”

文王觀於臧, 見一丈夫釣, 而其釣莫釣. 非持其釣有釣者也,
常釣也. 文王欲擧而授之政, 而恐大臣父兄之弗安也；欲終而
釋之, 而不忍百姓之無天也. 於是旦而屬之大夫曰：“昔者寡
人夢見良人, 黑色 而髯, 乘駁馬而偏朱蹄, 號曰：‘寓而政於臧
丈人, 庶幾乎民有瘳乎!’” 諸大夫蹴然曰：“先君王也.”文王
曰：“然則蔔之.”諸大夫曰：“先君之命, 王其無它, 又何
蔔焉.”遂迎臧丈人而授之政. 典法無更, 偏令無出. 三年, 文
王觀於國, 則列士壞植散群, 長官者不成德, 斔斛不敢入於四

竟. 列土壞植散群, 則尚同也 ; 長官者不成德, 則同務也, 鈌斛不敢入於四竟, 則諸侯無二心也. 文王於是焉以爲大師, 北面而問曰 : "政可以及天下乎?" 臧丈人昧然而不應, 泛然而辭, 朝令而夜循, 終身無聞. 顏淵問於仲尼曰 : "文王其猶未邪? 又何以夢爲乎?" 仲尼曰 : "默, 汝無言! 夫文王盡之也, 而又何論 刺焉! 彼直以循斯須也."

列禦寇爲伯昏無人射, 引之盈貫, 措杯水其肘上, 發之, 適矢複遝, 方矢複寓. 當是時, 猶象人也. 伯昏無人曰 : "是射之射, 非不射之射也. 嘗與汝登高山, 履危石, 臨百仞之淵, 若能射乎?" 於是無人遂登高山, 履危石, 臨百仞之淵, 背逡巡, 足二分垂在外, 揖禦寇而進之. 禦寇伏地, 汗流至踵. 伯昏無人曰 : "夫至人者, 上窺青天, 下潛黃泉, 揮斥八極, 神氣不變. 今汝怵然有恂目之志, 爾於中也 殆矣夫!"

肩吾問於孫叔敖曰 : "子三爲令尹而不榮華, 三去之而無憂色. 吾始也疑子, 今視子之鼻間栩栩然, 子之用心獨奈何?" 孫叔敖曰 : "吾何以過人哉! 吾以其來不可卻也, 其去不可止也. 吾以爲得失之非我也, 而無憂色而已矣. 我何以過人哉! 且不知其在彼乎? 其在我乎? 其在彼邪亡乎我, 在我邪亡乎彼. 方將躊躇, 方將四顧, 何暇至乎人貴人賤哉!" 仲尼聞之曰 : "古之真人, 知者不得說, 美人不得濫, 盜人不得劫, 伏戲, 黃帝不得友. 死生亦大矣, 而無變乎己, 況爵祿乎! 若然者, 其神經乎大山而無介, 入乎淵泉而不濡, 處卑細而不憊, 充滿天地, 既以與人己愈有."

楚王與凡君坐, 少焉, 楚王左右曰"凡亡"者三. 凡君曰: "凡之亡也, 不足以喪吾存. 夫凡之亡不足以喪吾存, 則楚之存不足以存存. 由是觀之, 則凡未始亡而楚未始存也."

15. 지북유(知北遊)

따르는 것도 없고 가는 길도 없어야
비로소 도를 얻는다.

지(知)가 북쪽의 현수(玄水) 가에서 노닐다가 은분(隱芬)의 언덕을 오를 때 마침 무위위(無爲謂)를 만났다.

지(知)가 무위위에게 말했다. "당신에게 묻고 싶은 게 있소. 무엇을 생각하고 무엇을 근심해야 도를 알 수 있소? 어떻게 처신하고 어떻게 행동해야 도에 머물 수 있소? 무엇을 따르고 어떤 길로 가야 도에 이를 수 있소?"

세 번을 물었지만, 대답을 듣지 못했다. 무위위는 대답을 하지 않은 게 아니라 그 답을 몰랐던 것이다.

지(知)는 대답을 듣지 못한 채 백수(白水) 남쪽으로 돌아와 호결(狐闋)의 언덕으로 올라갔다가 그곳에서 광굴(狂屈)을 만났다. 지는 똑같은 질문을 광굴에게도 했다.

광굴이 대답했다. "난 알고 있소. 당신에게 말해 주겠소."

그런데 말을 하려는데, 말하려고 하던 것을 잊어버렸다.

지는 다시 대답을 듣지 못한 채 궁궐로 돌아와 황제(黃帝)를 만나 또 다시 같은 질문을 하였다.

황제가 말했다. "생각도 없고 근심도 없어야 도를 알게 되고,

처신도 없고 행함도 없어야 비로소 도에 머물며, 따르는 것도 없고 가는 길노 없어야 비로소 도를 얻게 되오."

지가 황제에게 물었다. "나는 황제와 더불어 도를 알았지만, 저 무위위와 광굴은 알지 못합니다. 누가 옳은 것이오?"

황제가 말했다. "무위위는 진실로 올바르게 알고 있는 것이고, 광굴은 비슷하게 알고 있지만, 당신과 나는 결국 도에 가까이 갈 수 없는 사람들이오. 무릇 도를 아는 사람은 도를 말하지 않고, 도를 말하는 사람은 도를 모르는 것이오(夫知者不言 言者不知). 그래서 성인들은 말을 하지 않고 행동으로 가르침을 행했던 것이오. ……"

*지북유(知北遊) ; "지(知)가 북쪽에 있는 현수에서 노닌다(知北遊於玄水之上)."

■ 非不答 不知答
  비 부 답 부 지 답

"대답하지 않는 것이 아니라, 답을 모르는 것이다."

{지(知)가 무위위(無爲謂)에게, "무엇을 생각하고 무엇을
염려하면 도를 알 수 있는지?" 하고 물었다.

그러나 세 번이나 물어도 무위위는 아무 대답을 하지 않
았다. 그래서 지(知)는 대답하지 않는 것이 아니고 답을 모
르는 것이라고 무위위를 비웃었다고 한다. 그러나 그것은
잘못이다. 답을 모를 정도로 무위(無爲)의 상태로 되는 것이
오히려 바람직한 일이다.

무위위(無爲謂)는 무위(無爲)와 무위(無謂)가 합쳐진 이
름이다. 무위(無爲)는 인위(人爲)를 하지 않는다는 뜻이고,
무위(無謂)는 말을 하지 않는다는 뜻이다. 결국 도가 추구하
는 인간상은 인위를 하지 않는다는 말이다.}

■ 天地有大美而不言 四時有明法而不議
  천 지 유 대 미 이 불 언 사 시 유 명 법 이 불 의
  萬物有成理而不說
  만 물 유 성 리 이 불 설

"천지는 더할 나위 없는 아름다움을 지니고 있으나 말
이 없고, 사계절은 밝은 법도를 가지고 있으나 따지지 않고,

만물은 생성의 이치를 지니고 있으나 설명하지 않는다.”

【寓言】 ‘천지는 더할 나위 없는 아름다움이 있어도 말하지 않고, 사계절은 분명한 법칙이 있어도 따지지 않으며, 만물은 생성의 이치가 있어도 설명하지 않는다(天地有大美而不言 四時有明法而不議 萬物有成理而不說).’

성인은 천지의 아름다움에 근원을 두고 만물의 이치에 통달한 사람이다. 그러므로 지인(至人)은 무위(無爲)하고, 대성(大聖)은 억지로 하지 않으니, 천지의 실정을 꿰뚫어본 것이다. 지금 저 신명(神明)과 지극한 정기(至精)가 함께 백 가지로 변하여, 만물이 죽고 태어나 모나고 둥글어지는데, 그 근원을 알 수 없다.

그러나 만물은 예부터 본래 존재해 온 것이다. 천지사방 육합(六合)*이 거대하지만 그 안을 떠나지 못하고, 가을 짐승의 털이 비록 작지만 그것을 얻어서 형체를 이룬다.

천하 만물은 모두 부침(浮沈)을 되풀이하며 영원히 불변하는 것이 아니다. 음양과 사시(四詩)가 돌고 돌면서 각자의 질서를 얻는다. 어두컴컴하여 없는 듯하면서도 존재하고, 유연(油然)하여 드러나지 않으면서도 신묘하여 만물이 길러지는데도 알지 못한다. 이를 일러 근본이라고 하니, 이것에 의하여 자연을 달관할 수가 있는 것이다.

　*육합(六合) ; 천지(天地)와 사방(四方), 곧 하늘과 땅,
동·서·남·북.

■ 人^인生^생天^천地^지之^지間^간 若^약白^백駒^구之^지過^과隙^극

　"사람이 천지 사이에서 사는 것은 흰 말이 문 틈새를 달
려 지나가는 것과 같다."

　【寓言】백구과극(白駒過隙) ; 흰 말이 문틈으로 휙 달려
지나간다는 말로서, 세월이 빨리 흐르는 것을 비유하여 이
르는 말이다.

　"사람이 천지 사이에서 사는 것은 흰 말이 문틈으로 달
려 지나가는 것과 같이 순간일 따름이다(人生天地之間 若白
駒之過隙 忽然而已). 모든 것들은 물이 솟아나듯 문득 생겨
났다가 물이 흘러가듯 아득하게 사라져 간다. 일단 변화해
서 생겨났다가 다시 변화해서 죽는 것이다(注然勃然 莫不出
焉 油然流然 莫不入焉 已化而生 又化而生).

　생물은 이를 슬퍼하고 사람들도 애달파한다. 죽음이란 화
살이 활통을 빠져나가고 칼이 칼집에서 빠져나가는 것처럼
분주하고 완연하니 혼백이 장차 가려고 하면 몸도 이를 따
르는 법이다. 이 얼마나 거대한 돌아감(大歸)인가!

  형체가 없는 데서 형체가 되고, 형체에서 형체가 없는 것으로 돌아가는 것은, 사람들이 다 같이 알고 있는 일이니, 도에 이르고자 하는 사람이 힘쓸 바가 아니다. 이것은 사람들이 모두 알고 있지만, 도에 도달한 사람은 말하지 않는다. 말로써는 도달할 수 없고, 분명하게 보려 해도 만나지 못하니, 따지기보다는 침묵하는 것이 낫다. 도는 들을 수 없어서 듣는 것보다 귀를 막는 것만 못하니, 이을 일러 '크게 터득했다(大得)'고 한다."

  이처럼 『백구과극』은 평소에는 빨리 지나가는 것을 느끼지 못하지만, 뒤돌아보면 인생이 매우 빨리 지나간 것을 알게 된다는 말로, 덧없는 인생의 무상 또는 순식간에 지나가는 인생을 말이 문틈으로 휙 달려 지나간다는 말로써 비유한 말이다.

  《사기》 유후세가(留侯世家)에도 이런 말이 있다.

  "삶의 한 세상은 마치 흰 말이 달려가는 것을 문틈으로 보는 것처럼 순식간이다. 어찌 스스로 괴로워하는 것이 이와 같음에 이르겠는가(人生一世間 如白駒過隙 何至自苦如此乎)."

  『백구과극(白駒過隙)』은 인생이나 세월이 덧없이 짧음을 비유하여 이르는 말이다.

每下愈況
(매 하 유 황)

형편이 날로 악화되다. 날이 갈수록 점점 더 나빠진다는 말이다.

【寓言】매황유하(每況愈下) ; 형편이 날로 악화되다. 날이 갈수록 점점 더 나빠진다는 말이다. 이 말은 처음에는 『매하유황(每下愈況)』이라고 했다.

동곽자(東郭子)가 장자에게 물었다. "소위 도라는 것이 있습니까?"

장자가 말했다. "도가 없는 곳은 없소."

동곽자가 말했다. "좀 더 구체적으로 말씀해 주시면 좋겠습니다."

장자가 말했다. "땅강아지와 개미에게 있소."

동곽자가 말했다. "그렇게 하찮은 데도 도가 있습니까?"

장자가 말했다. "강아지풀에도 있고, 논에 자라는 피에도 있소."

동곽자가 말했다. "어쩌면 그렇게 더욱 내려가십니까?"

장자가 말했다. "기왓장과 벽돌에도 있소."

동곽자가 말했다. "어째서 점점 더 심해지십니까?"

장자가 말했다. "똥과 오줌에도 있소."

동곽자는 더 이상 아무 말도 못했다.

상사가 말했다. "낭신의 실분은 저음무터 본질에 미치지 못했소. 장터를 관장하는 정획(正獲)이라는 사람이 장터 관리인에게 돼지를 발로 밟아 보고 살찐 정도를 알아내는 방법에 대해 묻자, '살이 찌지 않은 아래쪽(다리)으로 내려갈수록 살찐 정황을 더 잘 알 수 있다(夫子之問也 固不及質 正獲之問于監市履狶也 每下愈況).'고 대답했습니다. 그러니 당신은 도가 어느 곳에 한정되어 있다고 하지 마시오. 사물을 벗어난 도는 없으니, 지극한 도는 이와 같고, 큰 말(大言) 또한 마찬가지입니다. '두루(周)·언제나(遍)·모두(咸)'이 셋은 이름은 달라도 실질은 같아서, 그 가리키는 바는 한가지입니다."

『매황유하』는 윗글의 『매하유황(每下愈況)』에서 나왔다. 돼지는 몸통에서 다리 쪽으로 내려갈수록 살이 적은 법이다. 따라서 다리 쪽에 살이 많이 붙었다면, 그 돼지가 어느 정도 살이 오른 돼지인지 미루어 알 수 있다.

장터를 관리하는 사람도 이처럼 돼지를 위쪽에서 아래쪽으로 밟아 내려가면서 살찐 정도를 알아낸 것인데, 장자는 이 예를 들어 도가 어느 한 곳에 치우쳐 있지 않다는 것을 드러냈다.

이 『매하유황』이 뒤에 『매황유하(每況愈下)』로 잘못 쓰이면서 본래의 뜻과는 전혀 다르게 『갈수록 상황이 나빠지거나 악화되는 것』을 비유하는 말로 굳어졌다.

■ 臣有守也
신 유 수 야

"신은 지키는 것이 있습니다."

【寓言】 초(楚)나라에 대사마(大司馬)의 갈고리를 두드려 만드는 장인이 있었는데, 나이가 여든이 되었으나 한 치의 실수도 없었다.

대사마가 말했다. "그대의 기술이 뛰어나구려, 무슨 방도가 있는가?"

장인이 대답했다. "신은 지키는 것이 있습니다(臣有守也). 신의 나이 스물에 갈고리 만드는 것을 좋아하여 다른 것에는 눈길도 주지 않았고, 갈고리가 아니면 살펴보지도 않았습니다."

이는 기술을 사용함에 다른 것에 쓰지 않는 여력을 빌려와서 오래도록 그 쓰임을 얻은 것이니, 하물며 마음을 쓰지 않는다는 의식조차 없는 자이겠는가! 만물 중에 어느 것이고 이에 힘입지 않겠는가!

■ 無^무有^유所^소將^장 無^무有^유所^소迎^영

"보냄도 없고, 맞이함도 없다."

【寓言】 안연이 중니에게 물었다. "제가 일찍이 선생님께 듣기를, '보내지도 않고 맞이하지도 않는다(無有所將, 無有所迎).'고 하셨습니다. 그 까닭이 무엇인지요?"

중니가 말했다. "옛사람들은 밖으로는 변화해도 안은 변하지 않았는데, 요즘 사람들은 안은 변화해도 밖은 변하지 않으니, 밖으로 변하는 사람은 안으로는 한결같이 변하지 않는다. 무엇을 변한다 하고 무엇을 변하지 않는다고 하겠으며, 어찌 만물과 다투겠는가. 반드시 만물과 다투어 이기려 하지 말 것이다. 희위씨의 동산(狶韋氏之囿)과 황제의 들(黃帝之圃)과 유우씨의 궁궐(有虞氏之宮)과 탕임금의 집(湯武之室)이 그러한 곳이다. 이른바 군자라는 사람들은 유가(儒家)나 묵가(墨家)의 스승이 되어서도 시비를 가지고 서로 다투는데, 하물며 요즘 사람들은 어떻겠는가!

성인은 만물과 함께 살지만, 만물을 해치지 않는다. 만물을 해치지 않는 이는 만물 또한 그를 해치지 않는다. 오직 만물을 해치지 않는 자만이, 남과 더불어 서로 보내고 맞이할 수 있게 된다.

산림에서 함께하고 평원에서 함께하는 것은, 나를 기쁘고 즐겁게 하지만, 즐거움이 아직 끝나기도 전에 슬픔이 또한 이를 잇는다. 슬픔과 즐거움이 오는 것을 내가 막을 수 없고, 그것이 가는 것을 멈추게 할 수 없다. 슬프구나! 세상 사람들은 다만 외물(外物)을 맞이하고 보내는 여관(逆旅)일 따름이구나!

무릇 직접 만난 것은 알지만 만나지 못한 것은 알지 못하며, 할 수 있는 것은 할 수 있고, 할 수 없는 것은 할 수 없다. 알지 못하는 것과 할 수 없는 것은 본디 사람이 벗어날 수 없는 것인데, 사람이 벗어날 수 없는 것을 벗어나려고 애쓰는 것 또한 슬픈 일이 아니겠는가!

지극한 말은 말을 떠난 것이고, 지극한 행위는 행위를 떠난 것이다(至言去言 至爲去爲). 지혜로 알 수 있는 모든 것을 알려고 한다면 천박한 행위가 될 뿐이다."

지나간 일에는 집착하지 않는다. 즉 과거에 구애되지 않고, 또 아직 다가오지도 않은 앞으로의 일에 쓸데없는 걱정을 하지 않는다.

15. 知北遊

知北遊於玄水之上, 登隱弅之丘, 而適遭無爲謂焉. 知謂無爲謂曰: "予欲有問乎若: 何思何慮則知道? 何處何服則安道? 何從何道則得道?" 三問而無爲謂不答也. 非不答, 不知答也. 知不得問, 反於白水之南, 登狐闋之上, 而睹狂屈焉. 知以之言也問乎狂屈. 狂屈曰: "唉! 予知之, 將語若." 中欲言而忘其所欲言. 知不得問, 反於帝宮, 見黃帝而問焉. 黃帝曰: "無思無慮始知道, 無處無服始安道, 無從無道始得道." 知問黃帝曰: "我與若知之, 彼與彼不知也, 其孰是邪?" 黃帝曰: "彼無爲謂真是也, 狂屈似之, 我與汝終不近也. 夫知者不言, 言者不知, 故聖人行不言之敎. 道不可致, 德不可至. 仁可爲也, 義可虧也, 禮相僞也. 故曰: '失道而後德, 失德而後仁, 失仁而後義, 失義而後禮.' 禮者, 道之華而亂之首也. 故曰: '爲道者日損, 損之又損, 以至於無爲. 無爲而無不爲也.' 今已爲物也, 欲複歸根, 不亦難乎! 其易也其唯大人乎! 生也死之徒, 死也生之始, 孰知其紀! 人之生, 氣之聚也. 聚則爲生, 散則爲死. 若死生爲徒, 吾又何患! 故萬物一也. 是其所美者爲神奇, 其所惡者爲臭腐. 臭腐複化爲神奇, 神奇複

化爲臭腐. 故曰:‘通天下一氣耳.’ 聖人故貴一.”知謂黃帝
曰:“吾問無爲謂, 無爲謂不應我, 非不我應, 不知應我也;
吾問狂屈, 狂屈中欲告我而不我告, 非不我告, 中欲告而忘之
也;今予問乎若, 若知之, 奚故不近?”黃帝曰:“彼其眞是
也, 以其不知也;此其似之也, 以其忘之也;予與若終不近
也, 以其知之也.”狂屈聞之, 以黃帝爲知言.

天地有大美而不言, 四時有明法而不議, 萬物有成理而不
說. 聖人者, 原天地之美而達萬物之理. 是故至人無爲, 大聖
不作, 觀於天地之謂也. 今彼神明至精, 與彼百化. 物已死生
方圓, 莫知其根也. 扁然而萬物, 自古以固存. 六合爲巨, 未
離其內;秋豪爲小, 待之成體;天下莫不沈浮, 終身不故;陰
陽四時運行, 各得其序;惛然若亡而存;油然不形而神;萬
物畜而不知:此之謂本根, 可以觀於天矣!

齧缺問道乎被衣, 被衣曰:“若正汝形, 一汝視, 天和將
至;攝汝知, 一汝度, 神將來舍. 德將爲汝美, 道將爲汝居.
汝瞳焉如新生之犢而無求其故.”言未卒, 齧缺睡寐. 被衣大
說, 行歌而去之, 曰:“形若槁骸, 心若死灰, 眞其實知, 不
以故自持. 媒媒晦晦, 無心而 不可與謀. 彼何人哉!”

舜問乎丞:“道可得而有乎?”曰:“汝身非汝有也, 汝何
得有夫道!”舜曰:“吾身非吾有也, 孰有之哉?”曰:“是天

地之委形也 ; 生非汝有, 是天地之委和也 ; 性命非汝有, 是天地之委順也 ; 子孫非汝有, 是天地之委蛻也. 故行不知所往, 處不知所持, 食不知所味. 天地之強陽氣也, 又胡可得而有邪!”

孔子問於老聃曰 : “今日晏閑, 敢問至道.” 老聃曰 : “汝齊戒, 疏瀹而心, 澡雪而精神, 掊擊而知. 夫道, 窅然難言哉! 將爲汝言其崖略 : 夫昭昭生於冥冥, 有倫生於無形, 精神生於道, 形本生於精, 而萬物以形相生. 故九竅者胎生, 八竅者卵生. 其來無跡, 其往無崖, 無門無房, 四達之皇皇也. 邀於此者, 四肢強, 思慮恂達, 耳目聰明. 其用心不勞, 其應物無方, 天不得不高, 地不得不廣, 日月不得不行, 萬物不得不昌, 此其道與! 且夫博之不必知, 辯之不必慧, 聖人以斷之矣! 若夫益之而不加益, 損之而不加損者, 聖人之所保也. 淵淵乎其若海, 魏魏乎其終則複始也. 運量萬物而不匱. 則君子之道, 彼其外與! 萬物皆往資焉而不匱. 此其道與!

“中國有人焉, 非陰非陽, 處於天地之間, 直且爲人, 將反於宗. 自本觀之, 生者, 喑噫物也. 雖有壽夭, 相去幾何? 須臾之說也, 奚足以爲堯, 桀之是非! 果蓏有理, 人倫雖難, 所以相齒. 聖人遭之而不違, 過之而不守. 調而應之, 德也 ; 偶而應之, 道也. 帝之所興, 王之所起也.

"人生天地之間, 若白駒之過隙, 忽然而已. 注然勃然, 莫不出焉; 油然寥然, 莫不入焉. 已化而生, 又化而死. 生物哀之, 人類悲之. 解其天韜, 墮其天帙. 紛乎宛乎, 魂魄將往, 乃身從之. 乃大歸乎! 不形之形, 形之不形, 是人之所同知也, 非將至之所務也, 此眾人之所同論也. 彼至則不論, 論則不至; 明見無值, 辯不若默; 道不可聞, 聞不若塞: 此之謂大得."

東郭子問於莊子曰: "所謂道, 惡乎在?" 莊子曰: "無所不在." 東郭子曰: "期而後可." 莊子曰: "在螻蟻." 曰: "何其下邪?" 曰: "在稊稗." 曰: "何其愈下邪?" 曰: "在瓦甓." 曰: "何其愈甚邪?" 曰: "在屎溺." 東郭子不應. 莊子曰: "夫子之問也, 固不及質. 正獲之問於監市履狶也, '每下愈況.' 汝唯莫必, 無乎逃物. 至道若是, 大言亦然. 周遍咸三者, 異名同實, 其指一也. 嘗相與遊乎無有之宮, 同合而論, 無所終窮乎! 嘗相與無為乎! 澹澹而靜乎! 漠而清乎! 調而閑乎! 寥已吾志, 無往焉而不知其所至, 去而來不知其所止. 吾往來焉而不知其所終, 彷徨乎馮閎, 大知入焉而不知其所窮. 物物者與物無際, 而物有際者, 所謂物際者也. 不際之際, 際之不際者也. 謂盈虛衰殺, 彼為盈虛非盈虛, 彼為衰殺非衰殺, 彼為本末非本末, 彼為積散非積散也."

妸荷甘與神農同學於老龍吉. 神農隱幾, 闔戶晝瞑. 妸荷甘日中夽戶而入, 曰: "老龍死矣!"神農隱幾擁杖而起, 曝然放杖而笑, 曰: "天知予僻陋謾誕, 故棄予而死. 已矣, 夫子無所發予之狂言而死矣夫!"弇堈吊聞之, 曰: "夫體道者, 天下之君子所系焉. 今於道, 秋豪之端萬分未得處一焉, 而猶知藏其狂言而死, 又況夫體道者乎! 視之無形, 聽之無聲, 於人之論者, 謂之冥冥, 所以論道而非道也."

於是泰清問乎無窮, 曰: "子知道乎?"無窮曰: "吾不知." 又問乎無爲, 無爲曰: "吾知道."曰: "子之知道, 亦有數乎?" 曰: "有."曰: "其數若何?"無爲曰: "吾知道之可以貴, 可以賤, 可以約, 可以散, 此吾所以知道之數也."泰清以之言也問乎無始, 曰: "若是, 則無窮之弗知與無爲之知, 孰是而孰非乎?"無始曰: "不知深矣, 知之淺矣; 弗知內矣, 知之外矣."於是泰清仰而歎 曰: "弗知乃知乎, 知乃不知乎! 孰知不知之知?"無始曰: "道不可聞, 聞而非也; 道不可見, 見而非也; 道不可言, 言而非也! 知形形之不形乎! 道不當名." 無始曰: "有問道而應之者, 不知道也; 雖問道者, 亦未聞道. 道無問, 問無應. 無問問之, 是問窮也; 無應應之, 是無內也. 以無內待問窮, 若是者, 外不觀乎宇宙, 內不知乎大初. 是以不過乎昆侖, 不遊乎太虛."

光曜問乎無有曰: "夫子有乎? 其無有乎?"光曜不得問

而孰視其狀貌: 窅然空然. 終日視之而不見, 聽之而不聞, 搏
之而不得也. 光曜曰: "至矣, 其孰能至此乎! 予能有無矣,
而未能無無也. 及爲無有矣, 何從至此哉!"

大馬之捶鉤者, 年八十矣, 而不失豪芒. 大馬曰: "子巧
與! 有道與?"曰: "臣有守也. 臣之年二十而好捶鉤, 於物
無視也, 非鉤無察也."是用之者假不用者也, 以長得其用,
而況乎無不用者乎! 物孰不資焉!

冉求問於仲尼曰: "未有天地可知邪?"仲尼曰: "可. 古
猶今也."冉求失問而退. 明日復見, 曰: "昔者吾問'未有天
地可知乎?'夫子曰: '可. 古猶今也.'昔日吾昭然, 今日吾昧
然. 敢問何謂也?"仲尼曰: "昔之昭然也, 神者先受之; 今
之昧然也, 且又爲不 神者求邪! 無古無今, 無始無終. 未有
子孫而有孫子可乎?"冉求未對. 仲尼曰: "已矣, 末應矣!
不以生生死, 不以死死生. 死生有待邪? 皆有所一體. 有先天
地生者物邪? 物物者非物, 物出不得先物也, 猶其有物也. 猶
其有物也無已! 聖人之愛人也終無已者, 亦乃取於是者也."

顔淵問乎仲尼曰: "回嘗聞諸夫子曰: '無有所將, 無有所
迎.'回敢問其遊."仲尼曰: "古之人外化而內不化, 今之人
內化而外不化. 與物化者, 一不化者也. 安化安不化? 安與之
相靡? 必與之莫多. 狶韋氏之囿, 黃帝之圃, 有虞氏之宮, 湯

武之室. 君子之人, 若儒墨者師, 故以是非相齎也, 而況今之
人乎! 聖人處物不傷物. 不傷物者, 物亦不能傷也. 唯無所傷
者, 爲能與人相將迎. 山林與, 皋壤與, 使我欣欣然而樂與! 樂
未畢也, 哀又繼之. 哀樂之來, 吾不能禦, 其去弗能止. 悲夫,
世人直爲物逆旅耳! 夫知遇而不知所不遇, 知能能而不能所不
能. 無知無能者, 固人之所不免也. 夫務免乎人之所不免者, 豈
不亦悲哉! 至言去言, 至爲去爲. 齊知之, 所知則淺矣!"

잡편(雜篇)

1. 경상초(庚桑楚)

천하를 새장으로 한다면
새들은 더 이상 도망칠 곳이 없을 것이다

노담(老聃)의 제자 가운데 경상초(庚桑楚)라는 사람이 있었는데, 노담의 도를 어느 정도 얻어서 북쪽으로 가서 외루산(畏壘山)에서 살고 있었다.

그의 하인들 중에서 똑똑하고 지식이 있는 자들은 내보내고, 그의 첩들 가운데 정감 있고 어진 이들은 멀리하였다. 그리고는 법도에 맞지 않는 이와 함께하고, 용모를 꾸미지 않는 이를 부리기를 삼 년이 지나자 외루(畏壘)가 크게 번성하였다.

외루의 백성들이 서로 이렇게 말했다.

"경상자가 처음 왔을 때, 우리는 놀라고 기이하다 여겼는데, 지금 하루하루 따져보면 부족한 것 같은데, 한 해를 두고 따져보면 넉넉하니 아마도 그는 성인인가 보다. 그대들은 어찌하여 함께 그를 시축(尸祝)으로 앉혀놓고 사직(社稷)을 세워 모시지 않는가?"

경상초는 그 얘기를 듣고, 남쪽을 향해 앉아 기쁘지 않은 듯한 표정을 짓고 있었다. 제자들이 이상하게 생각하자, 경상초가 말했다.

"너의들은 왜 나늘 이상하게 보느냐? 무릇 봄기운이 퍼지면 온갖 초목이 싹트고, 가을이 되면 모든 열매가 익는다. 봄이나 가을이 어찌 얻는 것이 없으면서 그럴 수 있겠느냐? 자연의 도(天道)가 이미 운행되고 있기 때문이다.

내가 듣기로, 지인(至人)이 작은 방안에 조용히 앉아 있어도 백성들은 제 맘대로 날뛰면서 자유롭다고 했다. 그런데 지금 이곳 사람들이 마음속으로 나를 떠받들려 하고 있다. 그러니 나는 현인이 된 것이다. 나는 이것이 노담의 말과 어긋나게 된 것이므로 나는 이것을 좋지 않게 생각하는 것이다."

*경상초(庚桑楚) ; 중국 도가(道家)의 사상가. 공자학파의 본거지인 노(魯)나라 외루(畏壘)의 산속에 살면서 노자에게 배운 무위자연(無爲自然)의 길을 오로지 실천하였다고 한다.

*시축(尸祝) : 제문(祭文)을 읽는 사람.

■ 日計之而不足 歲計之而有餘
일 계 지 이 부 족　세 계 지 이 유 여

"하루하루 따져보면 부족한 것 같은데, 한 해를 두고 따져보면 넉넉하다."

{오래될수록 보태진다는 말이다. 모든 것을 얻기만 하고 살 수는 없다. 얻기도 하고 잃기도 하며 사는 것이 세상살이다. 당장 눈앞만 보면 손해지만 멀리 생각하면 이익이라는 『일계지손 연계지익(日計之損 年計之益)』과 같은 말이다.}

■ 簡髮而櫛 數米而炊
간 발 이 즐　수 미 이 취

"머리를 한 가닥씩 골라서 빗으며, 쌀알을 헤아리면서 밥을 짓는다."

【寓言】 간발이즐(簡髮而櫛) ; "머리카락을 낱낱이 골라가며 빗질한다." 라는 말로, 본래의 목적에서 벗어나 자질구레한 일에 얽매이는 것을 비유하여 이르는 말.

또 힘은 많이 들고 효과는 적은 일에도 쓰인다.

노자의 제자 가운데 경상초라는 사람이 있었다. 노자의 도를 어느 정도 터득하고 북쪽 외루산(畏壘山)에 살고 있었다. 그의 하인 중에서 똑똑하고 지식이 있는 자들은 내보내고, 그의 첩들 가운데 정감 있고 어진 이들은 멀리하였다. 그리고는 못난 사들과만 함께 살고 열심히 일하는 사람들만 썼다.

그렇게 3년이 지나고 외루산 지방에 큰 풍년이 들었다. 외루산 지방의 백성들은 서로 붙들고 이야기를 나누었다.

"경상초가 처음 왔을 때 우린 그를 기이하게 여겼었죠. 그런데 그는 대단한 일을 해놓았습니다. 아마도 그는 성인일 거요. 우리가 어찌 그런 분을 임금으로 섬기지 않는다는 말이오."

경상초는 그 말을 듣고는 남쪽을 향해 앉았으나 기쁘지 않은 듯 보였다. 제자들이 이상히 여기자, 경상초가 말했다.

"지금 외루산 지방 천민들까지도 마음속으로 나를 어진 사람들 사이에 넣고 떠받들려 하고 있구나. 그런데 나는 그러한 표적이 될 만한 사람이겠느냐? 나는 그래서 노담의 말씀에 어긋나는 것이므로 기쁘지 않게 생각하는 거란다."

그의 제자가 말했다.

"그렇지는 않을 것입니다. 보통의 작은 도랑에서는 큰 고기는 몸을 돌릴 수도 없지만, 송사리나 미꾸라지는 마음대로 움직입니다. 한 길 높이의 언덕에서는 큰 짐승들은 그의 몸을 감출 곳이 없지만, 요사스러운 여우는 살기 좋은 곳으로 여깁니다. 또한 현명한 사람을 존경하고, 능력 있는 사람에게 벼슬을 주며, 착한 것과 의로운 것을 앞세우는 것은 예로부터 요순시대에도 그랬습니다. 하물며 외루산 지역의 백성들만이 그렇지 않을 수 있겠습니까? 선생님께서는 그들의 요구를 들어 주십시오."

경상초가 말했다. "수레를 한 입에 삼킬 만큼 큰 짐승도 홀로 떨어져 산에서 벗어나게 되면 그물과 올가미의 재난을 면치 못할 것이다. 배를 삼킬 만큼 큰 물고기도 뛰어올랐다가 잘못하여 물 밖으로 나오게 되면 작은 개미들도 그를 괴롭히게 된다. 그러므로 새와 짐승들은 높은 곳을 싫어하지 않고, 고기와 자라들은 깊은 곳을 싫어하지 않는 것이다.

그처럼 그의 육체와 생명을 완전하게 하는 사람들은 그의 몸을 숨김에 있어서 깊고 먼 것을 싫어하지 않는 법이다. 또한 요순 같은 두 사람을 어찌 칭찬할 수 있겠느냐? 그들은 자신들의 이론으로 함부로 집의 담을 뚫게 하고, 그 안에 쑥대를 무성하게 만든 것과 같다. 그들은 '머리칼을 한 올 한 올 골라 빗질을 하고 쌀알을 세어가며 밥을 짓는 것과 같은 일을 했다(簡髮而櫛 數米而炊).' 그런 작은 일에 얽매여서야 어떻게 세상을 구제할 수 있겠느냐?

현명한 사람들을 등용하면 백성들이 서로 다투게 되고, 지혜 있는 사람에게 벼슬을 주면, 백성들은 서로 도둑질을 하게 된다. 이런 몇 가지 일로는 백성에게 인정이 풍요롭게 해줄 수가 없는 것이나. 그런 방법은 백성들에게 이익을 열심히 주구하게 하여, 자식 가운데서 아버지를 죽이는 자가 생겨나고, 신하 가운데서는 임금을 죽이는 자가 생겨나게 만들 것이다. 대낮에 도둑질을 하고, 한낮에 남의 담을 뚫고 들어가는 일이 생기게 만들 것이다.

내가 너희들에게 말하노니, 큰 혼란의 근본은 틀림없이 요순시대에 생겨났던 것이다. 그런 것은 결국 천 세 뒤까지 존속하게 될 것이다. 그러면 천 세 뒤에는 반드시 사람과 사람이 서로 잡아먹는 일이 벌어지게 될 것이다(千世之後 其必有人與人相食者也)."

■ **越鷄不能伏鵠卵**
월 계 불 능 복 곡 란

"작은 닭은 고니의 알을 부화시키지 못한다."

*越鷄 ; 당닭, 작은 닭.

*鵠 ; 고니, 백조.

【寓言】위 항에 이어, 남영주가 깜짝 놀라 자리를 바로하고 경상초에게 물었다. "저처럼 이미 나이가 들어 장성한 사람은 어떻게 해야 말씀하신 것처럼 될 수 있겠습니까?"

경상초가 말했다. "너의 신체를 온전히 지키고 너의 삶을 끌어안아서 너의 마음을 흔들리지 않도록 해야 할 것이다. 그렇게 삼 년을 지나면 내가 말한 것처럼 될 수 있을 것이다."

남영주가 말했다. "눈의 모양을 말하자면, 다른 사람과 다른 것을 저는 알지 못하겠는데, 장님은 스스로 보지 못합니다. 귀의 모양을 말하자면, 다른 사람과 다른 줄 저는 모르겠는데, 귀머거리는 스스로 듣지 못합니다. 마음의 모양이 다른 사람과 다른 줄 저는 알지 못하겠는데, 미친 사람은 스스로 알지 못합니다.

형체가 다른 형체와 또한 같을 뿐인데, 사물이 간혹 끼어들면 서로 구하더라도 얻지 못하지 않습니까? 지금 저에게 이르시기를, '네 몸을 온전히 지키고 네 삶을 끌어안아서 네 생각이 움직이게 하지 말아야 할 것이다(全汝形 抱汝生 無使汝思慮營營).'라고 하시니, 제가 힘써 도를 들어도 귀에만 맴돌 뿐입니다."

경상자가 말했다. "내가 할 수 있는 말은 다 전했다. '작은 나나니벌은 커다란 콩벌레를 부화시키지 못하고, 작은 닭은 큰 고니의 알을 부화시키지 못하지만, 큰 닭은 그것을 할 수 있다(越雞不能伏鵠卵 魯雞固能矣).'고 하였다. 닭을

놓고 비교하자면 그 덕이 같지 않은 것은 아니지만, 어떤 닭
은 할 수 있고 어떤 닭은 할 수 없는 것은 그 재능에 본래
대소의 차이가 있기 때문이다. 지금 나는 재능이 보잘것없
어 너를 교화시킬 수 없으니, 너는 남쪽으로 가서 노담을 만
나보는 것이 어떻겠는가?"

경상초는 자신을 작은 벌과 작은 닭에 비유하고, 고니 알
과 큰 닭을 각각 제자 남영주와 노자에 비유함으로써 남영
주에게 노자를 뵙고 가르침을 받음으로써 대도를 깨우치도
록 인도한 것이다.

월계(越雞)는 작은 닭, 노계(魯鷄)는 큰 닭.

■ 與物委蛇而同其波 是衛生之經已
여 물 위 사 이 동 기 파　　 시 위 생 지 경 이

"외물과 순응해서 그 물결을 함께하니 이것이 양생의
방법이다."

*委蛇 ; 맡기다, 따르다, 순종하다.

*衛生 ; 양생(養生), 건강의 보전, 증진을 도모함.

【寓言】 위 항에 이어, 경상초의 권유에 따라 남영주가
양식을 짊어지고 일곱 날 일곱 밤을 걸어 노자가 있는 곳에
이르렀다.

노자 문하에 머물기를 간청하여 자기가 선이라고 생각하는 것을 밝히고, 악이라고 생각하는 것을 버리면서 열흘 동안 혼자서 근심하다가 마침내 노자를 뵈었다.

노자가 말했다. "그대는 스스로 마음을 깨끗이 씻어내서 무언가 빛나는 듯하구나! 하지만 마음에서 스며 나오는 나쁜 기운이 남아 있다. 무릇 외물(外物)에 얽매인 자는 마음이 번거로워 붙잡을 수가 없어 안에서 닫아 걸 것이고, 그러면 안에서 이리저리 얽혀서 마음을 바로잡을 수 없으니 밖에서 잠그게 될 것이다. 안팎에서 잠그면 도덕을 지닌 사람도 지킬 수 없을 터인데, 하물며 도를 따라 행하는 사람은 어찌하겠는가!"

남영주가 말했다. "마을 사람이 병들어 문병을 갔을 때 병든 사람이 자신의 병에 대해 말할 수 있다면 그 사람은 아직 병든 것이 아닙니다. 그런데 제가 선생님에게 대도(大道)에 관해 들은 것은 비유하자면, 마치 약을 먹었는데도 병이 더 심해진 것과 같습니다. 저는 생명을 지키는 방도에 대해서 듣고 싶을 따름입니다."

노자가 말했다. "삶을 지키는 법칙이란,

하나를 끌어안을 수 있는가!

또 그것을 잃어버리지 않을 수 있는가!

점을 쳐보지도 않고 길흉을 알 수 있는가!

멈출 줄 아는가!

그만둘 줄 아는가!

다른 사람은 놔두고 자기에게서 찾을 줄 아는가!

홀가분하게 떠나갈 줄 아는가!

멍한 모습으로 찾아올 줄 아는가!

어린아이처럼 행동할 줄 아는가!

를 말함이다. 어린아이가 종일토록 울어도 목이 쉬지 않는 것은 조화가 지극하기 때문이다. 종일토록 주먹을 쥐고 있어도 손이 저리지 않는 것은 그것이 본성과 합치되기 때문이고, 종일토록 눈을 뜨고 보아도 깜빡이지 않는 것은 집착하는 대상이 밖에 있지 않기 때문이다.

길을 떠나도 가는 곳을 알지 못하고, 머물러 있어도 무엇을 해야 할지 모르며, '외물과 순응해서 그 물결을 함께하니 이것이 양생의 방법이다(與物委蛇而同其波 是衛生之經已).'"

바깥 것에 순응한다. 바깥 것이 흔들리면 자기도 함께 흔들린다. 즉 자연의 물결에 따라서 자기도 행동한다. 이것이 양생의 정상적인 길이다.

■ 學^학者^자 學^학其^기所^소不^불能^능學^학也^야 行^행者^자 行^행其^기所^소不^불能^능行^행也^야

"배움이라는 것은, 배울 수 없는 것을 배우려 하는 것이다. 행한다는 것은 실행할 수 없는 것을 행하려 하는 것이다."

【寓言】 학문이라고 하는 것은 배울 수 없는 것을 배우려고 하는 것이다. 실행이라고 하는 것은 실행할 수 없는 것을 실행하려는 것이다. 변론이라고 하는 것은 변론할 수 없는 것을 변론하려는 것이다. 인간의 앎이 알 수 없는 것에서 멈출 수 있다면 지극한 앎이다!

만약 이런 경지에 나아가지 않으면 자연의 균형(天鈞)이 무너질 것이다(學者 學其所不能學也 行者 行其所不能行也 辯者 辯其所不能辯也 知止乎其所不能知 至矣 若有不即是者 天鈞敗之).

■ 正^정則^즉靜^정 靜^정則^즉明^명 明^명則^즉虛^허 虛^허則^즉無^무爲^위而^이無^무不^불爲^위

"올바르면 고요해지고, 고요하면 분명해지고, 분명하면 마음을 비우게 된다. 마음을 비우면 무위하여도 되지 않는 일이 없다."

【寓言】 시장에서 모르는 사람의 발을 밟으면 잘못했다

고 사과하고, 형의 발을 밟으면 어루만져주고, 부모의 발을 밟으면 아무 말을 하지 않는다. 그래서 이르기를, "지극한 예(禮)는 상대를 남으로 대하지 않고, 지극한 의(義)는 자신과 물건을 구분하지 않고, 지극한 지(知)는 꾀를 부리지 않고, 지극한 인(仁)은 따로 친함이 없고, 지극한 믿음은 재물을 담보하지 않는다.

마음을 어지럽히는 것을 버리고, 마음을 묶는 속박을 풀며, 덕에 달라붙는 것을 버리고, 도를 막는 것을 치워버려야 한다.

귀함과 부유함, 출세와 권세, 명성과 이익, 이 여섯 가지는 마음을 어지럽게 하는 것이고, 용모와 동작, 표정과 피부, 생기와 의욕, 이 여섯 가지는 마음을 속박하는 것이다.

미움과 욕망, 기쁨과 노함, 슬픔과 즐거움, 이 여섯 가지는 덕을 해치는 것이고, 나가고 들어감, 취함과 은혜, 지혜와 능력, 이 여섯 가지는 도를 막는 것이다.

이 네 가지에 해당하는 여섯 가지가 마음속을 어지럽히지 않으면 올바르게 될 것이다. '올바르면 고요해지고, 고요하면 분명해지고, 분명하면 마음을 비우게 된다. 마음을 비우면 무위하여도 되지 않는 일이 없다(正則靜 靜則明 明則虛 虛則無爲而無不爲也).'"

뜻을 바르게 하면 마음이 고요해지고, 마음이 고요해지면 사리가 분명해지고, 사리가 분명해지면 무심(虛)의 경지(道)에 이르게 되어, 비로소 자기의 마음이 허(虛), 즉 허심탄회한 상태로 된다.

이와 같이 허(虛)의 상태로 된 때에는 어떤 일이라도 불가능한 것은 없어진다. 이것이 사람이 지니는 칠정(七情), 즉 희노애락애오욕(喜怒哀樂愛惡慾), 곧 기뻐하는 희(喜), 성내는 노(怒), 슬퍼하는 애(哀), 사랑하는 애(愛), 미워하는 오(惡), 욕심을 부리는 욕(慾)의 칠정(七情)에 마음이 동하지 않고 세상을 사는 방법이다.

■ 聖人工乎天而拙乎人

"성인은 자연(天)에 대하여는 뛰어나지만, 사람에 대해서는 서툴렀다."

【寓言】예(羿)는 작은 표적을 맞히는 데는 아주 뛰어났으나, 사람들로 하여금 자기를 칭찬하지 않게 하는 데는 서툴렀다. '성인은 하늘(자연)의 일에 대해서는 뛰어나지만 사람에 대해서는 서툴렀다(聖人工乎天而拙乎人).'

하늘의 일에 뛰어나면서 사람의 일도 잘하는 것은 오직

완전한 사람만이 할 수 있다. 오직 벌레가 온전하게 벌레일 때 오로지 벌레가 자연 그대로일 수 있다.

완전한 사람은 자연을 싫어하는 경우는, 그것은 바로 인위적인 하늘(자연)을 싫어하는 것이니, 하물며 내 스스로 인위를 하늘(자연)이라 할 수 있겠는가!

■ 以天下爲之籠 則雀無所逃
이 천 하 위 지 롱　즉 작 무 소 도

"천하를 새장으로 한다면 새들은 더 이상 도망칠 곳이 없을 것이다."

【寓言】 새 한 마리가 명궁인 예(羿) 앞에 날면 예가 그 새를 반드시 잡을 수 있겠지만, 혹 놓칠 수도 있다. 그러나 '천하를 새장으로 한다면 새는 더 이상 도망칠 곳이 없을 것이다(以天下爲之籠 則雀無所逃).'

그래서 탕(湯)왕은 이윤(伊尹)*을 요리사 직분으로 새장에 가뒀고, 진나라 목공(秦穆公)은 다섯 장의 양가죽을 주고 백리해(百裏奚)*를 새장에 가뒀다.

이와 같이 좋아하는 것을 미끼로 삼지 않고서는 누구도 손에 넣을 수가 없는 법이다.

이 세상이 하나의 새장이라면 이미 참새들은 도망갈 곳

이 없다. 곧, 마음을 넓게 가지면 세상의 모든 것이 자기의
품안에 있는 것이다.

　*伊尹 ; 이윤은 처음에는 솥과 도마를 들고 요리 솜씨로
　　탕왕을 기쁘게 한 다음 훗날 명재상이 되었고, 왕의 스
　　승이 되었다.

　*百裏奚 ; 목공은 70살 백리해가 현자라는 말을 듣고 그에
　　게 양가죽 다섯 장을 주고 국정을 맡겼다.

雜篇

1. 庚桑楚

老聃之役有庚桑楚者, 偏得老聃之道, 以北居畏壘之山. 其臣之畫然知者去之, 其妾之挈然仁者遠之. 擁腫之與居, 鞅掌之爲使. 居三年, 畏壘大壤. 畏壘之民相與言曰: "庚桑子之始來, 吾灑然異之. 今吾日計之而不足, 歲計之而有餘. 庶幾其聖人乎! 子胡不相與尸而祝之, 社而稷之乎?" 庚桑子聞之, 南面而不釋然. 弟子異之. 庚桑子曰: "弟子何異於予? 夫春氣發而百草生, 正得秋而萬寶成. 夫春與秋, 豈無得而然哉? 天道已行矣. 吾聞至人, 尸居環堵之室, 而百姓猖狂, 不知所如往. 今以畏壘之細民, 而竊竊焉欲俎豆予於賢人之間, 我其杓之人邪? 吾是以不釋於老聃之言." 弟子曰: "不然. 夫尋常之溝, 巨魚無所還其體, 而鯢鰍爲之制; 步仞之丘陵, 巨獸無所隱其軀, 而孽狐爲之祥. 且夫尊賢授能, 先善與利, 自古堯, 舜以然, 而況畏壘之民乎! 夫子亦聽矣!" 庚桑子曰: "小子來! 夫函車之獸, 介而離山, 則不免於網罟之患; 吞舟之魚, 蕩而失水, 則蟻能苦之. 故鳥獸不厭高, 魚鱉不厭深. 夫全其形生之人, 藏其身也, 不厭深眇而已矣! 且夫二子者, 又何足以稱揚哉! 是其於辯也, 將妄鑿垣牆而殖蓬蒿也, 簡髮而櫛, 數米而炊, 竊竊乎又何足以濟世哉! 舉賢則民相軋, 任知則民相盜. 之數物者, 不足以厚民. 民之於利甚勤, 子有殺父, 臣有殺君 ; 正晝爲盜, 日中穴阫. 吾語女 : 大亂之本, 必生於堯, 舜之間, 其末存乎千世之後. 千世之後, 其必有人與人相食者也."

南榮趎蹴然正坐曰 : "若趎之年者已長矣, 將惡乎托業以及此言邪?"庚桑子曰 : "全汝形, 抱汝生, 無使汝思慮營營. 若此三年, 則可以及此言矣!"南榮趎曰 : "目之與形, 吾不知其異也, 而盲者不能自見 ; 耳之與形, 吾不知其異也, 而聾者不能自聞 ; 心之與形, 吾不知其異也, 而狂者不能自得. 形之與形亦辟矣, 而物或間之邪? 欲相求而不能相得. 今謂趎曰 : '全汝形, 抱汝生, 無使汝思慮營營.' 趎勉聞道達耳矣!"庚桑子曰 : "辭盡矣, 奔蜂不能化藿蠋, 越雞不能伏鵠卵, 魯雞固能矣! 雞之與雞, 其德非不同也. 有能與不能者, 其才固有巨小也. 今吾才小, 小足以化子. 子胡不南見老子!"

南榮趎贏糧, 七日七夜至老子之所. 老子曰 : "子自楚之所來乎?"南榮趎曰 : "唯."老子曰 : "子何與人偕來之衆也?"南榮趎懼然顧其後. 老子曰 : "子不知吾所謂乎?"南榮趎俯而慚, 仰而歎, 曰 : "今者吾忘吾答, 因失吾問."老子

曰 : "何謂也?" 南榮趎曰 : "不知乎人謂我朱愚, 知乎反愁我軀 ; 不仁則害人, 仁則反愁我身 ; 不義則傷彼, 義則反愁我己. 我安逃此而可? 此三言者, 趎之所患也. 願因楚而問之." 老子曰 : "向吾見若眉睫之間, 吾因以得汝矣. 今汝又言而信之. 若規規然若喪父母, 揭竿而求諸海也. 女亡人哉! 惘惘乎, 汝欲反汝情性而無由入, 可憐哉!" 南榮趎請入就舍, 召其所好, 去其所惡. 十日自愁, 復見老子. 老子曰 : "汝自灑濯, 孰哉鬱鬱乎! 然而其中津津乎猶有惡也. 夫外韄者不可繁而捉, 將內揵 ; 內韄者不可繆而捉, 將外揵 ; 外內韄者, 道德不能持, 而況放道而行者乎!" 南榮趎曰 : "里人有病, 里人問之, 病者能言其病, 然其病病者猶未病也. 若趎之聞大道, 譬猶飲藥 以加病也. 趎願聞衛生之經而已矣." 老子曰 : "衛生之經, 能抱一乎! 能勿失乎! 能無蔔筮而知吉凶乎! 能止乎! 能已乎! 能舍諸人而求諸己乎! 能翛然乎! 能侗然乎! 能兒子乎! 兒子終日嗥而嗌不嗄, 和之至也 ; 終日握而手不掜, 共其德也 ; 終日視而目不瞚, 偏不在外也. 行不知所之, 居不知所爲, 與物委蛇而同其波. 是衛生之經已." 南榮趎曰 : "然則是至人之德已乎?" 曰 : "非也. 是乃所謂冰解凍釋者. 夫至人者, 相與交食乎地而交樂乎天, 不以人物利害相攖, 不相與爲怪, 不相與爲謀, 不相與爲事, 翛然而往, 侗然而來. 是謂衛生之經已." 曰:"然則是至乎?" 曰:"未也. 吾固告汝曰:'能兒子乎!' 兒子動不知所爲, 行不知所之, 身若槁木之枝而心若死灰. 若是者, 禍亦不至, 福亦不來. 禍福無有, 惡有人災也!"

宇泰定者, 發乎天光. 發乎天光者, 人見其人, 物見其物. 人有修者, 乃今有恒. 有恒者, 人舍之, 天助之. 人之所舍, 謂之天民; 天之所助, 謂之天子.

學者, 學其所不能學也? 行者, 行其所不能行也? 辯者, 辯其所不能辯也? 知止乎其所不能知, 至矣! 若有不卽是者, 天鈞敗之. 備物將以形, 藏不虞以生心, 敬中以達彼. 若是而萬惡至者, 皆天也, 而非人也, 不足以滑成, 不可內於靈台. 靈台者有持, 而不知其所持而不可持者也. 不見其誠己而發, 每發而不當; 業入而不舍, 每更爲失. 爲不善乎顯明之中者, 人得而誅之; 爲不善乎幽間之中者, 鬼得而誅之. 明乎人, 明乎鬼者, 然後能獨行. 劵內者, 行乎無名; 劵外者, 志乎期費. 行乎無名者, 唯庸有光; 志乎期費者, 唯賈人也. 人見其跂, 猶之魁然. 與物窮者, 物入焉; 與物且者, 其身之不能容, 焉能容人! 不能容人者無親, 無親者盡人. 兵莫慘於志, 鏌鋣爲下; 寇莫大於陰陽, 無所逃於天地之間. 非陰陽賊之, 心則使之也.

道通其分也, 其成也毁也. 所惡乎分者, 其分也以備. 所以惡乎備者? 其有以備. 故出而不反, 見其鬼. 出而得, 是謂得死. 滅而有實, 鬼之一也. 以有形者象無形者而定矣! 出無本, 入無竅, 有實而無乎處, 有長而無乎本剽, 有所出而無竅者有實. 有實而無乎處者, 宇也；有長而無本剽者, 宙也. 有乎生, 有乎死；有乎出, 有乎入. 入出而無見其形, 是謂天門. 天門者, 無有也. 萬物出乎無有. 有不能以有爲有, 必出乎無有, 而無有一無有. 聖人藏乎是.

古之人, 其知有所至矣. 惡乎至? 有以爲未始有物者, 至矣, 盡矣, 弗可以加矣! 其次以爲有物矣, 將以生爲喪也, 以死爲反也, 是以分已. 其次曰始無有, 既而有生, 生俄而死. 以無有爲首, 以生爲體, 以死爲尻. 孰知有無死生之一守者, 吾與之爲友. 是三者雖異, 公族也. 昭景也, 著戴也；甲氏也, 著封也：非一也.

有生黬也, 披然曰 "移是". 嘗言 "移是", 非所言也. 雖然, 不可知者也. 臘者之有膍胲, 可散而不可散也；觀室者周於寢廟, 又適其偃焉! 爲是擧 "移是". 請嘗言 "移是"：是以生爲本, 以知爲師, 因以乘是非. 果有名實, 因以己爲質, 使人以爲己節, 因以死償節. 若然者, 以用爲知, 以不用爲愚；以徹爲名, 以窮爲辱. "移是", 今之人也, 是蜩與學鳩同於同也.

蹍市人之足, 則辭以放驁, 兄則以嫗, 大親則已矣. 故曰: 至禮有不人, 至義不物, 至知不謀, 至仁無親, 至信辟金. 徹志之勃, 解心之謬, 去德之累, 達道之塞. 貴富顯嚴名利六者, 勃志也; 容動色理氣意六者, 謬心也; 惡欲喜怒哀樂六者, 累德也; 去就取與知能六者, 塞道也. 此四六者不蕩胸中則正, 正則靜, 靜則明, 明則虛, 虛則無爲而無不爲也.

道者, 德之欽也; 生者, 德之光也; 性者, 生之質也. 性之動謂之爲, 爲之僞謂之失. 知者, 接也; 知者, 謨也. 知者之所不知, 猶睨也. 動以不得已之謂德, 動無非我之謂治, 名相反而實相順也. 羿工乎中微而拙乎使人無己譽; 聖人工乎天而拙乎人; 夫工乎天而俍乎人者, 唯全人能之. 雖蟲能蟲, 雖蟲能天. 全人惡天, 惡人之天, 而況吾天乎人乎! 一雀適羿, 羿必得之, 或也. 以天下爲之籠, 則雀無所逃. 是故湯以胞人籠伊尹, 秦穆公以五羊之皮籠百里奚. 是故非以其所好籠之而可得者, 無有也. 介者拸畫, 外非譽也. 胥靡登高而不懼, 遺死生也. 夫複諧不饋而忘人, 忘人, 因以爲天人矣! 故敬之而不喜, 侮之而不怒者, 唯同乎天和者爲然. 出怒不怒, 則怒出於不怒矣; 出爲無爲, 則爲出於無爲矣! 欲靜則平氣, 欲神則順心. 有爲也欲當, 則緣於不得已. 不得已之類, 聖人之道.

2. 서무귀(徐無鬼)

인적 없는 빈 골짜기에서 들리는
사람의 발자국소리

서무귀가 여상(女商)의 소개로 위(魏)나라 무후(武侯)를 만났다. 무후가 서무귀를 위로하며 말했다.

"선생께서는 병색이 있어 보입니다. 산림의 은둔생활이 힘드신가 보군요. 그래서 과인을 보러 오신 건지요."

서무귀가 말했다. "제가 오히려 임금을 위로하러 온 것입니다. 그런데 임금께서는 어떻게 저를 위로하겠다는 말입니까? 임금께서는 먹고 마시는 욕망을 채우기 위해 좋은 것만 골라 하신다면 성명(性命)의 올바름이 병들 것이고, 임금께서 욕망을 억제하여 물리치고 호오(好惡)의 감정을 버리고자 하신다면 귀와 눈의 감각이 병들 것입니다. 그러니 저야말로 임금을 위로해 드릴지언정 임금께서 어떻게 나를 위로하겠습니까?"

무후는 언짢아 아무 말도 하지 않았다.

잠시 후 서무귀가 말했다. "그러면 임금께 제가 개를 감정하는 방법을 한번 말씀드려 보겠습니다. 하급 자질의 개는 배불리 먹는 데 집착할 뿐이니, 이는 고양이와 다를 바가 없습니다. 중급 자질의 개는 마치 해를 쳐다보듯 먼 데를 쳐다봅니다. 그런데 상급 자질의 개는 마치 제 자신을 잊어버린 듯 멍한 모습을 하고 있습니다.

제가 개를 보는 감정법은 또한 제가 말을 감정하는 방법에는 미치지 못합니다. 제가 말을 감정하는 방법은 이렇습니다.

말이 곧바로 나아갈 때는 먹줄에 맞고, 굽어 돌 때는 갈고리에 맞고, 꺾어 돌 때는 곱자에 맞고, 둥글게 돌 때는 그림쇠에 들어맞으면, 그런 말은 나라 안에서 명마라고 할 수 있지만, 아직 천하의 명마에는 미치지 못합니다.

천하제일의 명마는 천성(天成)의 자질을 갖추고 있는데, 일견 공허한 듯하고, 무언가를 잃은 듯하며, 마치 자기 자신을 잊어버린 듯 멍한 모습으로 있는데, 이 말은 한번 내달으면 다른 말들을 단번에 추월해서 먼지조차 따돌리고 어디로 가는지 알 수도 없습니다.”

무후는 이 말을 듣고 크게 기뻐하며 이를 드러내고 웃었다.

*서무귀(徐無鬼) ; 위(魏)나라의 은자(隱者).
*위무후(魏武侯) : 위나라 문후의 아들. 혜왕(惠王)의 아버지.

■ 去人滋久 思人滋深
_{거 인 자 구 사 인 자 심}

"사람을 떠나보낸 지 오래될수록 그 사람이 그리운 정은 점점 깊어진다."

*滋 ; 분다, 증가하다, 늘다, 많아지다.

【寓言】공곡공음(空谷跫音) ; "인적이 없는 빈 골짜기에서 들리는 사람의 발자국소리"라는 뜻으로, 적적할 때 사람이 찾아오는 것을 기뻐하는 마음을 이르는 말.

서무기가 여상의 소개로 위나라 무후(武侯)를 만났다. 두 사람이 이야기꽃을 피우고 있었는데, 얼마 후 이야기가 끝날 무렵에는 무후의 기뻐하는 웃음소리가 밖에서까지 들려왔다. 이윽고 물러나오는 서무귀에게 여상(女商)이 물었다.

"선생께서는 대체 어떤 말로 우리 임금을 설득하셨습니까? 내가 임금을 설득하는 방법으로는, 횡적으로는 시・서・예・악(詩書禮樂)을 사용하고, 종적으로는 주서(朱書)의 금판(金板), 육도(六韜)를 사용하고 있습니다. 그렇게 정사에 도움을 주고 공을 세운 일도 많지만, 내 말에 대해 이를 드러내고 웃으신 적이 한 번도 없었습니다. 그런데 선생께서는 무슨 말로 임금님을 설득하였기에 우리 임금이 저렇게 기뻐하시는 것입니까?"

서무귀가 말했다. "나는 단지 개와 말을 감정했을 뿐입니다."

여상이 말했다. "그것뿐입니까?"

서무귀가 말했다. "월(越)나라에 유배된 사람의 이야기를 들어보지 못했습니까? 나라를 떠난 지 며칠 되지 않아서는 그가 전에 알고 있던 사람을 보기만 해도 기뻐했습니다. 나라를 떠난 달포가 되자, 전에 자기 나라에서 옷깃만 스친 사람을 보고도 기뻐했습니다. 한 해가 넘자 자기가 아는 사람과 비슷하게 생긴 사람만 보아도 기뻐했다고 합니다. '사람을 떠나보낸 지 오래될수록 그 사람이 그리운 정은 점점 깊어지는 게 아니겠습니까(不亦去人滋久 思人滋深乎)?'

저 빈 골짜기에 숨어 사는 사람이 잡초 우거져 족제비 다니던 길까지 막힌 쓸쓸한 곳에서 헤맬 때면 사람 발자국 소리만 들려도 기뻐하는 법입니다(夫逃虛空者 藜藋柱乎鼪鼬之徑 良位其空 聞人足音 跫然而喜矣).

그런데 하물며 형제나 친척의 웃음소리가 곁에서 들린다면 어떻겠습니까? 무후께서는 진인(眞人)의 말을 오래도록 들어보지 못했기 때문에 내 이야기를 듣고 몹시 기뻐하신 겁니다."

■ 愛民 害民之始也
애민 해민지시야

"백성을 사랑하겠다는 것은 백성을 해치는 시초가 된다."

【寓言】 무후가 말했다. "과인이 선생을 만나고자 한 지 오래되었습니다. 나는 백성을 사랑하고 정의를 위해 전쟁을 하지 않으려 합니다(偃兵). 그러는 것이 좋겠지요?"

서무귀가 말했다. "그렇지 않습니다. 백성을 사랑하겠다는 것이 백성을 해치는 시초가 되고(愛民 害民之始也), 정의를 위해 전쟁을 하지 않겠다는 것이 전쟁을 시작하는 근원이 됩니다. 임금께서 그 같은 생각에서 그런 일을 시행한다면 아마도 이루지 못할 것입니다. 모름지기 아름다움을 이루려는 것이 악을 담는 그릇이 될 것입니다. 임금께서는 비록 인의(仁義)를 실천하려 하지만, 아마도 거짓이 되고 말 것입니다. 틀에 매인 규범은 결국 위선적인 규범을 만들고, 규범이 생기면 필연적으로 실패가 기다리며, 바꾸려는 마음이 일어나면 반드시 다툼이 일어나게 됩니다."

법을 제정하는 것은 백성을 사랑하기 때문이지만, 그 보호의 도가 지나치면 오히려 백성을 해치는 것이 된다.

■ 無以巧勝人 無以謀勝人 無以戰勝人

무 이 교 승 인　무 이 모 승 인　무 이 전 승 인

"잔재주를 써서 남을 이기려고 하지 말고, 모략으로 남을 이기려고 하지 말며, 싸움으로 남을 이기려고 하지 말라."

【寓言】 위 항에 이어, 서무귀가 위무후에게 말했다.

"임금님께서는 또한 절대로 높은 누대에 올라 학렬(鶴列)의 진(陣)을 사열하지 말 것이며, 보병과 기병의 훈련을 제사를 지내는 치단(錙壇)의 궁(宮)에서 하지 말 것이며, 도리를 저버린 역기(逆氣)를 덕으로 간직하지 말 것이며, '잔재주를 써서 남을 이기려 하지 말고, 모략으로 남을 이기려고 하지 말며, 싸움으로 남을 이기려고 하지 말 것입니다(無以巧勝人 無以謀勝人 無以戰勝人).'

무릇 이웃나라의 병사들과 백성들을 죽이고 토지를 병합하여 자신의 사욕과 자신의 마음을 만족케 하는 자들에게 그 어느 전쟁이 정의이고, 그 어느 것이 승리입니까?

승리의 목적이 어디에 있습니까? 임금께서 만일 그만두실 수 없다면 흉중의 성실함을 닦아서 천지자연의 본래의 모습에 그대로 따라서 어지럽히지 말 것입니다. 그러면 백성들은 이미 사지(死地)에서 벗어났을 것이니, 임금님께서는 군이 전쟁을 멈추려고 애쓸 게 있겠습니까!"

잔재주, 모략(謀略), 또는 전쟁으로써 사람을 이기려 해서는 안 된다. 그런 것이 사람의 일반적인 정서지만, 그런 것은 참으로 사람을 이기는 것이 아니다. 마음속에 진심을 간직하고 천리(天理)에 거역하지 않는 것이 모든 사람에게 이기는 방법이다.

■ 害馬

"무리를 해치는 말."

【寓言】해군지마(害群之馬) ; "무리를 해치는 말"이라는 뜻으로, 많은 사람에게 해를 끼치는 인물 또는 사회에 해악을 끼치는 인물을 비유하는 말이다. 줄여서 『해마(害馬)』라고도 한다.

황제(黃帝)가 대외(大隗)를 만나러 구자산(具茨山)에 가는 길에 길을 잃었다. 대외는 하남성에 있는 지금의 태외산(泰隗山)을 말하며, 대도(大道)를 의인화한 것이다.

황제가 길을 찾아 헤매다가 마침 말을 먹이는 목동을 만나 길을 물으니, 그 대답이 신통해 천하를 다스리는 방법을 물어보게 되었다.

황제가 말했다. "기이한 아이로구나! 그렇다면 천하를 다스리는 방법에 대해 물어보고 싶구나."

목동이 말했다. "천하를 다스리는 일도 이 같을진대 또 무슨 일을 하겠습니까? 저는 어릴 적부터 스스로 육합(六合) 안에 노닐었는데, 제가 마침 눈이 흐려지는 병에 걸렸을 때 어떤 어른이 저에게 가르쳐주기를, '너는 해를 수레 삼아 타고 양성(襄城)의 들에서 노닐도록 하라.'고 했습니다. 지금 제 병이 조금 낫기에 저는 다시 육합 밖에서 노닐고자 합니다. 천하를 다스리는 일도 이와 다를 게 없는데, 제가 또 무슨 일을 하겠습니까?"

황제가 말했다. "천하를 다스리는 일이 참으로 우리 동자의 일은 아니다. 비록 그렇지만, 천하를 다스리는 방법을 한번 물어보고 싶구나."

목동이 잠시 머뭇거리다가 대답했다. "천하를 다스리는 일이 말 기르는 일과 무엇이 다르겠습니까? 말을 해치는 것을 제거해 주면 그뿐일 것입니다(夫爲天下者 亦奚以異乎牧馬者哉 亦去其害馬者而已矣)!"

황제는 머리를 숙여 두 번 절하고는 그 목동을 천사(天師)라 칭찬하고 물러갔다.

여기서 유래하여 『해마』는 원래 무엇이든 말을 상하게 하는 것을 가리켰으나, 나중에는 『해군지마』라는 성어로 변화되어 대중에게 해악을 끼치는 사람을 비유하는 말로 사용되게 되었다.

■ 盡堊而鼻不傷
<small>진 악 이 비 불 상</small>

"백토는 다 깎여졌지만, 코는 다치지 않았다."

*堊 ; 흰 흙. 백악(白堊), 백토(白土).

【寓言】 장자가 장례식을 치르고 혜자(惠子)의 묘 앞을 지나다가 제자들을 돌아보고 말했다.

"영(郢) 땅의 어떤 사람이 코끝에다 백토(堊)를 파리 날개만큼 얇게 바르고, 장석(匠石)에게 그것을 깎아내라고 하자, 장석이 바람소리 나게 도끼를 휘둘러 순식간에 백토는 다 깎여졌지만, 코는 다치지 않았고(盡堊而鼻不傷), 영 땅 사람 역시 똑바로 선 채 모습이 흐트러지지 않았다.

송나라 원군(元君)이 그 이야기를 듣고 장석을 불러, '어디, 내게도 한번 보여주게.' 하자, 장석은, '제가 전에는 그렇게 할 수 있었지만, 지금은 그 기술을 부릴 수 있었던 영 땅의 사람이 죽은 지 오래되었습니다.' 하더구나. 지금 나 역시 혜시가 죽은 뒤로 장석이 그렇듯이 더불어 이야기할 사람이 없어져 버렸구나."

以德分人謂之聖 以財分人謂之賢
_{이 덕 분 인 위 지 성   이 재 분 인 위 지 현}

"덕을 남에게 나누어주는 것을 성인이라 하고, 재물을
남에게 나누어주는 것을 현인이라 한다."

【寓言】 제(齊)나라 재상 관중(管仲)이 병에 걸렸다.

환공(桓公)이 문병하며 말했다. "중보(仲父 ; 환공이 관
중을 높여 부른 이름)의 병이 위중하니 말하지 않을 수 없
소. 이제 과인은 누구에게 나라를 맡겨야 하겠소?"

관중이 말했다. "공께서는 누구에게 맡길 생각입니까?"

환공이 말했다. "포숙아(鮑叔牙)*를 생각하고 있소."

관중이 말했다. "불가합니다. 포숙아는 사람됨이 결백하
고 청렴한 선비입니다. 그는 자기만 못한 사람과는 가까이
하지 아니하며, 또 남의 잘못을 한번 들으면 평생 잊어버리
지 않습니다. 그러니 그에게 나라를 다스리게 하면 위로는
장차 군주를 구속할 것이며, 아래로는 백성을 거스를 것입
니다. 그렇게 되면 그는 군주로부터 죄를 얻을 것이 장차 멀
지 않을 것입니다."

공이 말했다. "그렇다면 누가 좋겠소?"

관중이 대답했다. "굳이 추천하라 하시면 습붕(隰朋)이
좋을 것입니다. 그 사람됨은 위로는 군주를 잊고, 아래로는

백성들과 함께 하여 자기의 덕이 황제(黃帝)만 못함을 부끄러이 여기며, 자기만 못한 사람을 불쌍히 여길 줄 압니다. '덕을 남에게 나누어주는 것을 성인이라 하고, 재물을 남에게 나누어주는 것을 현인이라 하는데(以德分人謂之聖 以財分人謂之賢),' 스스로를 현인이라 하여 백성 위에 군림하면서 사람들의 신망을 얻은 사람은 아직 없었습니다. 그는 나랏일을 하는 데 있어서 듣지 않아야 될 것들이 있음을 알고 있으니, 굳이 말씀드리자면 습붕이 가합니다."

　*포숙아(鮑叔牙) ; 춘추시대 제(濟)나라의 정치가 『관포지교(管鮑之交)』로 일컬어지는 친구 관중을 제나라 환공에 추천, 환공의 정치에 크게 기여했다.

■ 形고가사약고해　심고가사여사회호
　形固可使若槁骸　心固可使如死灰乎

　"형체가 마른 나무처럼 되고, 마음이 불 꺼진 재처럼 될 수 있는가?"

　*槁 ; 마르다.

　*骸 ; 뼈, 해골, 신체, 몸.

　【寓言】남백자기(南伯子綦)가 안석에 기대앉아서 하늘을 우러러보며 한숨을 쉬었다.

　제자 안성자(顔成子)가 뵙고 말했다. "스승님께서는 참으로 뛰어난 인물이십니다. 형체가 마른 나무처럼 되고, 마음이 불 꺼진 재처럼 될 수도 있으신지요(形固可使若槁骸, 心固可使如死灰乎)?"

　남백자기(南伯子綦)가 말했다. "내가 전에 산 속 동굴에 살았던 때가 있었는데, 그 때 제(齊)나라 왕 전화(田禾)가 나를 찾아온 적이 있었네. 제나라 백성들은 왕이 현자를 찾은 일로 세 번을 축하하였지. 이는 틀림없이 내가 먼저 현자인 척했기 때문에 제나라 왕이 현자를 찾은 것이며, 틀림없이 내가 나를 팔려고 하는 마음이 있었기 때문에 왕이 나를 취하여 다시 팔려고 한 것이다. 만일 내가 그런 마음을 가지고 있지 않았더라면 왕이 어찌 나를 현자로 알 수 있었을 것인가? 만일 내가 팔려는 마음이 없었더라면 왕이 어찌 나를 데려다 다시 팔 생각을 할 수 있었을 것인가?

　아아! 나는 사람들의 자기상실을 슬퍼하였는데, 이제 다시 나는 사람들의 자기상실을 슬퍼하는 자를 슬퍼하였으며, 또 나는 사람들의 자기상실을 슬퍼하는 자를 슬퍼하는 자를 슬퍼하였다. 그 후로부터도 세월이 많이 지나게 되었네."

　〈지북유〉 편에서도 나오는 말이다.

　설결(齧缺)이 피의(被衣)에게 도를 묻자, 피의가 말했다.

"네가 네 몸을 단정하게 하고, 네 시선을 한결같이 하면 자연의 화기(和氣)가 이를 것이니, 너의 지식을 거두어들이고 너의 기를 한결같이 하면 정신이 와서 머물 것이다. 덕이 너의 아름다움이 될 것이며, 도가 너의 거처가 되어서 너는 어리석은 모습이 마치 막 태어난 송아지와 같을 것이니, 그 까닭을 찾지 않을 것이네!"

말이 아직 끝나지 않았는데 설결이 잠들어버렸다.

피의가 크게 기뻐하면서 이렇게 노래를 부르며 그곳을 떠났다.

"몸뚱이는 말라버린 나무줄기 같고, 마음은 불 꺼진 재와 같아서(形若槁骸 心若死灰) 자기가 아는 것을 진실하게 하고, 옛것을 스스로 지키지 아니하며, 흐리고 어두워 무심하여 더 이상 함께 이야기할 수 없으니, 저 사람은 누구인가!"

狗不以善吠爲良 人不以善言爲賢
구 불 이 선 폐 위 량　인 불 이 선 언 위 현

"잘 짖는다고 훌륭한 개라고 할 수 없듯이, 사람도 말을 잘한다고 해서 현인이라고 할 수 없다."

*吠 ; 짖다.

■ 爲大不足以爲大
위 대 부 족 이 위 대

"크다고 내세우는 것은 크다고 할 수가 없다."

{자기가 한 일을 큰일이라고 생각하는 인간은 도저히 큰 일은 할 수 없다. 작은 자루일수록 빨리 차는데, 인간의 경우도 마찬가지다.}

【寓言】 공자가 초(楚)나라에 갔을 때, 초나라 왕이 물었다. "어떤 사람이 대인(大人)입니까?"

공자가 말했다. "바다가 동으로 흐르는 하천을 거부하지 않음은 대(大)의 지극함입니다. 성인은 천지를 아우르고 은택이 천하에 미치더라도 사람들은 그가 누구인지조차도 알지 못합니다. 그러므로 살아서는 존작(尊爵)이 없고, 죽어서도 시호(諡號)가 없으며, 재물을 모으지 아니하며, 명예도 확립하지 않으니, 이런 사람을 일러 대인(大人)이라 합니다.

'잘 짖는다고 훌륭한 개라고 할 수 없듯이, 사람도 말을 잘한다고 해서 현인이라고 할 수 없습니다(狗不以善吠爲良, 人不以善言爲賢).' 하물며 대인(大人)이라고 하기에는 무리입니다.

'무릇 크다고 내세우는 것은 크다고 할 수가 없습니다 (夫爲大不足以爲大),' 하물며 유덕자(有德者)가 되려고 노력하는 경우는 어떻겠습니까?

모든 것을 완전히 갖추고 있는 셋으로는 천지뿐이 없습니다. 그렇지만 천지가 무엇을 구해서 그렇게 크게 갖추어진 것이겠습니까?

크게 갖추어짐이 무엇인지를 아는 사람은 달리 추구하는 것이 없습니다. 그래서 스스로를 잃어버리거나 내다버리지도 아니하여, 외물에 이끌려서 자기 본성을 변질시키는 일이 없습니다. 자기 본성으로 돌아감에 궁벽하지도 않고, 옛 도를 따르되 꾸미지 않는 것이 대인의 진정한 모습입니다."

■ 鴟目有所適 鶴脛有所節 解之也悲
치 목 유 소 적　학 경 유 소 절　해 지 야 비

"올빼미의 눈은 그 나름대로 쓸 데가 있고, 학의 다리 또한 나름대로의 쓸 데가 있으니, 눈과 다리를 없애면 그들이 슬퍼할 것이다."

*鴟 ; 올빼미.

*適 ; 마땅하다, 맞다.

*脛 ; 다리.

【寓言】 올빼미의 눈은 그 나름대로 적합함이 있고(낮에는 보지 못하고 밤에만 본다), 학의 다리 또한 나름대로 적

절함이 있는데(긴 마디가 있다), 눈과 다리를 제거해버리면 그들이 슬퍼할 것이다(鳧目有所適 鶴脛有所節 解之也悲)."

그래서 이르기를, 바람이 하수(河水 ; 황하) 위를 지나가면 강물이 줄어들고, 해가 하수 위를 지나가면 하수가 줄어들지만, 오히려 하수는 바람과 해로 하여금 자신을 지켜달라고 한다. 하수는 애초부터 자신의 것을 빼앗는다고 여기지 않으니, 하수는 근원(根源)에 의거해서 흘러가는 존재이기 때문이라고 하는 것이다.

그러므로 물 흐름은 토지의 고저(高低)・형상(形狀)에 달렸으며, 그림자는 사람의 형체에 달렸으며, 사물은 또 다른 사물에 따름이 긴밀하다.

그러므로 눈이 밝게 보는 것만 추구하면 위태로우며, 귀가 밝게 듣는 것만 추구하면 위태로우며, 마음이 뭔가에 탐닉만 생각하면 위태로우며, 대저 인간의 모든 능력은 쌓아두면 위태로우니, 이미 위태로워지고 나면 고치려고 하여도 미치지 못한다.

화(禍)가 자라나 걷잡을 수 없이 커지면, 그것을 되돌리기 위해서는 많은 노력이 있어야 하고, 성과가 이루어지기까지는 오랜 시간을 지나야 한다. 그런데도 사람들은 총명과 영지(英知)를 자기의 보물로 여기고 있으니, 또한 슬프지

아니한가! 그러므로 군주로서 나라를 망하게 하고 백성을
죽이는 일이 그치지 않는데도 그 원인을 알아보려고 하지
않는다.

2. 徐無鬼

徐無鬼因女商見魏武侯, 武侯勞之曰 : "先生病矣, 苦於山林之勞, 故乃肯見於寡人." 徐無鬼曰 : "我則勞於君, 君有何勞於我! 君將盈者欲, 長好惡, 則性命之情病矣 ; 君將黜者欲, 牽好惡, 則耳目病矣. 我將勞君, 君有何勞於我!" 武侯超然不對. 少焉, 徐無鬼曰 : "嘗語君吾相狗也 : 下之質, 執飽而止, 是狸德也 ; 中之質, 若視日 ; 上之質, 若亡其一. 吾相狗又不若吾相馬也. 吾相馬 : 直者中繩, 曲者中鉤, 方者中矩, 圓者中規. 是國馬也, 而未若天下馬也. 天下馬有成材, 若卹若失, 若喪其一. 若是者, 超軼絕塵, 不知其所." 武侯大悅而笑.

徐無鬼出, 女商曰 : "先生獨何以說吾君乎? 吾所以說吾君者, 橫說之則以《詩》, 《書》, 《禮》, 《樂》, 從說則以《金板》, 《六韜》, 奉事而大有 功者不可爲數, 而吾君未嘗啓齒. 今先生何以說吾君? 使吾君說若此乎?" 徐無鬼曰 : "吾直告之吾相狗馬耳." 女商曰 : "若是乎?" 曰 : "子不聞夫越之流人乎? 去國數日, 見其所知而喜 ; 去國旬月, 見所嘗見於國中者喜 ; 及期年也, 見似人者而喜矣. 不亦去人滋久, 思人滋深乎? 夫逃虛空者, 藜藋柱乎鼪鼬之徑, 良位其空, 聞人足音跫然而喜矣, 又況乎昆弟親戚之謦欬其側者乎! 久矣夫, 莫以真人之言謦吾君之側乎!"

徐無鬼見武侯, 武侯曰: "先生居山林, 食芧栗, 厭蔥韭, 以賓寡人, 久矣夫! 今老邪? 其欲幹酒肉之味邪? 其寡人亦有社稷之福邪?" 徐無鬼曰: "無鬼生於貧賤, 未嘗敢飮食君之酒肉, 將來勞君也." 君曰: "何哉! 奚勞寡人?" 曰: "勞君之神與形." 武侯曰: "何謂邪?" 徐無鬼曰: "天地之養也一, 登高不可以爲長, 居下不可以爲短. 君獨爲萬乘之主, 以苦一國 之民, 以養耳目鼻口, 夫神者不自許也. 夫神者, 好和而惡奸. 夫奸, 病也, 故勞之. 唯君所病之何也?" 武侯曰: "欲見先生久矣! 吾欲愛民而爲義偃兵, 其可乎?" 徐無鬼曰: "不可. 愛民, 害民之始也; 爲義偃兵, 造兵之本也. 君自此爲之, 則殆不成. 凡成美, 惡器也. 君雖爲仁義, 幾且僞哉! 形固造形, 成固有伐, 變固外戰. 君亦必無盛鶴列於麗譙之間, 無徒驥於錙壇之宮, 無藏逆於得, 無以巧勝人, 無以謀勝人, 無以戰勝人. 夫殺人之士民, 兼人之土地, 以養吾私與吾神者, 其戰不知孰善? 勝之惡乎在? 君若勿已矣! 修胸中之誠以應天地之情而勿攖. 夫民死已脫矣, 君將惡乎用夫偃兵哉!

黃帝將見大隗乎具茨之山, 方明爲御, 昌寓驂乘, 張若, 諧
朋前馬, 昆閽, 滑稽後車. 至於襄城之野, 七聖皆迷, 無所問
塗. 適遇牧馬童子, 問塗焉, 曰: "若知具茨之山乎?" 曰:
"然." "若知大隗之所存乎?" 曰: "然." 黃帝曰: "異哉
小童! 非徒知具茨之山, 又知大隗之所存. 請問爲天下." 小
童曰: "夫爲天下者, 亦若此而已矣, 又奚事焉! 予少而自遊
於六合之內, 予適有瞀病, 有長者教予曰: '若乘日之車而遊
於襄城之野.' 今予病少痊, 予又且複遊於六合之外. 夫爲天下
亦若此而已. 予又奚事焉!" 黃帝曰: "夫爲天下者, 則誠非
吾子之事, 雖然, 請問爲天下." 小童辭. 黃帝又問. 小童曰:
"夫爲天下者, 亦奚以異乎牧馬者哉! 亦去其害馬者而已矣!"
黃帝再拜稽首, 稱天師而退.

知士無思慮之變則不樂; 辯士無談說之序則不樂; 察士無
淩誶之事則不樂: 皆囿於物者也.　招世之士興朝; 中民之士
榮官; 筋國之士矜雅; 勇敢之士奮患; 兵革之士樂戰; 枯槁
之士宿名; 法律之士廣治; 禮樂之士敬容; 仁義之士貴際.
農夫無草萊之事則不比; 商賈無市井之事則不比; 庶人有旦
暮之業則勸; 百工有器械之巧則壯. 錢財不積則貪者憂, 權勢
不尤則誇者悲, 勢物之徒樂變. 遭時有所用, 不能無爲也, 此
皆順比於歲, 不物於易者也. 馳其形性, 潛之萬物, 終身不

反, 悲夫!

莊子曰: "射者非前期而中謂之善射, 天下皆羿也, 可乎?" 惠子 曰: "可." 莊子曰: "天下非有公是也, 而各是其所是, 天下皆堯也, 可乎?" 惠子曰: "可." 莊子曰: "然則儒墨楊秉四, 與夫子爲五, 果孰是邪? 或者若魯遽者邪? 其弟子曰: '我得夫子之道矣! 吾能冬爨鼎而夏造冰矣!' 魯遽曰: '是直以陽召陽, 以陰召陰, 非吾所謂道也. 吾示子乎吾道.' 於是乎爲之調瑟, 廢一於堂, 廢一於室, 鼓宮宮動, 鼓角角動, 音律同矣! 夫或改調一弦, 於五音無當也, 鼓之, 二十五弦皆動, 未始異於聲而音之君已! 且若是者邪!" 惠子曰: "今乎儒墨楊秉, 且方與我以辯, 相拂以辭, 相鎭以聲, 而未始吾非也, 則奚若矣?" 莊子曰: "齊人蹢子於宋者, 其命閽也不以完; 其求鈃鍾也以束縛; 其求唐子也而未始出域: 有遺類矣! 夫楚人寄而蹢閽者; 夜半於無人之時而與舟人鬥, 未始離於岑而足以造於怨也."

莊子送葬, 過惠子之墓, 顧謂從者曰: "郢人堊慢其鼻端若蠅翼, 使匠人斲之. 匠石運斤成風, 聽而斲之, 盡堊而鼻不傷, 郢人立不失容. 宋元君聞之, 召匠石曰: '嘗試爲寡人爲之.' 匠石曰: '臣則嘗能斲之. 雖然, 臣之質死久矣!' 自夫子之死也, 吾無以爲質矣, 吾無與言之矣!"

管仲有病, 桓公問之曰: "仲父之病病矣, 可不諱雲, 至於大病, 則寡人惡乎屬國而可?" 管仲曰: "公誰欲與?" 公曰: "鮑叔牙." 曰: "不可. 其爲人潔廉, 善士也; 其於不己若者不比之; 又一聞人之過, 終身不忘. 使之治國, 上且鉤乎君, 下且逆乎民. 其得罪於君也將弗久矣!" 公曰: "然則孰可?" 對曰: "勿已則隰朋可. 其爲人也, 上忘而下畔, 愧不若黃帝, 而哀不己若者. 以德分人謂之聖; 以財分人謂之賢. 以賢臨人, 未有得人者也; 以賢下人, 未有不得人者也. 其於國有不聞也, 其於家有不見也. 勿已則隰朋可."

吳王浮於江, 登乎狙之山, 衆狙見之, 恂然棄而走, 逃於深蓁. 有一狙焉, 委蛇攫抓, 見巧乎王. 王射之, 敏給搏捷矢. 王命相者趨射之, 狙執死. 王顧謂其友顔不疑曰: "之狙也, 伐其巧, 恃其便以敖予, 以至此殛也. 戒之哉! 嗟乎! 無以汝色驕人哉?" 顔不疑歸而師董梧, 以鋤其色, 去樂辭顯, 三年而國人稱之.

南伯子綦隱幾而坐, 仰天而噓. 顔成子入見曰: "夫子, 物之尤也. 形固可使若槁骸, 心固可使如死灰乎?" 曰: "吾嘗居山穴之中矣. 當是時也, 田禾一睹我而齊國之衆三賀之. 我必先之, 彼故知之; 我必賣之, 彼故鬻之. 若我而不有之, 彼惡得而知之? 若我而不賣之, 彼惡得而鬻之? 嗟乎! 我悲人之自喪者;吾又悲夫悲人者;吾又悲夫悲人之悲者;其後而日遠矣!"

仲尼之楚, 楚王觴之. 孫叔敖執爵而立. 市南宜僚受酒而祭, 曰:"古之人乎! 於此言已."曰:"丘也聞不言之言矣, 未之嘗言, 於此乎言之:市南宜僚弄丸而兩家之難解;孫叔敖甘寢秉羽而郢人投兵 ;丘願有喙三尺."彼之謂不道之道, 此之謂不言之辯. 故德總乎道之所一, 而言休乎知之所不知, 至矣. 道之所一者, 德不能同也. 知之所不能知者, 辯不能舉也. 名若儒墨而凶矣. 故海不辭東流, 大之至也. 聖人並包天地, 澤及天下, 而不知其誰氏. 是故生無爵, 死無諡, 實不聚, 名不立, 此之謂大人. 狗不以善吠爲良, 人不以善言爲賢, 而況爲大乎! 夫爲大不足以爲大, 而況爲德乎! 夫大備矣, 莫若天地. 然奚求焉, 而大備矣! 知大備者, 無求, 無失, 無棄, 不以物易己也. 反己而不窮, 循古而不摩, 大人之誠!

子綦有八子, 陳諸前, 召九方歅曰:"爲我相吾子, 孰爲祥."九方歅曰:"梱也爲祥."子綦瞿然喜曰:"奚若?"曰:"梱也, 將與國君同食以終其身."子綦索然出涕曰:"吾子何爲以至於是極也?"九方歅曰:"夫與國君同食, 澤及三族, 而況父母乎! 今夫子聞之而泣, 是禦福也. 子則祥矣, 父則不祥."子綦曰:"歅, 汝何足以識之. 而梱祥邪? 盡於酒肉, 入於鼻口矣, 而何足以知其所自來! 吾未嘗爲牧而牂生於奧, 未嘗好田而鶉生於宎, 若勿怪, 何邪? 吾所與吾子遊者, 遊於天地, 吾與之邀樂於天, 吾與之邀食於地. 吾不與之爲事, 不與之爲謀, 不與之爲怪. 吾與之乘天地之誠而不以物與之相攖, 吾與之一委蛇而不與之爲事所宜. 今也然有世俗之償焉? 凡有怪征者 必有怪行. 殆乎! 非我與吾子之罪, 幾天與之也! 吾是以泣也." 無幾何而使梱之於燕, 盜得之於道, 全而鬻之則難, 不若刖之則易. 於是乎刖而鬻之於齊, 適當渠公之街, 然身食肉而終.

齧缺遇許由曰: "子將奚之?" 曰: "將逃堯." 曰: "奚謂邪?" 曰: "夫堯畜畜然仁, 吾恐其爲天下笑. 後世其人與人相食與! 夫民不難聚也, 愛之則親, 利之則至, 譽之則勸, 致其所惡則散. 愛利出乎仁義, 捐仁義者寡, 利仁義者眾. 夫仁義之行, 唯且無誠, 且假乎禽貪者器. 是以一人之斷制天下, 譬之猶一覕也. 夫堯知賢人之利天下也, 而不知其賊天下也. 夫唯外乎賢者知之矣."

有暖姝者, 有濡需者, 有卷婁者. 所謂暖姝者, 學一先生之言, 則暖暖姝姝而私自說也, 自以爲足矣, 而未知未始有物也. 是以謂暖姝者也. 濡需者, 豕蝨是也, 擇疏鬣長毛, 自以爲廣宮大囿. 奎蹄曲隈, 乳間股腳, 自以爲安室利處. 不知屠者之一旦鼓臂布草操煙火, 而己與豕俱焦也. 此以域進, 此以域退, 此其所謂濡需者也. 卷婁者, 舜也. 羊肉不慕蟻, 蟻慕羊肉, 羊肉羶也. 舜有羶行, 百姓悅之, 故三徙成都, 至鄧之虛而十有萬家. 堯聞舜之賢, 擧之童土之地, 曰: "冀得其來之澤." 舜擧乎童土之地, 年齒長矣, 聰明衰矣, 而不得休歸, 所謂卷 婁者也. 是以神人惡衆至, 衆至則不比, 不比則不利也. 故無所甚親, 無所甚疏, 抱德煬和, 以順天下, 此謂真人. 於蟻棄知, 於魚得計, 於羊棄意. 以目視目, 以耳聽耳, 以心複心. 若然者, 其平也繩, 其變也循. 古之真人! 以天待之, 不以人入天, 古之真人!

得之也生, 失之也死 ; 得之也死, 失之也生 : 藥也. 其實堇也, 桔梗也, 雞癰也, 豕零也, 是時爲帝者也, 何可勝言!

句踐也以甲楯三千棲於會稽, 唯種也能知亡之所以存, 唯種也不知其身之所以愁. 故曰:鴟目有所適, 鶴脛有所節, 解之也悲. 故曰:風之過, 河也有損焉 ; 日之過, 河也有損焉 ; 請只風與日相與守河, 而河以爲未始其攖也, 恃源而往者也. 故水之守土也審, 影之守人也審, 物之守物也審. 故目之於明也殆, 耳之於聰也殆, 心之於殉也殆, 凡能其於府也殆, 殆之成也不給改. 禍之長也茲萃, 其反也緣功, 其果也待久. 而人以爲己寶, 不亦悲乎! 故有亡國戮民無已, 不知問是也. 故足之於地也踐, 雖踐, 恃其所不蹍而後善博也 ; 人之知也少, 雖少, 恃其所不知而後知天之所謂也. 知大一, 知大陰, 知大目, 知大均, 知大方, 知大信, 知大定, 至矣! 大一通之, 大陰解之, 大目視之, 大均緣之, 大方體之, 大信稽之, 大定持之. 盡有天, 循有照, 冥有樞, 始有彼. 則其解之也似不解之者, 其知之也似不知之也, 不知而後知之. 其問之也, 不可以有崖, 而不可以無崖. 頡滑有實, 古今不代, 而不可以虧, 則可不謂有大揚搉乎! 闔不亦問是已, 奚惑然爲! 以不惑解惑, 複於不惑, 是尚大不惑.

3. 칙양(則陽)

살아온 나이 예순이 되도록
자기 삶을 예순 번 바꾸었다

칙양(則陽)이 초(楚)나라에 들렀을 때였다. 이절(夷節)이 그를 초왕에게 추천했는데, 초왕(楚王)이 그를 만나려 하지 않자, 이절(夷節)은 고향으로 돌아가 버렸다.

그러자 팽양(彭陽 ; 팽칙양)이 초왕의 신하 왕과(王果)를 만나 말했다. "선생께서는 어찌 저를 왕에게 추천해 주지 않으십니까?"

왕과가 대답했다. "나보다는 공열휴(公閱休)가 나을 것이오"

팽양이 물었다. "공열휴는 어떤 사람입니까?"

왕과가 말했다. "겨울에는 강물에 들어가 작살로 자라를 잡고, 여름에는 산그늘에 쉬면서 지내는데, 때로 지나가는 사람이 물으면, '여기가 내 집이오.'라고 하였소. 어찌 이절(夷節)도 하지 못한 일을 나 같은 사람이 할 수 있겠소? 나는 이절에게 미치지 못합니다.

이절의 사람됨은, 덕은 없지만 지(知)는 뛰어나며, 자신을 엄격하게 단속하는 터라, 그렇게 함으로써 신묘하게 사람들과 교류하지만, 그것은 본시 부귀나 명예에 마음이 있어 눈이 어두워진 것입니다. 그러니 덕으로 서로 돕는 것이 아니라, 서로 소멸 쇠퇴를 조장하는 사람입니다.

무릇 추위에 떠는 사람은 봄을 옷으로 삼아 빌리고 싶어 하고, 더위를 먹은 사람은 겨울의 찬바람을 원합니다. 저 초왕의 사람됨은 그 모습이 존엄하고 엄격하여 죄인을 다룰 때 호랑이처럼 용서가 없으니, 말재간 있는 사람이거나 덕(德) 있는 사람이 아니면 누그러뜨릴 수가 없습니다.

그 때문에 성인은 곤궁할 때는 집안사람들로 하여금 가난을 잊을 수 있도록 하고, 벼슬길에 나아갔을 때는 높은 작위와 후한 봉록을 잊고 비천한 이들과 동화하게 하며, 외계의 사물을 대할 때는 그것과 더불어 즐거움을 이루고, 사람들을 대할 때는 막힘 없이 소통을 즐기면서도 자기를 지킵니다.

그러므로 어떤 때는 한 마디 말도 없이 조화를 이루는 경우도 있고, 사람들과 나란히 서 있는 것만으로 사람들을 동화시킵니다.

사람들을 부모 자식 간의 관계처럼 친애하는 감정을 느끼게 하며, 고향으로 돌아와서는 한가하게 지냅니다. 그의 마음은 보통 사람들의 마음과는 달리 이렇듯 멀리 떨어져 있습니다. 그래서 내가 공열휴에게 부탁하라는 것입니다."

*칙양(則陽) ; 성은 팽(彭), 字는 칙양(則陽)으로, 주나라 사람.

■ <ruby>有<rt>유</rt></ruby><ruby>國<rt>국</rt></ruby><ruby>於<rt>어</rt></ruby><ruby>蝸<rt>와</rt></ruby><ruby>之<rt>지</rt></ruby><ruby>左<rt>좌</rt></ruby><ruby>角<rt>각</rt></ruby><ruby>者<rt>자</rt></ruby> <ruby>曰<rt>왈</rt></ruby><ruby>觸<rt>촉</rt></ruby><ruby>氏<rt>씨</rt></ruby>

<ruby>有<rt>유</rt></ruby><ruby>國<rt>국</rt></ruby><ruby>於<rt>어</rt></ruby><ruby>蝸<rt>와</rt></ruby><ruby>之<rt>지</rt></ruby><ruby>右<rt>우</rt></ruby><ruby>角<rt>각</rt></ruby><ruby>者<rt>자</rt></ruby> <ruby>曰<rt>왈</rt></ruby><ruby>蠻<rt>만</rt></ruby><ruby>氏<rt>씨</rt></ruby>

"달팽이의 왼쪽 뿔에 나라를 세운 왕이 촉씨(觸氏), 달팽이의 오른쪽 뿔에 나라를 세운 왕이 만씨(蠻氏)다."

【寓言】와각지쟁(蝸角之爭) ; 달팽이의 더듬이 위에서 싸운다는 뜻으로, 하찮은 일로 벌이는 싸움을 비유적으로 이르는 말이다.

위혜왕(魏惠王)과 제위왕(齊威王)은 서로 침략을 않기로 맹약을 했는데, 위왕이 먼저 배신을 하자, 혜왕은 자객을 보내 위왕을 죽이려고 기도했다. 그러자 혜왕의 신하 공손연은, 정정당당하게 군사를 일으켜 제(齊)나라를 칠 것을 주장했다. 그러나 계자(季子)라는 신하는 무고한 백성들만 괴롭히게 될 것이라고 이를 말렸다.

혜왕이 어느 쪽 말을 들어야 할지 망설이고 있는데, 재상 혜자(惠子)가 대진인(戴晉人)이란 사람을 시켜 혜왕을 만나게 했다.

대진인이 혜왕을 보고 말했다. "왕께서는 달팽이라는 작은 벌레를 아십니까?"

"알지요."

"달팽이의 왼쪽 뿔에 나라를 세운 왕이 촉씨(觸氏)이고, 달팽이의 오른쪽 뿔에 나라를 세운 왕이 만씨(蠻氏)입니다 (有國於蝸之左角者 曰觸氏 有國於蝸之右角者 曰蠻氏). 두 나라가 영토를 놓고 싸우다가 사람이 만여 명이나 죽고, 달아나는 적을 보름 동안이나 추격하다 돌아온 일이 있습니다."

"무슨 그런 헛소리를!"

"그럼, 그 헛소리를 참말로 만들어 보이겠습니다. 왕은 이 우주가 사방과 위 아래로 끝이 있다고 생각하십니까?"

"그야 끝이 없지요."

"그러시면 마음을 그 끝없는 세계에 놀게 하시고, 사람이 실제로 오고 갈 수 있는 나라들을 생각해 보십시오. 아마 그것이 있는 듯 없는 듯 작게 보일 것입니다."

"그야 그렇겠지요."

"그들 나라 가운데 위(魏)라는 나라가 있고, 위나라 안에 대량(大梁)이란 도성이 있고, 그 도성 안에 임금님이 계십니다. 우주의 끝없는 것에 비교해 볼 때, 임금과 달팽이 뿔 위의 만씨와 서로 다른 점이 있겠습니까?"

"다른 것이 없지요."

대진인이 물러가자 혜왕은 넋을 잃고 앉아 있었다. 뒤이

어 혜자가 들어오자 혜왕이 말했다. "선생이 데리고 온 손님은 대인(人人)이군요. 성인이라도 그에게는 미치지 못하리다."

혜자가 말했다. "저 피리를 불면 높고 큰 소리가 울려 퍼지지만, 칼집의 작은 구멍에 입을 대고 불면 픽하고 바람이 지나가는 소리가 날 뿐입니다. 요(堯)나 순(舜)은 사람들이 칭찬하는 성인이지만, 요순의 덕을 이 대진인 앞에서 말하는 것은 비유하자면, 칼집에서 가느다란 픽 소리 한 번 나는 것과 같을 뿐입니다."

■ 治民焉勿滅裂 ^{치 민 언 물 멸 렬}

"백성을 다스리면서 분열시켜는 안 된다."

*滅裂 ; 찢기고 흩어져 없어짐.

【寓言】 지리멸렬(支離滅裂) ; 이리저리 흩어지고 찢기어 도무지 종잡을 수 없는 일. 곧 체계가 없이 마구 흩어져 갈피를 잡을 수 없음을 뜻하는 말이다. 『지리멸렬』은 〈인간세〉편에 나오는 『지리(支離)』와, 〈칙양〉편에 나오는 『멸렬(滅裂)』을 합쳐 만든 성어다.

먼저 〈인간세〉편을 보자. 지리소(支離疏)라는 지체장애인이 있었다. 턱이 배꼽 아래 숨어 있고, 어깨는 이마보다 높고, 상투는 하늘을 가리키고, 오장이 위에 있으며, 두 넓적 다리는 옆구리에 닿아 있다. 바느질과 세탁 일로 식구 10명을 족히 먹여 살렸다. 전쟁이 나도 그는 징집당하지 않아 신변이 위태롭지 않았고, 오히려 나라에서 주는 구호미와 땔나무를 받았다.

장자는 글 끝에 이렇게 묻는다. "신체가 이렇게 지리(支離)한 자도 족히 자기 몸을 잘 길러 천수를 누리는데, 항차 그 덕을 지리하게 한 자는 어떻겠는가(夫支離其形者 猶足以養其身 終其天年 又況支離其德者乎)?"

〈칙양〉 편에서는 장오(長梧) 땅의 국경지기가 공자의 제자 자뢰(子牢)에게 말했다. "당신은 정치를 하면서 거칠고 함부로 해서는 안됩니다. 백성을 다스리는 데 멸렬하지 마시오(君爲政焉勿鹵莽 治民焉勿滅裂)."

여기서 그가 말한 『멸렬』의 의미는 우직하고 경솔하고 말과 행동이 겉돈다는 뜻이 담겨져 있었다.

후세에 이 두 가지 말이 합쳐져 『지리멸렬』이라는 말이 생겨났고, 어떤 일이 갈피를 잡을 수 없도록 어수선하게 엉키어 제대로 풀리지 않을 때 이 말을 사용하게 되었다.

또 다른 설이 있다. 옛날에 지리라는 사람이 있었는데,

그는 소나 돼지 따위의 짐승을 잡을 때 누구보다 더 깨끗이 뼈와 살을 발라내는 도살의 명수였다. 그에게 맡기면 원래 형체를 알아볼 수 없게 이리저리 찢기어 해체된다는 뜻에서 『지리』라는 말이 유래됐다고 한다.

지리소는 가공의 인물이며 지(支)는 지(肢), 리(離)는 불구라는 뜻을 내포하고 있다. 장자는 이 글을 통해 인위적 덕목을 내세우는 유가를 비판하고 있다.

■ 行年六十而六十化
행 년 육 십 이 육 십 화

"살아온 나이 60이 되도록 자기 삶을 60번 바꾸었다."

【寓言】 위나라 현인 거백옥(蘧伯玉)은 나이 60이 되기까지 자기의 삶을 60번 바꾸었는데, 처음에는 옳다고 주장했던 일도 나중에는 옳지 않은 일이라고 굽히지 않은 적이 없었다. 그러니 60이 된 지금 옳다고 하는 것이 59년 동안 잘못되었다(五十九非)고 한 것과 마찬가지의 잘못이 아닌지 알 수가 없다.

만물은 생성함은 있으나 그 근원은 볼 수 없으며, 태어남은 있으나 어디서 왔는지는 알 수 없다(萬物有乎生而莫見其根 有乎出而莫見其門). 인간은 자신이 아는 것만을 고집하기 때문에 막상 자신의 앎이 도(道)에 의지하고 있다는 사실을 알지 못하니, 큰 의혹이라고 말하지 않을 수 있겠는가! 그만두어라, 그만두어라! 또한 도로부터 달아날 곳이 없다. 이것이 말하고자 하는 것인가, 정말 그러한가?

거백옥은 나이 60이 되어서도 삶의 변화를 추구했다. 자신의 삶에 구속되지 않는 자유로운 삶을 살아왔다.

■ 丘山積卑而爲高 江河合水而爲大

"산은 낮은 것을 다 포개 놓아서 높게 되었고, 강은 도랑물을 다 받아들여서 넓어졌다."

*丘山 ; 언덕과 산, 산더미.

*卑 ; 낮다, (지위나 신분이) 낮다, 저속하다.

【寓言】소지(少知)가 대공조(大公調)에게 물었다. "구리지언(丘里之言)이라는 건 무엇을 말하는 것입니까?"

대공조(大公調)가 말했다. "구리(丘里)란 열 개의 다른 성(姓)을 가진 사람들과 백 개의 다른 이름(名)을 가진 사람들이 모여 풍속을 이루고 있는 세상이다. 서로 다른 것이 합하여 같은 것이 되고, 같은 것을 분산시켜 다른 것이 되니, 지금 말(馬)의 몸을 백 개로 나누면 말이라고 할 수 없으나

(今指馬之百體而不得馬), 눈앞에 매여 있는 말의 백체(百體)
들 총제석으로 말하면 그것은 말이다.

그러므로 언덕이나 산은 낮은 토지가 쌓여서 높게 된 것
이고, 장강(長江 ; 양자강)과 황하(黃河)는 작은 물이 모여서
크게 되었듯이(是故 丘山積卑而爲高 江河合水而爲大), 대인
(大人)은 모든 『사(私)』를 모아서 공평하게 베푼 것이다. 그
리하여 대인은 남의 말을 들을 때 스스로의 주관을 갖지만,
어느 하나를 고집하지 않으며, 말을 할 때 내가 옳다고 남
의 말을 거절하지 않는다."

여기서 소지(少知)는 얄팍한 지식(知識), 대공조(大公調)
는 공정무사(公正無私)함을 뜻한다.

3. 則陽

　則陽遊於楚, 夷節言之於王, 王未之見. 夷節歸. 彭陽見王果曰: "夫子何不譚我於王?" 王果曰: "我不若公閱休." 彭陽曰: "公閱休奚爲者邪?" 曰: "冬則戳鱉於江, 夏則休乎山樊. 有過而問者, 曰: '此予宅也.' 夫夷節已不能, 而況我乎! 吾又不若夷節. 夫夷節之爲人也, 無德而有知, 不自許, 以之神其交, 固顚冥乎富貴之地. 非相助以德, 相助消也. 夫凍者假衣於春, 暍者反冬乎冷風. 夫楚王之爲人也, 形尊而嚴. 其於罪也, 無赦如虎. 非夫佞人正德, 其孰能橈焉. 故聖人其窮也, 使家人忘其貧 ; 其達也, 使王公忘爵祿而化卑 ; 其於物也, 與之爲娛矣 ; 其於人也, 樂物之通而保己焉. 故或不言而飮人以和, 與人並立而使人化, 父子之宜. 彼其乎歸居, 而一閑其所施. 其於人心者, 若是其遠也. 故曰'待公閱休'."

　聖人達綢繆, 周盡一體矣, 而不知其然, 性也. 複命搖作而以天爲師, 人則從而命之也. 憂乎知, 而所行恒無幾時, 其有止也, 若之何! 生而美者, 人與之鑒, 不告則不知其美於人也. 若知之, 若不知之, 若聞之, 若不聞之, 其可喜也終無已, 人之好之亦無已, 性也. 聖人之愛人也, 人與之名, 不告則不知

其愛人也. 若知之, 若不知之, 若聞之, 若不聞之, 其愛人也
終無已, 人之安之亦無已, 性也. 舊國舊都, 望之暢然. 雖使
丘陵草木之緡入之者十九, 猶之暢然, 況見見聞聞者也, 以十
仞之臺縣眾間者也. 冉相氏得其環中以隨成, 與物無終無始,
無幾無時. 日與物化者, 一不化者也. 闔嘗舍之! 夫師天而
不得師天, 與物皆殉. 其以爲事也, 若之何! 夫聖人未始有天,
未始有人, 未始有始, 未始有物, 與世偕行而不替, 所行之備
而不洫, 其合之也, 若之何!

湯得其司禦, 門尹登恒爲之傅之. 從師而不囿, 得其隨成.
爲之司其名之名嬴法得其兩見. 仲尼之盡慮, 爲之傅之. 容成
氏曰: "除日無歲, 無內無外."

魏瑩與田侯牟約, 田侯牟背之, 魏瑩怒, 將使人刺之. 犀首
公孫衍聞而恥之, 曰: "君爲萬乘之君也, 而以匹夫從仇. 衍
請受甲二十萬, 爲君攻之, 虜其人民, 系其牛馬, 使其君內熱
發於背, 然後拔其國. 忌也出走, 然後抶其背, 折其脊." 季子
聞而恥之, 曰: "築十仞之城, 城者既十仞矣, 則又壞之, 此胥
靡之所苦也. 今兵不起七年矣, 此王之基也. 衍, 亂人也, 不可
聽也." 華子聞而醜之, 曰: "善言伐齊者, 亂人也; 善言勿伐
者, 亦亂人也; 謂 '伐之與不伐亂人也' 者, 又亂人也." 君
曰: "然則若何?" 曰: "君求其道而已矣." 惠之聞之, 而見

戴晉人. 戴晉人曰: "有所謂蝸者, 君知之乎?"曰: "然."
"有國於蝸之左角者, 曰觸氏; 有國於蝸之右角者, 曰蠻氏.
時相與爭地而戰, 伏屍數萬, 逐北旬有五日而後反."君曰:
"噫! 其虛言與?"曰: "臣請爲君實之. 君以意在四方上下
有窮乎?"君曰: "無窮."曰: "知遊心於無窮, 而反在通達
之國, 若存若亡乎?"君曰: "然."曰: "通達之中有魏, 於
魏中有梁, 於梁中有王, 王與蠻氏有辯乎?"君曰: "無辯."
客出而君惝然若有亡也. 客出, 惠子見. 君曰: "客, 大人也,
聖人不足以當之."惠子曰: "夫吹管也, 猶有嗃也; 吹劍首
者, 吷而已矣. 堯, 舜, 人之所譽也. 道堯, 舜於戴晉人之前,
譬猶一吷也."

孔子之楚, 舍於蟻丘之漿. 其鄰有夫妻臣妾登極者, 子路
曰: "是稷稷何爲者邪?"仲尼曰: "是聖人仆也. 是自埋於
民, 自藏於畔. 其聲銷, 其志無窮, 其口雖言, 其心未嘗言.
方且與世違, 而心不屑與之俱. 是陸沉者也, 是其市南宜僚
邪?"子路請往召之. 孔子曰: "已矣! 彼知丘之著於己也,
知丘之適楚也, 以丘爲必使楚王之召己也. 彼且以丘爲佞人
也. 夫若然者, 其於佞人也, 羞聞其言, 而況親見其身乎! 而
何以爲存!"子路往視之, 其室虛矣.

長梧封人問子牢曰: "君爲政焉勿鹵莽, 治民焉勿滅裂.

昔予爲禾, 耕而鹵莽之, 則其實亦鹵莽而報予; 芸而滅裂之, 其實亦滅裂而報予. 予來年變齊, 深其耕而熟耰之, 其禾蘩以滋, 予終年厭飧." 莊子聞之曰: "今人之治其形, 理其心, 多有似封人之所謂: 遁其天, 離其性, 滅其情, 亡其神, 以眾爲. 故鹵莽其性者, 欲惡之孽爲性, 萑葦蒹葭始萌, 以扶吾形, 尋擢吾性. 並潰漏發, 不擇所出, 漂疽疥癰, 內熱溲膏是也."

柏矩學於老聃, 曰: "請之天下遊." 老聃曰: "已矣! 天下猶是也." 又請之, 老聃曰: "汝將何始?" 曰: "始於齊." 至齊, 見辜人焉, 推而強之, 解朝服而幕之, 號天而哭之, 曰: "子乎! 子乎! 天下有大災, 子獨先離之. 曰 '莫爲盜, 莫爲殺人'. 榮辱立然後睹所病, 貨財聚然後睹所爭. 今立人之所病, 聚人之所爭, 窮困人之身, 使無休時. 欲無至此得乎? 古之君人者, 以得爲在民, 以失爲在己; 以正爲在民, 以枉爲在己. 故一形有失其形者, 退而自責. 今則不然, 匿爲物而愚不識, 大爲難而罪不敢, 重爲任而罰不勝, 遠其塗而誅不至. 民知力竭, 則以僞繼之. 日出多僞, 士民安取不僞. 夫力不足則僞, 知不足則欺, 財不足則盜. 盜竊之行, 於誰責而可乎?"

蘧伯玉行年六十而六十化, 未嘗不始於是之, 而卒詘之以非也. 未知今之所謂是之非五十九非也. 萬物有乎生而莫見其根, 有乎出而莫見其門. 人皆尊其知之所知, 而莫知恃其知之所不知而後知, 可不謂大疑乎! 已乎! 已乎! 且無所逃. 此所謂然與然乎!

仲尼問於大史大弢, 伯常騫, 狶韋曰: "夫衛靈公飮酒湛樂, 不聽國家之政; 田獵畢弋, 不應諸侯之際: 其所以爲靈公者何邪?" 大弢曰: "是因是也." 伯常騫曰: "夫靈公有妻三人, 同濫而浴. 史鰌奉禦而進所, 搏幣而扶翼. 其慢若彼之甚也, 見賢人若此其肅也, 是其所以爲靈公也." 狶韋曰: "夫靈公也, 死, 蔔葬於故墓, 不吉; 蔔葬於沙丘而吉. 掘之數仞, 得石槨焉, 洗而視之, 有銘焉, 曰: '不馮其子, 靈公奪而里之.' 夫靈公之爲靈也久矣! 之二人何足以識之."

少知問於大公調曰: "何謂丘里之言?" 大公調曰: "丘里者, 合十姓百名而爲風俗也, 合異以爲同, 散同以爲異. 今指馬之百體而不得馬, 而馬系於前者, 立其百體而謂之馬也. 是故丘山積卑而爲高, 江河合水而爲大, 大人合並而爲公. 是以自外入者, 有主而不執; 由中出者, 有正而不距. 四時殊氣, 天不賜, 故歲成; 五官殊職, 君不私, 故國治; 文武殊材, 大人不賜, 故德備; 萬物殊理, 道不私, 故無名. 無名故無爲, 無爲而無不爲. 時有終始, 世有變化, 禍福淳淳, 至有所拂者而有所宜, 自殉殊面; 有所正者有所差, 比於大澤, 百材皆度; 觀於大山, 木石同壇. 此之謂丘里之言." 少知曰: "然

則 謂之道足乎?" 大公調曰 : "不然, 今計物之數, 不止於萬, 而期曰萬物者, 以數之多者號而讀之也. 是故天地者, 形之大者也 ; 陰陽者, 氣之大者也 ; 道者爲之公. 因其大以號而讀之則可也, 已有之矣, 乃將得比哉! 則若以斯辯, 譬猶狗馬, 其不及遠矣."

少知曰 : "四方之內, 六合之里, 萬物之所生惡起?" 大公調曰 : "陰陽相照相蓋相治, 四時相代相生相殺. 欲惡去就, 於是橋起. 雌雄片合, 於是庸有. 安危相易, 禍福相生, 緩急相摩, 聚散以成. 此名實之可紀, 精之可志也. 隨序之相理, 橋運之相使, 窮則反, 終則始, 此物之所有. 言之所盡, 知之所至, 極物而已. 睹道之人, 不隨其所廢, 不原其所起, 此議之所止."

少知曰 : "季眞之莫爲, 接子之或使. 二家之議, 孰正於其情, 孰偏於其理?" 大公調曰 : "雞鳴狗吠, 是人之所知. 雖有大知, 不能以言讀其所自化, 又不能以意其所將爲. 斯而析之, 精至於無倫, 大至於不可圍. 或之使, 莫之爲, 未免於物而終以爲過. 或使則實, 莫爲則虛. 有名有實, 是物之居 ; 無名無實, 在物之虛. 可言可意, 言而愈疏. 未生不可忌, 已死不可阻. 死生非遠也, 理不可睹. 或之使, 莫之爲, 疑之所假. 吾觀之本, 其往無窮 ; 吾求之末, 其來無止. 無窮無止, 言之無也,與物同理. 或使莫爲, 言之本也. 與物終始. 道不可有, 有不可無. 道之爲名, 所假而行. 或使莫爲, 在物一曲, 夫胡爲於大方! 言而足, 則終日言而盡道; 言而不足, 則終日言而盡物. 道, 物之極, 言默不足以載. 非言非默, 議其有極."

4. 외물(外物)

고기를 잡고 나면 통발은 잊어버린다

밖에서 일어나는 일은 내 뜻대로 되지 않는다. 그래서 용봉(龍逢)은 주살을 당했고, 비간(比干)도 살육을 당했으며, 기자(箕子)는 미치광이 노릇을 했고, 악래(惡來)는 죽었으며, 걸주(桀紂)는 망했다.

군주는 신하의 충성을 바라지 않는 이 없지만, 충신이 반드시 군주의 신임를 받는 것은 아니다. 그래서 오자서(伍子胥 ; 伍員)는 시신이 강물에 버려졌고, 촉에서 죽은 장홍(萇弘)은 그의 피를 보존하였더니 3년 만에 벽옥이 되었다.

어버이는 자식의 효도를 바라지 않는 이 없지만, 효자가 반드시 부모의 사랑을 받는 것은 아니다. 그래서 효기(孝己)는 계모의 학대로 근심에 빠졌으며, 증삼(曾參)은 아버지의 미움을 받아 슬퍼한 것이다.

나무와 나무가 서로 마찰하면 불이 붙고, 쇠붙이와 불이 서로 붙어 있으면 녹아내린다. 음과 양이 잘못 운행하면 천지가 놀라 우레가 치고 벼락이 떨어져 빗속에서도 불이 나 홰나무가 불타기도 한다.

몹시 근심하는 일이 있으면 안팎에 모두 결함이 생겨 도망갈 데가 없어 두렵고 아찔하여 마음의 안정을 이룰 수 없다.

마음이 마치 하늘과 땅 중간에 거꾸로 매달린 것처럼 우울하고 불안하여 크게 혼란스러운 가운데 이해(利害)가 서로 마찰을 일으켜 불같은 욕망을 낳는다.

세속인들은 마음속에 화기를 불태우니 마음이 달처럼 굳어도 불같은 욕망을 이겨내지 못한다. 그래서 모든 것이 무너지듯 道가 사라져버린다.

*외물(外物) ; "밖에서 일어나는 일은 내 뜻대로 되지 않는다(外物不可必)." 『외물』은 자아(自我)에 속하지 않고 객관적 세계에 존재하는 물건.
*용봉(龍逢) ; 관용봉(關龍逢). 하(夏)나라 걸왕(桀王)의 충신으로 걸왕의 황음무도한 생활을 간언하다가 살해당했다.
*효기 ; 은(殷)나라 고종의 아들로 계모에게 학대를 받았다.

■ 涸轍鮒魚
학 철 부 어

"수레바퀴 자국에 고인 물의 붕어."

*涸 ; 마르다.

*轍 ; 수레바퀴 자국.

*鮒魚 ; 붕어.

【寓言】학철부어(涸轍鮒魚) ; 수레바퀴 자국에 괸 물에 있는 붕어라는 뜻으로, 곤궁한 처지나 다급한 위기를 비유한 말이다.

장주(莊周)가 집이 가난해서 감하후(監河侯)란 사람에게 양식을 꾸러 갔다.

그러자 감하후가 말했다. "좋습니다, 내 고을에서 세금이 들어오는 대로 삼백 금을 빌려드리겠소. 그러면 되겠지요?"

장주는 화가 나서 정색을 하고 말했다. "어제 이리로 오는데, 도중에 누가 나를 부르더군요. 그래 돌아보았더니 수레바퀴 지나간 자리에 붕어가 있지 않겠소. 어찌된 일이냐고 물었더니, '나는 동해의 파신(波臣 : 물고기란 뜻)인데, 어떻게 한두 바가지 물로 나를 살려줄 수 없겠소?' 하는 것이었습니다.

그래서 내가, '알았네. 내가 곧 오나라, 월나라 임금을 만

나게 될 테니, 그때 서강(西江)의 물을 끌어다가 그대를 맞
이하겠네. 괜찮겠지?' 하고 대답했더니, 붕어가 화를 내며
말하기를, '나는 잠시도 없어서는 안될 것을 잃고 당장 곤
란에 빠져 있는 중이오. 한두 바가지 물만 있으면 나는 살
수 있소. 그런데 당신은 그런 태평스런 소리만 하고 있으니,
차라리 일찌감치 건어물 가게로 가서 나를 찾으시오.' 하고
말합디다."

장자의 이 이야기는 크고 작은 거라든가 많고 적은 것이
문제가 되지 않고, 그것을 어떻게 적절하게 쓰느냐 하는 것
이 더욱 중요하다는 것을 말한 것이다.

우리 속담에 "저 돈 칠백 냥"이란 말과 "너희 집 금송
아지가 무슨 소용이 있느냐?"고 하는 말이 있다. 다 같은
뜻에서 온 말이다. 『학철부어』은 수레가 지나간 바퀴자국
속에 있는 붕어처럼 곧 물이 말라 죽게 생긴 그런 다급한 경
우란 뜻이다.

■ 神龜能見夢於元君 而不能避餘且之網
신 구 능 견 몽 어 원 군　이 불 능 피 여 차 지 망

"신령스런 거북은 원군의 꿈에 나타날 수 있었지만, 어
부 여차(餘且)의 그물을 피할 수는 없었다."

*신구(神龜) ; 신령스런 거북, 영귀(靈龜). 점칠 때 쓰는 거북.

*避 ; 피하다. 면하다.

■ 去小知而大知明 去善而自善矣

"작은 지혜를 버리면 곧 큰 지혜가 나타나니, 선(善)을 버리면 곧 저절로 진정한 선이 나타난다."

【寓言】 아무리 지혜를 가지고 있어도 만인이 그를 도모할 수 있다. 물고기는 그물을 두려워하지 않고 물새만 두려워하다 그만 그물에 걸리고 만다. '작은 지혜를 버리면 곧 큰 지혜가 나타나니, 선(善)을 버리면 곧 저절로 진정한 선이 나타난다(去小知而大知明, 去善而自善矣).' 갓난아이는 스승 없이 태어나지만, 능히 말을 할 수 있게 되는 것은 말할 줄 아는 사람과 함께 있기 때문이다.

■ 嬰兒生無碩師而能言 與能言者處也

"갓난아이는 태어나 스승이 없어도 능히 말을 할 수 있는 것은 말할 수 있는 사람과 함께 있기 때문이다."

*嬰兒 ; 갓난아이.

*碩師 ; 훌륭한 학자, 석학(碩學).

【寓言】송나라의 원군(元君)이 한밤에 꿈을 꾸었는데, 머리를 풀어헤친 사람이 문을 들여다보면서 말했다.

"저는 재로(宰路)라는 못에서 왔습니다. 저는 청강(淸江)의 사자로 황하의 하백(河伯)에게 심부름을 왔는데, 어부 여차(余且)에게 잡히고 말았습니다."

원군(元君)이 깨어나서 점을 보게 했더니, "이 거북은 신통한 거북입니다."라고 했다.

원군이 말했다. "어부들 가운데 여차라는 자가 있는가?"

좌우의 신하가 대답했다. "있습니다."

원군이 말했다. "여차를 조회 때 나오게 하라."

다음날, 여차가 조회에 나왔다.

원군이 물었다. "물고기를 잡으러 가서 무엇을 잡았는가?"

여차가 대답했다. "제 그물에 흰 거북이 걸렸는데, 등딱지가 다섯 자나 되었습니다."

원군이 말했다. "그대의 거북이를 나에게 바쳐라."

이윽고 거북이 도착하자, 원군은 거북을 죽일 건지 살려줄 건지 망설이다가 결국 점을 치게 했다.

점쟁이가 말했다. "거북을 죽여 점을 치면 길할 것입니다."

거북이의 배를 가르고 껍실에 일흔두 군데 구멍을 뚫어 점을 쳤는데, 들어맞지 않은 적이 없었다.

공자(仲尼)가 말했다. "신통한 거북이 원군의 꿈에 나타 날 수 있었으나, 어부 여차의 그물을 피할 수 없었구나(神龜 能見夢於元君, 而不能避餘且之網). 예지력은 일흔두 번 점 쳐서 한 번도 틀린 적이 없었지만, 내장이 갈라져 죽는 재앙 을 피할 수는 없었다.

이와 같이 많이 알아도 막히는 때가 있고, 영묘해도 미치 지 못하는 때가 있다. 비록 뛰어난 지혜를 가지고 있더라도 만인이 그를 도모할 수 있는 것이다. 물고기는 그물을 두려 워하지 않고 물새만 두려워한다.

'작은 지혜를 버리면 큰 지혜가 나타나니, 선(善)을 버리 면 저절로 선이 나타난다. 갓난아이는 태어나 스승이 없어도 능히 말을 할 수 있는 것은 말할 수 있는 사람과 함께 있기 때문이다(去小知而大知明　去善而自善矣　嬰兒生無碩師而能 言　與能言者處也).'"

■ 得魚而忘筌^{득 어 이 망 전}

"고기를 잡고 나면 통발은 잊어버린다."

*筌 ; 통발. 대오리로 엮어 만든 고기를 잡는 제구.

【寓言】 득어망전(得魚忘筌) ; 통발은 고기를 잡기 위한 것이다. 그러나 고기를 잡고 나면 통발은 잊어버린다(筌者所以在魚 得魚而忘筌). 올무는 토끼를 잡기 위한 것이다. 그러나 토끼를 잡으면 덫은 잊고 만다. 말은 뜻하는 바를 알기 위한 것이다. 그러나 뜻을 안 뒤에는 말은 잊고 만다. 나는 어떻게 하면 말을 잊은 사람을 만나 함께 이야기할 수 있을까?

말을 잊는다는 것은, 말에 구애받지 않는다는 뜻이다. 시비와 선악 같은 것을 초월한 절대의 경지에 들어가 있는 사람을 장자는 말을 잊은 사람으로 보는 것이다. 여기서는 『득어망전』이, 말을 잊은 것과 같은 자연스럽고 모든 것을 초월한 좋은 뜻으로 쓰이고 있다.

장자와 같이 반대의 입장에서 세상을 바라보는 사람으로서는 인간의 그러한 일면이 당연하고도 자연스런 것이 될 수도 있다. 그러나 장자가 보는 그 당연한 일면을 속된 우리들은 인간의 기회주의적인 모순성을 드러내는 것으로 보는 것이다.

하여간 좋든 나쁘든, 인간이 『득어망전』의 공통성을 지니고 있는 것만은 사실이다. 『도랑 건너고·지팡이 버린다』

는 말이 있다. 물살이 센 도랑을 지팡이 덕으로 간신히 건너
가서는 그 지팡이의 고마움을 잊고 집어던지는 인간의 공통
된 본성을 예로서 말한 것이다.

　　오늘날에는　『토사구팽(兎死狗烹)』처럼　배은망덕하다
는 뜻으로도 사용되고 있다.

4. 外物

外物不可必, 故龍逢誅, 比干戮, 箕子狂, 惡來死, 桀, 紂
亡. 人主莫不欲其臣之忠, 而忠未必信, 故伍員流於江, 萇弘
死於蜀, 藏其血, 三年而化爲碧. 人親莫不欲其子之孝, 而孝
未必愛, 故孝己憂而曾參悲. 木與木相摩則然, 金與火相守則
流, 陰陽錯行, 則天地大駭, 於是乎有雷有霆, 水中有火, 乃
焚大槐. 有甚憂兩陷而無所逃. 螴蜳不得成, 心若縣於天地之
間, 慰暋沈屯, 利害相摩, 生火甚多, 衆人焚和, 月固不勝火,
於是乎有僓然而道盡.

莊周家貧, 故往貸粟於監河侯. 監河侯曰: "諾. 我將得邑
金, 將貸子三百金, 可乎?" 莊周忿然作色曰: "周昨來, 有
中道而呼者, 周顧視車轍中有鮒魚焉. 周問之曰: '鮒魚來, 子
何爲者耶?' 對曰: '我, 東海之波臣也. 君豈有鬥升之水而活
我哉!' 周曰: '諾, 我且南遊吳越之王, 激西江之水而迎子, 可
乎?' 鮒魚忿然作色曰: '吾失我常與, 我無所處. 我得鬥升之
水然活耳. 君乃言此, 曾不如早索我於枯魚之肆.'"

任公子爲大鉤巨緇, 五十犗以爲餌, 蹲乎會稽, 投竿東海,
旦旦而釣, 期年不得魚. 已而大魚食之, 牽巨鉤, 陷沒而下騖,

揚而奮鬐, 白波若山, 海水震蕩, 聲侔鬼神, 憚赫千里. 任公子得若魚, 離而臘之, 自制河以東, 蒼梧已北, 莫不厭若魚者. 已而後世輇才諷說之徒, 皆驚而相告也. 夫揭竿累, 趣灌瀆, 守鯢鮒, 其於得大魚難矣! 飾小說以干縣令, 其於大達亦遠矣. 是以未嘗聞任氏之風俗, 其不可與經 於世亦遠矣!

儒以《詩》,《禮》發冢, 大儒臚傳曰: "東方作矣, 事之何若?" 小儒曰: "未解裙襦, 口中有珠." "《詩》固有之曰: '青青之麥, 生於陵陂. 生不布施, 死何含珠爲?' 接其鬢, 壓其顪, 儒以金椎控其頤, 徐別其頰, 無傷口中珠."

老萊子之弟子出薪, 遇仲尼, 反以告, 曰: "有人於彼, 修上而趨下, 末僂而後耳, 視若營四海, 不知其誰氏之子." 老萊子曰: "是丘也, 召而來." 仲尼至. 曰: "丘, 去汝躬矜與汝容知, 斯爲君子矣." 仲尼揖而退, 蹙然改容而問曰: "業可得進乎?" 老萊子曰: "夫不忍一世之傷, 而驁萬世之患. 抑固窶邪? 亡其略弗及邪? 惠以歡爲, 驁終身之醜, 中民之行易進焉耳! 相引以名, 相結以隱. 與其譽堯而非桀, 不如兩忘而閉其所譽. 反無非傷也, 動無非邪也, 聖人躊躇以興事, 以每成功. 奈何哉, 其載焉終矜爾!"

宋元君夜牛而夢人被髮窺阿門, 曰: "予自宰路之淵, 予爲清江使河伯之所, 漁者餘且得予." 元君覺, 使人占之, 曰: "

此神龜也."君曰: "漁者有餘且乎?" 左右曰: "有." 君曰: "令餘且會朝." 明日, 餘且朝. 君曰: "漁何得?" 對曰: "且之網得白龜焉, 箕圓五尺." 君曰: "獻若之龜." 龜至, 君再欲殺之, 再欲活之. 心疑, 蔔之. 曰: "殺龜以蔔吉." 乃刳龜, 七十二鑽而無遺筴. 仲尼曰: "神龜能見夢於元君, 而不能避餘且之網; 知能七十二鑽而無遺筴, 不能避刳腸之患. 如是則知有所困, 神有所不及也. 雖有至知, 萬人謀之. 魚不畏網而畏鵜鶘. 去小知而大知明, 去善而自善矣. 嬰兒生, 無碩師而能言, 與能言者處也."

惠子謂莊子曰: "子言無用." 莊子曰: "知無用而始可與言用矣. 夫地非不廣且大也, 人之所用容足耳, 然則廁足而墊之致黃泉, 人尚有用乎?" 惠子曰: "無用." 莊子曰: "然則無用之爲用也亦明矣."

莊子曰: "人有能遊, 且得不遊乎! 人而不能遊, 且得遊乎! 夫流遁之志, 決絕之行, 噫, 其非至知厚德之任與! 覆墜而不反, 火馳而不顧. 雖相與爲君臣, 時也. 易世而無以相賤. 故曰: 至人不留行焉. 夫尊古而卑今, 學者之流也. 且以狶韋氏之流觀今之世, 夫孰能不波! 唯至人乃能遊於世而不僻, 順人而不失己. 彼教不學, 承意不彼. 目徹爲明, 耳徹爲聰, 鼻徹爲顫, 口徹爲甘, 心徹爲知, 知徹爲德. 凡道不欲壅, 壅則

哽, 哽而不止則跈, 跈則衆害生. 物之有知者恃息. 其不殷,
非天之罪. 天之穿之, 日夜無降, 人則顧塞其竇. 胞有重閬,
心有天遊. 室無空虛, 則婦姑勃豀 ; 心無天遊, 則六鑿相攘.
大林丘山之善於人也, 亦神者不勝. 德溢乎名, 名溢乎暴, 謀
稽乎誸, 知出乎爭, 柴生乎守, 官事果乎衆宜. 春雨日時, 草
木怒生, 銚鎒於是乎始修, 草木之倒植者過半而不知其然. 靜
默可以補病, 眥搣可以休老, 寧可以止遽. 雖然, 若是勞者之
務 也, 非佚者之所未嘗過而問焉 ; 聖人之所以駴天下, 神人
未嘗過而問焉 ; 賢人所以駴世, 聖人未嘗過而問焉 ; 君子所
以駴國, 賢人未嘗過而問焉 ; 小人所以合時, 君子未嘗過而問
焉.

演門有親死者, 以善毁爵爲官師, 其黨人毁而死者半. 堯與
許由天下, 許由逃之 ; 湯與務光, 務光怒之 ; 紀他聞之, 帥弟
子而蹲於窾水, 諸侯吊之. 三年, 申徒狄因以踣河.

荃者所以在魚, 得魚而忘荃 ; 蹄者所以在兔, 得兔而忘蹄 ;
言者所以在意, 得意而忘言. 吾安得夫忘言之人而與之言哉!"

5. 우언(寓言)

내 말의 열에 아홉은 우언이고,
열에 일곱은 중언이며, 치언은 시도 때도 없다

내 말의 열에 아홉은 우언(寓言)이고, 열에 일곱은 중언(重言)이며, 치언(卮言)은 일상으로 하고 있으나, 자연스럽게 조화를 이루고 있다.

열의 아홉을 차지하는 우언은 밖의 사물에 비유하여 말하는 것이다. 아버지가 아들의 중매를 서지 않는 것은, 아버지가 아들을 칭찬하는 것보다 부모 아닌 다른 사람의 칭찬이 더 나을 수 있기 때문이다. 이것은 그 사람의 잘못이 아니라 원래 인간이 그렇게 되어 있기 때문이다.

사람들은 자신과 같은 입장이면 호응하고 자신과 다른 입장이면 반대한다. 자신과 같은 생각은 옳다고 여기고, 자신과 다른 생각은 틀렸다고 여긴다.

열의 일곱을 차지하는 중언은 사람들의 논쟁을 그치게 하기 위한 것이다. 이는 연로한 사람의 말인데, 아무리 나이가 많아도 일에 대한 본말을 모른다면 연로한 사람이라도 선배가 될 수는 없다. 선배이면서도 인간으로서의 도를 갖추지 못한 사람이라면 그런 사람을 가리켜 진부한 사람(陳人)이라고 한다.

일상으로 하는 치언(巵言)이란 자연의 조화(天倪)로, 자연을 따라 무궁하고, 자연을 따라 영원할 수도 있다. 옳고 그름을 따지지 않으면 조화를 이루고, 옳고 그름을 따지면 조화를 이루지 못한다. 조화를 말하는 것도 조화롭지 못하다. 그러므로 무언으로 말하는 것이다. 말을 하되 옳고 그름을 따지지 않으면 평생 말을 하여도 말을 한 일이 없는 것이 된다. 평생토록 말을 하지 않아도 말을 하지 않은 것이 아니다.

만사가 가한 일은 되게 마련이고, 만사가 불가한 일은 되지 않게 마련이다. 만사가 그리 될 일이면 이루어지고, 만사가 그리 될 일이 아니면 이루어지지 않는다.

*우언(寓言) ; 교훈적이나 풍자적인 내용을 지닌 짤막한 말.

*중언(重言) ; 강조하는 말.

*치언(巵言 ; 횡설수설.

*진인(陳人) ; 노인, 진부한 사람.

*천예(天倪) ; 자연의 조화.

■ 寓言十九 重言十七 巵言日出

"내 말의 열에 아홉은 우언(寓言)이고, 내 말의 열에 일곱은 중언(重言)이며, 치언(巵言)은 시도 때도 없이 하고 있다."

*寓言 ; 풍자적이거나 교훈적인 의미를 담고 있는 이야기.

*重言 ; 글자를 중첩시켜 의미를 강조하는 수사법.

*巵言 ; 지리멸렬(支離滅裂)하여 앞뒤로 사리가 어긋나는 말. 횡설수설(橫說竪說).

{우언(寓言)은 풍자나 교훈의 의미를 담고 있는 이야기를 말한다. 짧고 간단하며 이야기 형식을 띤다.

비유적 수법으로, 기술된 이야기와는 다른 진실을 비유하거나, 이야기를 통해 교훈적 의의 또는 심각한 주제가 간단한 이야기 속에 풍부하게 드러나도록 만든다.

우언의 주된 목적은 허구의 이야기를 통해 작가나 대중의 생활상이나 심리, 행동에 대한 비평과 교훈을 표현하는 데 있다.

우언은 춘추시대 말기부터 전국시대 중기의 묵자와 맹자의 우언을 시작으로, 전국시대 중기의 장자의 우언에 이르러 그 예술성을 한층 성숙시켰고, 전국시대 말기 한비자는 춘추전국시대 우언을 집대성하였다고 평가 받는다.

우언은 옛일을 빌어 오늘날의 일을 알려주고, 사물을 빌어 인간사를 말해준다. 흔히들 말의 내용을 중요시하여 세련되게 말을 가다듬는 데 수고를 기울이고 있지만, 정작 중요한 것은 말을 할 때와 하지 않을 때를 구분하는 분별력일 것이다.}

■ 공자행년육십이육십화
孔子行年六十而六十化

"공자는 나이 육십이 되도록 육십 번이나 생각이 바뀌었다."

*行年 ; 행년, 당시 먹은 나이, 향년(享年).

【寓言】 장자가 혜자(惠子)에게 말했다. "공자는 살아온 나이 60이 되도록 60번 생각이 바뀌어 처음에 옳다고 한 것을 뒤에 가서는 그르다고 부정하였다. 지금 옳다고 하는 것이 그동안 59번 잘못되었다고 생각했다는 말이 아닌가?"

혜자가 말했다. "공자는 자신을 부지런히 갈고 닦아 지식을 추구했기 때문이지."

장자가 말했다. "공자는 그러한 지식은 진작 끊어버렸지. 그러면서도 옳으니 그르니 하는 말을 입에 올린 적이 없었네. 공자는 다만 이 말을 했을 뿐이지. '무릇 인간은 그 재능을 커다란 근원(道)에서 받았으니, 영묘한 자연의 본성을 회복해서 살아가야 한다.'라고.

그런데 그대는 떠들어대면 율법에 맞고, 말하면 법칙에 합당하여 이해득실과 시비정사(是非正邪)를 사람들 앞에 늘어놓아 그럴듯하지만, 좋고 싫음과 옳고 그름을 따지는 것은 단지 사람들의 입을 막아 억지로 복종시킬 뿐이지. 그러나 공자는 사람들로 하여금 마침내 마음으로 복종케 함으로써 감히 거스르지 못하게 하여 천하의 안정을 확립할 수 있었네. 그만하세, 그만하세! 우리는 도저히 그에게 미칠 수가 없구나!"

■ <ruby>三<rt>삼</rt></ruby><ruby>釜<rt>부</rt></ruby><ruby>而<rt>이</rt></ruby><ruby>心<rt>심</rt></ruby><ruby>樂<rt>락</rt></ruby>

"삼부의 녹을 받았으나 마음이 즐거웠다."

*釜 ; 1釜는 6말 넉 되,

*鍾 ; 釜의 10배.

【寓言】 증자(曾子)는 두 번 벼슬하였는데, 그 때마다 심경이 변화했다.

증자가 말했다. "내가 어버이께서 살아계실 적 벼슬했을

때는 녹이 겨우 삼부(三釜)에 지나지 않았지만 마음이 즐거
웠고, 그러나 뒤에 벼슬했을 때는 녹이 삼천 종(鍾)이나 되
었지만 내 마음이 슬펐다."

　제자 가운데 한 사람이 중니에게 물었다. "증삼(曾參)과
같은 이는 과오를 범할 수 없다고 말할 수 있겠습니까?"

　중니가 말했다. "이미 과오를 범했다. 과오를 범하지 않
는 사람이라면 슬퍼하는 마음이 생길 수 있겠는가? 완전한
자유인(녹봉의 다소에 얽매임이 없는 사람)은 삼 부(釜)니
삼천 종(鍾)이니 하는 녹의 다소를 마치 작은 새나 모기, 등
에 따위가 눈앞을 지나가는 정도로 볼 것이다."

　증자(曾子)는 춘추시대의 유학자로서, 이름은 삼(參), 자
는 자여(子與), 공자의 제자 가운데 효(孝)로 유명하다.

5. 寓言

寓言十九, 重言十七, 卮言日出, 和以天倪. 寓言十九, 藉外論之. 親父不爲其子媒. 親父譽之, 不若非其父者也. 非吾罪也, 人之罪也. 與己同則應, 不與己同則反. 同於己爲是之, 異於己爲非之. 重言十七, 所以已言也. 是爲耆艾, 年先矣, 而無經緯本末以期年耆者, 是非先也. 人而無以先人, 無人道也. 人而無人道, 是之謂陳人. 卮言日出, 和以天倪, 因以曼衍, 所以窮年. 不言則齊, 齊與言不齊, 言與齊不齊也. 故曰 : "言無言." 言無言 : 終身言, 未嘗言 ; 終身不言, 未嘗不言. 有自也而可, 有自也而不可 ; 有自也而然, 有自也而不然. 惡乎然? 然於然 ; 惡乎不然? 不然於不然. 惡乎可? 可於可 ; 惡乎不可? 不可於不可. 物固有所然, 物固有所可. 無物不然, 無物不可. 非卮言日出, 和以天倪, 孰得其久! 萬物皆種也, 以不同形相禪, 始卒若環, 莫得其倫, 是謂天均. 天均者, 天倪也.

莊子謂惠子曰 : "孔子行年六十而六十化. 始時所是, 卒而非之. 未知今之所謂是之非五十九非也." 惠子曰 : "孔子勤志服知也." 莊子曰 : "孔子謝之矣, 而其未之嘗言也. 孔子雲:夫受才乎大本, 複靈以生. 鳴而當律, 言而當法. 利義陳乎前, 而好惡是非直服人之口而已矣. 使人乃以心服而不敢蘁, 立定天下之定. 已乎, 已乎! 吾且不得及彼乎!"

曾子再仕而心再化, 曰:"吾及親仕, 三釜而心樂;後仕, 三千鍾而不洎, 吾心悲." 弟子問於仲尼曰:"若參者, 可謂無所縣其罪乎?" 曰:"既已縣矣! 夫無所縣者, 可以有哀乎? 彼視三釜, 三千鍾, 如觀雀蚊虻相過乎前也."

顏成子遊謂東郭子綦曰:"自吾聞子之言, 一年而野, 二年而從, 三年而通, 四年而物, 五年而來, 六年而鬼入, 七年而天成, 八年而不知死, 不知生, 九年而大妙. 生有爲, 死也. 勸公以其私, 死也有自也, 而生陽也, 無自也. 而果然乎? 惡乎其所適, 惡乎其所不適? 天有曆數, 地有人據, 吾惡乎求之? 莫知其所終, 若之何其無命也? 莫知其所始, 若之何其有命也? 有以相應也, 若之何其無鬼邪? 無以相應也, 若之何其有鬼邪?"

眾罔兩問於景曰:"若向也俯而今也仰, 向也括撮而今也被發;向也坐而今也起;向也行而今也止:何也?" 景曰:"搜搜也, 奚稍問也! 予有而不知其所以. 予, 蜩甲也, 蛇蛻也, 似之而非也. 火與日, 吾屯也;陰與夜, 吾代也. 彼, 吾所以有待邪, 而況乎以無有待者乎! 彼來則我與之來, 彼往則我與之往, 彼强陽則我與之强陽. 强陽者, 又何以有問乎!"

陽子居南之沛, 老聃西遊於秦. 邀於郊, 至於梁而遇老子. 老子中道仰天而歎曰: "始以汝爲可敎, 今不可也." 陽子居不答. 至舍, 進盥漱巾櫛, 脫屨戶外, 膝行而前, 曰: "向者弟子欲請夫子, 夫子行不閑, 是以不敢; 今閑矣, 請問其故." 老子曰: "而睢睢盱盱, 而誰與居! 大白若辱, 盛德若不足." 陽子居蹴然變容曰: "敬聞命矣!" 其往也, 舍者迎將其家, 公執席, 妻執巾櫛, 舍者避席, 煬者避灶. 其反也, 舍者與之爭席矣!

6. 양왕(讓王)

오로지 천하에 관심이 없는 사람만이
천하를 맡을 수 있다

요(堯)가 허유(許由)에게 천하를 선양(禪讓)하려 하였으나, 허유는 받지 않았다. 그래서 다시 자주지보(子州支父)에게 선양하려 했다.

그러자 자주지보가 말했다. "나를 천자로 삼고자 하시니 좋기는 합니다. 그렇지만 나는 지금 우울증에 걸려 치료하고 있는 중입니다. 그래서 천하를 다스릴 짬이 없습니다."

천하가 지극히 중요하기는 하지만, 그 때문에 자신의 삶을 해쳐서는 안 된다. 그런데 하물며 사물이야 이를 게 있겠는가! 오로지 천하에 관심이 없는 사람만이 천하를 맡을 수 있다.

순임금도 자주지백(子州支伯)에게 천하를 양위하려 했다.

자주지백이 말했다. "나는 지금 우울증에 걸려 치료를 하고 있는 중입니다. 그래서 천하를 다스릴 틈이 없습니다."

그러므로 천하가 큰 그릇이기는 하지만, 그것을 인간의 삶과 바꿀 수는 없다. 도인(道人)과 속인(俗人)이 다른 점이 바로 여기에 있다.

순임금이 또 천하를 선권(善卷)에게 물려주려 하였더니 선권이 말했다. "나는 광대한 우주 한가운데 서서 겨울에는 모피 옷을 입고 여름에는 갈포 옷을 입고 지내며, 봄이면 밭을 갈고 씨를 뿌리는데, 몸은 일할 만큼 강건하여 가을이면 거두어들여 몸이 쉬고 배를 채우기에 충분합니다. 해가 뜨면 밭에 나가 일하고, 해가 지면 들어와 쉬면서 천지자연에서 자유로이 노닐며 만족한 삶을 살고 있습니다. 내 어찌 천하를 다스리는 일 따위를 하겠습니까? 슬픕니다, 당신이 나를 알아주지 못함이!"

그는 끝내 사양하고 깊은 산 속으로 들어가 버리니 아무도 그의 거처를 아는 이가 없었다.

순임금이 천하를 석호(石戶) 땅의 농부에게 선양하려 하였더니 농부가 말했다. "참 애쓰십니다. 임금님, 인간의 힘에 의지하는 사람이군요"

그는 순임금의 덕을 완전하지 못한 것으로 여겼다. 이에 남편은 등짐을 지고, 아내는 머리에 짐을 이고 자식들을 이끌고 바다 가운데 외딴 섬으로 들어가 영영 돌아오지 않았다.

*양왕(讓王) ; 임금 자리를 넘겨주다. 선양(禪讓).

■ 日^{일출}出^이而^작作 日^{일입}入^이而^식息 逍^{소요}遙^{어천}於^지天^{지간}地之間 而^{이심}心^의意^{자득}自得

"헤가 뜨면 밭에 나가 일하고, 해가 지면 들어와 쉬니 천지자연에서 자유로이 노닐며 만족스런 삶을 살고 있다."

【寓言】 순(舜)임금이 천하를 선권(善卷)에게 물려주려 하였더니, 선권이 말했다.

"나는 우주 한가운데 서서 겨울에는 모피 옷을 입고 여름에는 갈포(葛絺) 옷을 입고 지내며, 봄이면 밭 갈고 씨 뿌리며, 몸은 족히 일할 만하여 가을이면 추수를 할 수 있으니, 배부르고 몸은 휴식할 수 있어 모자람이 없습니다.

해가 뜨면 밭에 나가 일하고, 해가 지면 들어와 쉬니 천지자연에서 자유로이 노닐며 만족스런 삶을 살고 있습니다(日出而作 日入而息 逍遙於天地之間 而心意自得).

내 어찌 천하를 다스리는 일 따위를 하겠습니까(吾何以天下爲哉)!"

갈치(葛絺)는 칡베로 올이 거친 옷감을 말한다.

■ 雖^{수귀}貴^{부불}富不^이以^{양상신}養傷身

"비록 존귀하고 부하다 하더라도 몸을 보양하는 수단을 위해 자신을 손상시키지 않는다."

*養 ; 식(食)과 색(色)의 자료.

【寓言】 생명을 존중할 줄 아는 사람은 비록 높은 지위의 귀한 신분이 되거나 부자가 되었다 하더라도 몸을 기르는 것으로 몸을 해치지 아니하며(雖貴富不以養傷身), 또 빈천하게 되더라도 이익을 구하려고 몸을 괴롭히지 않는다. 그런데 지금 세상의 사람들은 높은 벼슬을 가진 사람들이 모두 그것을 잃어버릴까를 안타깝게 여겨 이익을 보면 쉬 몸을 망치니 어찌 어리석지 않다 할 수 있겠는가!

■ 以隨侯之珠 彈千仞之雀
이 수 후 지 주　 탄 천 인 지 작

"수후(隨侯)의 보석으로 천길 벼랑 위에 있는 참새를 쏜다."

【寓言】 수주탄작(隨株彈雀) ; "수후(隨侯)의 구슬을 탄알로 하여 참새를 쏜다."는 뜻으로, 작은 것을 탐내다 큰 것을 잃음을 비유한 말.

전국시대 노(魯)나라 애공(哀公)은 안합(安闔)이 도를 터득한 인물이라는 말을 듣고 그를 맞이하려고 사람을 시켜 예물을 가지고 먼저 그 뜻을 전하게 했다.

안합은 허술한 집에서 남루한 옷을 입고 소를 돌보고 있었다. 애공의 사자가 가니, 안합이 스스로 나와 맞았다.

사자는 물었다. "여기가 안합 선생 댁입니까?"

"그렇습니다."

사자는 폐백을 드리고 온 뜻을 알렸다.

안합이 말했다. "혹 잘못 들은 것이 아닙니까? 이것을 받아 당신에게 죄를 씌우지 않을까 걱정입니다. 다시 확인해 보는 것이 좋을 것입니다."

사자는 돌아가서 확인해 보고는 다시 돌아와 안합을 찾았다. 그러나 안합은 이미 그 자리에 없었다. 이로 미루어 안합과 같은 이는 진정으로 부귀를 멀리했던 것 같다.

장자는 이 일에 대하여 이렇게 말하고 있다.

"그러므로 옛말에도 '도의 순수한 것으로써 몸을 다스리고, 그 남은 부스러기로는 나라를 다스리며, 또 남은 찌꺼기로는 천하를 다스린다(之眞以治身 其緒餘以爲國家 其土苴以治天下).'고 한 것이다.

이로써 본다면, 제왕이 천하를 다스리는 그 공도 성인에 있어서는 하나의 남은 일로서, 몸을 온전히 하고 삶을 기르는 까닭이 아니다. 그런데 지금 세속의 군자들은 많이 그 몸을 위태롭게 하고 그 삶을 버리면서 부귀를 추구하는데, 어찌 슬프지 않은가? 대개 성인의 행동은 그 마음이 나아가는 곳과 그 하는 바의 일을 잘 살펴보는 것이다.

　예컨대 어떤 사람이 수후(隨侯)의 보석으로 천길 벼랑 위에 있는 참새를 쏘았다고 한다면 세상 사람들은 분명 그를 비웃을 것이다(以隨侯之珠 彈千仞之雀 世必笑之). 무슨 까닭인가? 그것은 수단으로 쓰이는 물건은 귀중한 것인데, 그것으로 얻기를 바라는 목적물이 하찮은 것이기 때문이다. 그러니 사람의 목숨이야 어찌 수후의 보석의 소중함과 비교가 되겠는가?"

　『명주탄작(明株彈雀)』이라고도 한다. 수주(隨珠)는 수후의 구슬이라는 말로, 춘추전국시대의 수(隨)나라 제후가 큰 상처를 입은 뱀을 구해준 보답으로 받은 야광주(夜光珠)를 가리킨다.

　『화씨지벽(和氏之璧)』과 함께 『수주화벽(隨株和璧)』이라 칭해지며, 천하제일의 보물로 비유된다.

■ 憲^헌貧^빈也^야 非^비病^병也^야

"가난한 것이지, 병든 것은 아니다."

　【寓言】 공자의 제자 원헌(原憲)이 노(魯)나라에 살고 있을 때였다. 사방이 열 자밖에 되지 않는 작은 집에는, 지붕은

잡풀이 자라고, 쑥풀을 묶어 만든 방문도 삐거덕거리고, 뽕나무가지로 문지도리를 삼고, 밑 빠진 항아리를 창으로 삼은 두 방은 거친 갈포로 막았는데, 위에서 비가 새 아래 바닥은 축축한데, 원헌은 방 한가운데 앉아서 거문고를 타고 있었다.

자공(子貢)이 큰 말이 끄는 수레를 타고 감색(紺色) 속옷에다 흰색 겉옷을 입고 찾아왔는데, 헌거(軒車 ; 가리개가 있는 마차)가 좁은 뒷골목에 들어올 수 없어 걸어서 원헌을 만났다. 이때 원헌은 머리에는 자작나무 껍질로 만든 갓을 쓰고, 뒤꿈치 없는 신을 신은 채 명아주 지팡이를 짚고 문에 나가 마중하였다.

자공이 말했다. "아아! 선생은 어찌 이렇게 병들어 보이십니까?"

원헌이 말했다. "제가 듣기에는, '재물이 없는 것을 가난이라 말하고, 道를 배우고도 실천하지 못하는 것을 병든 것'이라고 했습니다. '지금 저는 가난할지언정 병든 것은 아닙니다(今憲貧也 非病也).'"

자공이 뒷걸음질을 치며 부끄러운 기색을 보이자, 원헌이 웃으면서 말했다. "세상의 평판을 얻기 바라면서 행동하고, 자기와 친하게 어울리는 사람만을 벗하고, 남에게 내세우기 위해 학문을 하며, 남을 가르침은 자신의 이익만을 위해서 하며, 인의(仁義)를 내걸고 나쁜 짓을 자행하며, 수레와 말로 자신을 꾸미는 짓을 나는 차마 할 수 없습니다."

■ 捉襟而肘見

"옷깃을 여미면 팔꿈치가 드러난다."

*捉襟 ; 옷깃을 여미다.

*肘 ; 팔꿈치.

*見(현) ; 나타나다.

【寓言】착금현주(捉襟見肘) ; 초라한 차림새나 제 몸에 맞는 옷을 입을 형편이 못될 정도로 생활이 곤궁한 상태를 비유하는 말이다.

공자의 제자 증자는 위(衛)나라에 살았는데 매우 가난하였다. 솜옷은 다 낡아서 겉에 천이 거의 없을 정도였고, 잘 먹지도 못해서 얼굴은 부황기가 있었으며, 손발은 못이 박힐 정도였다.

사흘 동안 밥을 짓지 못하는 일이 흔하였고, 10년 동안이나 옷을 지어 입지 못하였다. 관을 머리에 쓰려고 하면 끈이 떨어져 있었고, 옷깃을 여미려고 하면 옷이 작아 팔꿈치가 드러났으며, 신을 신으면 뒤꿈치가 떨어져 있었다(正冠而纓絶 捉

襟而肘見 納履而踵決).

그러나 그가 해진 신을 끌면서도 《시경》 상송(商頌)편을 노래하면 그 소리가 하늘과 땅에 가득차서 마치 금석(金石)으로 만든 악기에서 나오는 소리 같았다. 증자는 가난하였지만, 천자도 그를 신하로 삼을 수 없었고, 제후도 그를 벗으로 삼을 수 없었다.

■ 身在江海之上 心居乎魏闕之下
신 재 강 해 지 상 심 거 호 위 궐 지 하

"내 몸은 강하(江河)와 대해(大海)에 숨어 지내지만, 마음은 조정(朝廷)에 가 있다."

*魏闕 ; 조정(朝廷).

【寓言】 중산공자(中山公子) 위(魏)나라 모(牟)가 첨자(瞻子)에게 말했다. "나의 몸은 강과 바닷가에 숨어 지내지만, 마음은 조정에 가 있으니 어찌하면 좋겠습니까?"

첨자가 말했다. "생명을 존중하십시오. 생명을 존중하면 이익은 가벼워질 것입니다."

중산공자 모(牟)가 말했다. "비록 알고 있으나, 아직 스스로 극복하지 못했습니다."

첨자가 말했다. "스스로 극복하지 못하면 마음 내키는 대로 따르십시오. 그러면 정신이 미워하는 일은 없지 않겠습니까? 스스로 다스리지 못하는데, 억지로 따르지 않으면 이것은 자신을 중상(重傷)하는 것입니다. 중상하는 사람치고 장수하는 사람은 드뭅니다.”

위모(魏牟 ; 중산공자)는 만승지국(萬乘之國)의 공자이다. 그런 사람이 바위동굴 속에 숨어 산다는 것은 포의지사(布衣之士 ; 벼슬하지 않은 선비)보다 하기가 어려우니, 공자 모(牟)가 비록 아직 道에는 이르지 못하였으나, 道에 나아가려는 뜻만은 충분히 있다고 할 수 있을 것이다!

■ 窮亦樂 通亦樂

“곤궁해도 즐거워했으며, 영달해도 또한 즐거워했다.”

【寓言】공자가 조용히 거문고를 끌어다 놓고 다시 연주하면서 노래를 부르자, 자로가 씩씩한 모습으로 방패를 손에 잡고 춤을 추었다.

자공이 말했다. “나는 지금까지 하늘이 이처럼 높고 땅이 이처럼 깊다는 것을 알지 못했습니다!”

옛날의 득도자(得道者)는 곤궁해도 즐거워했으며, 영달해도 또한 즐거워했으니(窮亦樂 通亦樂), 그들이 정말 즐거워한 것은 곤궁이나 영달 같은 것이 아니다. 道를 얻으면 곧 궁(窮)이니 통(通)이니 하는 것은 한서풍우(寒暑風雨)와 같은 자연현상과 같은 것이다.

그러므로 은자 허유(許由)는 영수(潁水) 북쪽에 숨어 살면서 즐거워하였으며, 주(周)의 왕족 공백(共伯)은 공수산(共首山) 기슭에 숨어 살면서 자득하는 삶을 살았다.

성인의 道에 통달한 자는, 곤궁하면 그 곤궁을 즐기고, 처지가 뜻대로 되면 그것 또한 즐긴다. 궁(窮)도 통(通)도 없는 경지를 이르는 말이다.

■ 負石而自沈於盧水
부 석 이 자 침 어 려 수

"돌을 등에 지고 스스로 여수(盧水)에 몸을 던졌다."

【寓言】 탕임금이 천하를 물려주려고 무광(瞀光)에게 말했다. "지자(知者)는 천하를 위해 계책을 세우고, 무인(武人)은 그것을 완수하고, 인자(仁者)는 천자의 자리에 앉는 것이 예로부터 해오던 도리입니다. 그러니 그대가 천자의 자리에 오르는 것이 좋지 않겠소?"

무광이 사양하여 말했다. "윗사람을 폐하는 것은 의로운 행동이 아니며, 전쟁으로 백성을 죽이는 것은 인(仁)이 아니며, 남이 어려움을 무릅썼는데, 내가 그 이(利)를 누리는 것은 염치를 아는 행동이 아닙니다.

또 내가 듣기로, '그 의롭지 않은 자에게서는 녹(祿)을 받지 아니하고, 무도한 세상에서는 그 땅을 밟지 않는다(非其義者 不受其祿 無道之世 不踐其土).'고 합니다. 그런데 하물며 나를 높이려 하시니 어찌하겠습니까! 나는 더 이상 이런 꼴을 차마 볼 수가 없습니다."

그리고는 마침내 돌을 등에 짊어지고 스스로 여수(廬水)의 물속에 몸을 던졌다(負石而自沈於廬水).

6. 讓王

堯以天下讓許由, 許由不受. 又讓於子州支父, 子州之父曰: "以我爲天子, 猶之可也. 雖然, 我適有幽憂之病, 方且治之, 未暇治天下也." 夫天下至重也, 而不以害其生, 又況他物乎! 唯無以天下爲者可以托天下也. 舜讓天下於子州之伯, 子州之伯曰: "予適有幽憂之病, 方且治之, 未暇治天下也." 故天下大器也, 而不以易生. 此有道者之所以異乎俗者也. 舜以天下讓善卷, 善卷曰: "餘立於宇宙之中, 冬日衣皮毛, 夏日衣葛絺. 春耕種, 形足以勞動 ; 秋收斂, 身足以休食. 日出而作, 日入而息, 逍遙於天地之間, 而心意自得. 吾何以天下爲哉! 悲夫, 子之不知餘也." 遂不受. 於是去而入深山, 莫知其處. 舜以天下讓其友石戶之農. 石戶之農曰: "捲捲乎, 後之爲人, 葆力之士也." 以舜之德爲未至也. 於是夫負妻戴, 攜子以入於海, 終身不反也.

大王亶父居邠, 狄人攻之. 事之以皮帛而不受, 事之以犬馬而不受, 事之以珠玉而不受. 狄人之所求者土地也. 大王亶父曰: "與人之兄居而殺其弟, 與人之父居而殺其子, 吾不忍也. 子皆勉居矣! 爲吾臣與爲狄人臣奚以異. 且吾聞之 : 不以所用養害所養." 因杖筴而去之. 民相連而從之. 遂成國於岐山之下. 夫大王亶父可謂能尊生矣. 能尊生者, 雖貴富不以養傷身, 雖貧賤不以利累形. 今世之人居高官尊爵者, 皆重失之. 見利輕亡其身, 豈不惑哉!

越人三世弒其君, 王子搜患之, 逃乎丹穴, 而越國無君. 求王子搜不得, 從之丹穴. 王子搜不肯出, 越人熏之以艾. 乘以王輿. 王子搜援綏登車, 仰天而呼曰: "君乎, 君乎, 獨不可以舍我乎!" 王子搜非惡爲君也, 惡爲君之患也. 若王子搜者, 可謂不以國傷生矣! 此固越人之所欲得爲君也.

韓魏相與爭侵地, 子華子見昭僖侯, 昭僖侯有憂色. 子華子曰: "今使天下書銘於君之前, 書之言曰:'左手攫之則右手廢, 右手攫之則左手廢. 然而攫之者必有天下.' 君能攫之乎?" 昭僖侯曰: "寡人不攫也." 子華子曰: "甚善! 自是觀之, 兩臂重於天下也. 身亦重於兩臂. 韓之輕於天下亦遠矣! 今之所爭者, 其輕於韓又遠. 君固愁身傷生以憂戚不得也." 僖侯曰: "善哉! 教寡人者衆矣, 未嘗得聞此言也." 子華子可謂知輕重矣!

魯君聞顏闔得道之人也, 使人以幣先焉. 顏闔守陋閭, 苴布之衣, 而自飯牛. 魯君之使者至, 顏闔自對之. 使者曰: "此顏闔之家與?" 顏闔對曰: "此闔之家也." 使者致幣. 顏闔對曰: "恐聽謬而遺 使者罪, 不若審之." 使者還, 反審之, 復來求之, 則不得已! 故若顔闔者, 眞惡富貴也.

故曰: 道之眞以治身, 其緒餘以爲國家, 其土苴以治天下. 由此觀之, 帝王之功, 聖人之餘事也, 非所以完身養生也. 今世俗之君子, 多危身棄生以殉物, 豈不悲哉! 凡聖人之動作也, 必察其所以之與其所以爲. 今且有人於此, 以隨侯之珠, 彈千仞之雀, 世必笑之. 是何也? 則其所用者重而所要者輕也. 夫生者豈特隨侯之重哉!

子列子窮, 容貌有饑色. 客有言之於鄭子陽者, 曰: "列禦寇, 蓋有道之士也, 居君之國而窮, 君無乃爲不好士乎?" 鄭子陽即令官遺之粟. 子列子見使者, 再拜而辭. 使者去, 子列子入, 其妻望之而拊心曰: "妾聞爲有道者之妻子, 皆得佚樂. 今有饑色, 君過而遺先生食, 先生不受, 豈不命邪?" 子列子笑, 謂之曰: "君非自知我也, 以人之言而遺我粟; 至其罪我也, 又且以人之言, 此吾所以不受也." 其卒, 民果作難而殺子陽.

楚昭王失國, 屠羊說走而從於昭王. 昭王反國, 將賞從者. 及屠羊說. 屠羊說曰: "大王失國, 說失屠羊. 大王反國, 說亦反屠羊. 臣之爵祿已複矣, 又何賞之有." 王曰: "強之." 屠羊說曰: "大王失國, 非臣之罪, 故不敢伏其誅; 大王反國, 非臣之功, 故不敢當其賞." 王曰: "見之." 屠羊說曰:

“楚國之法, 必有重賞大功而後得見. 今臣之知不足以存國, 而勇不足以死寇. 吳軍入郢, 說畏難而避寇, 非故隨大王也. 今大王欲廢法毀約而見說, 此非臣之所以聞於天下也.” 王謂司馬子綦曰: “屠羊說居處卑賤而陳義甚高, 子綦爲我延之以三旌之位.” 屠羊說曰: “夫三旌之位, 吾知其貴於屠羊之肆也 ; 萬鍾之祿, 吾知其富於屠羊之利也. 然豈可以貪爵祿而使吾君有妄施之名乎? 說不敢當, 願複反吾屠羊之肆.” 遂不受也

原憲居魯, 環堵之室, 茨以生草, 蓬戶不完, 桑以爲樞而甕牖, 二室, 褐以爲塞, 上漏下濕, 匡坐而弦歌. 子貢乘大馬, 中紺而表素, 軒車不容巷, 往見原憲. 原憲華冠縱履, 杖藜而應門. 子貢曰: “嘻! 先生何病?” 原憲應之曰: “憲聞之, 無財謂之貧, 學而不能行謂之病. 今憲貧也, 非病也.” 子貢逡巡而有愧色. 原憲笑曰: “夫希世而行, 比周而友, 學以爲人, 教以爲己, 仁義之慝, 輿馬之飾, 憲不忍爲也.”

曾子居衛, 縕袍無表, 顔色腫噲, 手足胼胝, 三日不擧火, 十年不制衣. 正冠而纓絶, 捉襟而肘見, 納屨而踵決. 曳縱而歌《商頌》, 聲滿天地, 若出金石. 天子不得臣, 諸侯不得友. 故養志者忘形, 養形者忘利, 致道者忘心矣.

孔子謂顔回曰: “回, 來! 家貧居卑, 胡不仕乎?” 顔回對曰: “不願仕. 回有郭外之田五十畝, 足以給饘粥; 郭內之田

十畝, 足以爲絲麻；鼓琴足以自娛；所學夫子之道者足以自樂也. 回不願仕."孔子愀然變容, 曰："善哉, 回之意! 丘聞之：'知足者, 不以利自累也；審自得者, 失之而不懼；行修於內者, 無位而不怍.'丘誦之久矣, 今於回而後見之, 是丘之得也."

中山公子牟謂瞻子曰："身在江海之上, 心居乎魏闕之下, 奈何?"瞻子曰："重生. 重生則利輕."中山公子牟曰："雖知之, 未能自勝也."瞻子曰："不能自勝則從, 神無惡乎! 不能自勝而強不從者, 此之謂重傷. 重傷之人, 無壽類矣!"魏牟, 萬乘之公子也, 其隱岩穴也, 難爲於布衣之士, 雖未至乎道, 可謂有其意矣!

孔子窮於陳蔡之間, 七日不火食, 藜羹不糝, 顔色甚憊, 而弦歌於室. 顔回擇菜, 子路, 子貢相與言曰："夫子再逐於魯, 削迹於衛, 伐樹於宋, 窮於商周, 圍於陳蔡. 殺夫子者無罪, 藉夫子者無禁. 弦歌鼓琴, 未嘗絶音, 君子之無恥也若此乎?"顔回無以應, 入告孔子. 孔子推琴, 喟然而歎曰："由與賜, 細人也. 召而來, 吾語之."子路, 子貢入. 子路曰："如此者, 可謂窮矣!"孔子曰："是何言也! 君子通於道之謂通, 窮於道之謂窮. 今丘抱仁義之道以遭亂世之患, 其何窮之爲? 故內省而不窮於道, 臨難而不失其德. 天寒旣至, 霜雪旣降, 吾是以知松柏之茂也. 陳蔡之隘, 於丘其幸乎."孔子削然反琴而弦歌, 子路扢然執幹而舞. 子貢曰：“吾不知天之高也, 地之下也.” 古之得道者, 窮亦樂, 通亦樂, 所樂非窮通也. 道德於此, 則窮通爲寒暑風雨之序矣. 故許由娛於潁陽, 而共伯得乎丘首.

舜以天下讓其友北人無擇, 北人無擇曰：“異哉, 後之爲人也, 居於畎畝之中, 而遊堯之門. 不若是而已, 又欲以其辱行漫我. 吾羞見之.” 因自投清泠之淵.

湯將伐桀, 因卞隨而謀, 卞隨曰：“非吾事也.” 湯曰：“孰可?” 曰：“吾不知也.” 湯又因瞀光而謀, 瞀光曰：“非吾事也.” 湯曰：“孰可?” 曰：“吾不知也.” 湯：“伊尹何如?” 曰：“強力忍垢, 吾不知其他也.” 湯遂與伊尹謀伐桀, 克之. 以讓卞隨, 卞隨辭曰：“後之伐桀也謀乎我, 必以我爲賊也；勝桀而讓我, 必以我爲貪也. 吾生乎亂世, 而無道之人再來漫我以其辱行, 吾不忍數聞也!” 乃自投椆水而死. 湯又讓瞀光, 曰：“知者謀之, 武者遂之, 仁者居之, 古之道也. 吾子胡不立乎?” 瞀光辭曰：“廢上, 非義也；殺民, 非仁也；人犯其難, 我享其利, 非廉也. 吾聞之曰：‘非其義者, 不受其祿；無道之世, 不踐其土.’ 況尊我乎! 吾不忍久見也.” 乃負石而自沈於廬水.

昔周之興, 有士二人處於孤竹, 曰伯夷, 叔齊. 二人相謂曰：“吾聞西方有人, 似有道者, 試往觀焉.” 至於岐陽, 武王聞之, 使叔旦往見之. 與盟曰：“加富二等, 就官一列.”

血牲而埋之. 二人相視而笑, 曰 : “嘻, 異哉! 此非吾所謂道
也. 昔者神農之有天下也, 時祀盡敬而不祈喜 ; 其於人也, 忠
信盡治而無求焉. 樂與政爲政, 樂與治爲治. 不以人之壞自成
也, 不以人之卑自高也, 不以遭時自利也. 今周見殷之亂而遽
爲政, 上謀而下行貨, 阻兵而保威, 割牲而盟以爲信, 揚行以
說眾, 殺伐以要利. 是推亂以易暴也. 吾聞古之士, 遭治世不
避其任, 遇亂世不爲苟存. 今天下闇, 周德衰, 其並乎周以塗
吾身也, 不如避之, 以潔吾行.”二子北至於首陽之山, 遂餓
而死焉. 若伯夷, 叔齊者, 其於富貴也, 苟可得已, 則必不賴
高節戾行, 獨樂其志, 不事於世. 此二士之節也.

7. 도척(盜蹠)

이 자가 저 노나라의 위선자 공구(孔丘)인가?

공자에게 유하계(柳下季 ; 柳下惠)라는 친구가 있었는데, 그의 아우는 이름을 도척(盜蹠)이라 했다. 도척은 9천 명의 졸개를 거느리고 천하를 횡행하면서 제후들의 영토를 침범하여 약탈을 일삼았다.

남의 집에 구멍을 뚫고 문을 부수고 들어가 소와 말을 훔치고 부녀자를 약탈했다. 재물을 탐해 친척도 잊고, 부모형제도 돌아보지 않았으며, 조상의 제사도 지내지 않았다. 그가 가는 곳마다 큰 나라는 성을 지키고, 작은 나라는 성안으로 달아나 난을 피하느라 백성들의 고통이 심했다.

공자가 유하계에게 말했다. "남의 아비 된 사람이면 반드시 그 아들을 훈계할 수 있어야 하고, 남의 형 된 사람이면 반드시 그 아우를 가르칠 수 있어야 합니다. 그런데 만약 아비로서 그 자식을 훈계할 수 없고, 형으로서 그 아우를 가르칠 수 없다면, 부자와 형제 같은 친척을 귀하게 여길 까닭이 없지 않겠습니까. 지금 선생은 세상이 아는 재사(才士)이면서, 그 아우는 도척이라는 큰 도적으로 천하에 해악을 끼치고 있는데도 가르쳐 일깨우지 못하고 있으니, 나는 심히 선생을 위해서 이 일을 부끄러이 여깁니다. 그러니 나는 선생을 대신하여 가서 그를 설득해 볼까 하오."

유하계가 말했다. "선생이 말하기를, '남의 아비 된 사람은 반드시 그 자식을 훈계할 수 있어야 하고, 남의 형 된 사람은 반드시 그 아우를 가르쳐 일깨울 수 있어야 한다.'고 하셨는데, 만일 자식이 아버지의 훈계를 듣지 않고 아우가 형의 가르침을 받지 않는다면 비록 지금 선생의 웅변으로 설득한다 한들 장차 그것을 어찌할 수 있겠습니까? 또한 도척이란 녀석의 됨됨이는, 가슴 속은 용솟음치는 샘물 같고, 의기는 격렬한 회오리바람 같으며, 육체의 강건함은 어떤 적이라도 막아내기에 충분하며, 언변은 자기 잘못을 꾸며대어 변명하기에 부족함이 없습니다. 제 마음에 들면 기뻐하지만, 제 마음에 거슬리면 욕지거리로 남을 어렵지 않게 욕보입니다. 선생께서는 절대 가지 마십시오."

그러나 공자는 듣지 않고 안회(顔回)와 자공(子貢)을 대동하고 도척을 만나러 갔다.

*도척(盜蹠) ; 춘추시대의 큰 도둑. 노(魯)나라 사람. 유하혜의 아우로 그의 도당 9천 명과 떼 지어 전국을 휩쓸었다 한다.
*유하계(柳下季) ; 춘추시대 노나라의 현자로, 일찍이 대부를 지냈고, 뒤에 은거하여 일민(逸民)이 되었다. 중국 유씨(柳氏)의 시조이다.

■ 心如涌泉 意如飄風
심 여 용 천 의 여 표 풍

"마음은 용솟음치는 샘물 같고, 의기(意氣)는 격렬한 회오리바람 같다."

*湧泉 ; 물이 솟아나오는 샘.

*飄風 ; 회오리바람.

공자가 도척을 만나 그의 만행을 일깨우러 가겠다고 하자, 도척의 형 유하계(柳下季)가 동생 도척의 성정에 대해서 공자에게 한 말이다.

【寓言】 공자가 유하계(柳下季)에게 말했다. "선생은 세상이 아는 재사(才士)이면서, 아우는 도척이라는 큰 도적으로 천하에 해악을 끼치고 있는데도 가르쳐 일깨우지 못하고 있으니, 나는 심히 선생을 위해서 이 일을 부끄러이 여깁니다. 그러니 나는 선생을 대신하여 가서 그를 설득해 볼까 하오."

유하계(柳下季)가 말했다. "도척이란 녀석의 됨됨이는, '마음속은 용솟음치는 샘물 같고, 의기는 격렬한 회오리바람 같으며(心如湧泉 意如飄風),' 육체의 강건함은 어떤 적이라도 막아내기에 충분하며, 언변은 자기 잘못을 꾸며대어 변명하기에 부족함이 없습니다. 제 마음에 들면 기뻐하지만, 제 마음에 거슬리면 욕지거리로 남을 어렵지 않게 욕보입니다. 선생께서는 절대 가지 마십시오.”

그러나 공자는 듣지 않고 안회(顔回)와 자공(子貢)을 대동하고 도척을 만나러 갔다.

■ _{호 면 예 인 자} _{역 호 배 이 훼 지}
好面譽人者 亦好背而毁之

“면전에서 칭찬하기를 좋아하는 자는 등 뒤에서 욕도 잘 한다.”

*譽 ; 칭찬하다, 기리다, 찬양하다.

*毁 ; 헐뜯다, 훼손하다.

■ _{무 치 추 지 지}
無置錐之地

“송곳 하나 꽂을 만한 땅도 갖지 못했다.”

【寓言】 치추지지(置錐之地) ; “송곳 하나 꽂을 만한 좁은 땅.”

공자가 도척을 설득하려고 그를 찾아 성현의 도를 설파하자, 도척은 크게 노하여 말했다.

“구(丘 ; 공자)여! 앞으로 가까이 오라. 이익을 가지고 권면하고, 말로써 충고하여 바로잡을 수 있는 상대는 모두 어리석은 범인들일 뿐이다. 지금 나의 용모가 장대하고 아름다워 사람들이 보고 좋아하는 것은 나의 부모가 물려준 덕이니, 그대가 나를 칭찬해 주지 않더라도 내가 이미 알고 있는 일이다.

또 내가 듣건대, '남의 면전에서 칭찬하기를 좋아하는 자는 뒤돌아서 헐뜯고 욕하기를 좋아한다(好面譽人者 亦好背而毁之).'고 하는데, 지금 그대가 나에게 커다란 성곽과 많은 봉읍을 준다고 하는데, 이것은 나를 이익으로 규정해서 범속한 인간으로 취급하여 나를 먹이고 길들이고자 하는 것이다.

그러나 그런 것들이 얼마나 오래 가겠느냐? 성이 크다한들 천하보다 크겠느냐? '요와 순임금은 천하를 다스렸으나, 그 자손들은 송곳하나 꽂을 땅도 갖지 못했다(堯舜有天下 子孫無置錐之地).' 탕(湯)과 무(武)도 천자가 되었으나, 그 자손은 모두 끊어지고 말았다. 그것은 이(利)가 너무 컸기 때문이 아니겠느냐?

…… 이제 그대는 그러한 문왕 무왕의 도를 닦고서 천하의 언론을 장악하여 후세 사람들을 가르치고, 말과 행동을 거짓으로 하여 천하 군주들의 머리를 혼란에 빠뜨려 자신의 재산과 지위를 얻으려 하니 도적질이 그대보다 큰 것이

없구나. 세상 사람들은 어찌하여 그대를 일러 도적놈 구(丘)라 하지 않고, 도리어 나를 일러 도척이라고 하는가?"

『입추지지(立錐之地)』와 같은 말이다.

■ 無病而自灸
무 병 이 자 구

"병도 없는데 스스로 뜸을 뜬다."

*灸 ; 뜸뜨다.

【寓言】무병자구(無病自灸) ; 병도 없는데 스스로 뜸질을 한다는 뜻으로, 쓸데없는 일에 정력을 쏟아 화를 부른다는 뜻.

공자의 친구 유하계(柳下季)에게는 도척이라는 동생이 있었다. 도척은 천하의 큰 도적으로 9천 명의 졸개를 거느리고 온갖 잔인하고 포악한 짓을 자행하여, 그가 지나가면 큰 나라에서는 성을 지키고, 작은 나라에서는 농성하여 난을 피하는 형편이었다.

공자는 천하에 도척이 있다는 것은 유하계의 수치일 뿐 아니라 인의와 도덕을 가르치는 자신에게도 큰 수치라고 생각하여 그를 설득하러 찾아갔다.

공자가 두 번 절하고 말했다. "장군은 용모와 지혜, 용기 등 세 가지 덕을 함께 갖추고 있습니다. 수백 리 사방으로 큰 성과 수십만 호의 읍(邑)을 만들어 장군을 제후로 삼게 하고

자 합니다.”

공자가 제후로 삼아 큰 이득을 준다고 했는데, 도척은 오히려 대로했다. “지금 당신이 큰 성을 쌓게 한다느니, 백성들을 모아준다느니 하는데, 그것은 이익으로 나를 기망하는 것이다.”

공자는 말문을 잃었고, 도척의 훈계는 계속됐다. “지금 당신은 헛된 말과 거짓 행동으로 천하의 임금들을 미혹시켜 부귀를 얻으려고 하고 있다. 도둑치고는 그대보다 더 큰 도둑이 없는데, 세상 사람들은 어째서 당신을 도구(盜丘)라 부르지 않고, 나를 도적이라고 부르는지 모르겠구나!”

공자는 도척의 기세에 눌려 한껏 도척을 칭찬하였지만, 오히려 도척은 그러한 공자의 비굴을 들어 칼자루를 만지며 공자를 꾸중하였다. 놀란 공자는 설득은커녕 오히려 목숨마저 위태롭게 되어 한달음에 그곳을 빠져나왔다.

그는 수레에 올랐지만, 세 번이나 고삐를 잡으려다 놓치고, 눈은 멍하여 보이지도 않았으며, 얼굴은 잿빛이 되었다. 수레 앞의 가로대에 엎드린 채 숨도 쉬지 못할 정도였다. 그 길로 돌아와 노(魯)나라 동문 밖에서 유하계를 만났다. 유하계가 물었다.

“요즘 며칠 볼 수가 없었는데, 거마(車馬)를 보니 여행을 갔다 온 모양인데, 혹 도척을 만나고 온 것은 아니오?"

공자는 하늘을 우러러 탄식하면서 말했다. "그렇소!"

유하계가 말했다. "그래, 그놈이 내가 전에 말한 대로 그렇지 않던가요?"

공자가 대답했다. "맞소. 나는 병도 없이 혼자서 뜸을 뜬 격이 되고 말았소(丘所謂無病而自灸也). 허겁지겁 달려가 호랑이 머리를 쓰다듬고 호랑이 수염을 가지고 놀다가 하마터면 호랑이 주둥이를 벗어나지 못할 뻔했소그려."

"긁어 부스럼"이란 말이 있다. 가만히 자기 본분만 지키면 될 것을 공연히 나서서 일을 망치는 경우에 쓰이는 말이다.

이 우언은 장자가 도척의 말을 빌려 공자의 예교주의(禮教主義)를 통렬하게 공박한 역설적 이야기다.

■ 熟惡熟美 成者爲首 不成者爲尾
숙 악 숙 미   성 자 위 수   불 성 자 위 미

"어느 것이 나쁘고 어느 것이 좋은가? 성공한 자는 우두머리가 되고, 실패한 자는 꼬리가 된다."

【寓言】 공자의 제자 자장(子張)이 만구득(滿苟得)에게 물었다. "어찌하여 인의를 행하지 않습니까? 인의를 행하지 않

으면 믿음을 얻지 못하고, 믿음을 얻지 못하면 벼슬에 오르지 못하며, 벼슬에 오르지 못하면 이익이 없습니다. 명분에서나, 이익으로 보나 인의야말로 가장 좋은 것입니다. 만약 명예나 이익을 버린다 해도 마음에 돌이켜 생각해 볼 때, 선비로서 행동함에 있어서 인의는 하루도 행하지 않을 수 없는 것입니다."

만구득이 말했다. "염치를 모르는 자가 부자가 되고, 말이 많은 자가 출세합니다. 명예와 이익이란 염치도 모르고 말 많은 자들에게 돌아갑니다. 그러므로 명예든, 이익이든 말 많은 것이 가장 좋은 것이 됩니다. 만약 명예와 이익의 집착을 버리고 돌이켜 생각해 본다면 선비의 행동으로서는 타고난 천성을 간직하는 것이 가장 좋을 것입니다.

……

그러므로 《서(書)》에서 이르기를, '어떤 것이 나쁘고 어떤 것이 좋은가. 성공한 자는 우두머리가 되고, 성공하지 못하는 자는 꼬리가 된다(孰惡孰美 成者爲首 不成者爲尾).'고 했습니다."

자장과 만구득은 원래 명예와 이익을 중하게 여겼지만, 각각 그 중요시하는 바가 달랐다.

자장은 "인간은 분명히 명예와 이익을 좇아 행동하는 것이다." 하여 겉모양을 중시하였고, 만구득은 "명리를 얻기 위해 마음에 방송이 있으면 자연 그대로의 참됨을 지키지 못한다."고 하여 마음 됨됨이를 중요시한 것이다.

장자는 세상의 성인군자 행세를 하는 사람들의 허무한 주장을 꾸짖은 것이다.

7. 盜蹠

孔子與柳下季爲友, 柳下季之弟名曰盜蹠. 盜蹠從卒九千人, 橫行天下, 侵暴諸侯. 穴室樞戶, 驅人牛馬, 取人婦女. 貪得忘親, 不顧父母兄弟, 不祭先祖. 所過之邑, 大國守城, 小國入保, 萬民苦之. 孔子謂柳下季曰 : "夫爲人父者, 必能詔其子 ; 爲人兄者, 必能教其弟. 若父不能詔其子, 兄不能教其弟, 則無貴父子兄弟之親矣. 今先生, 世之才士也, 弟爲盜蹠, 爲天下害, 而弗能敎也, 丘竊爲先生羞之. 丘請爲先生往說之." 柳下季曰 : "先生言爲人父者必能詔其子, 爲人兄者必能敎其弟, 若子不聽父之詔, 弟不受兄之敎, 雖今先生之辯, 將奈之何哉? 且蹠之爲人也, 心如湧泉, 意如飄風, 强足以距敵, 辯足以飾非. 順其心則喜, 逆其心則怒, 易辱人以言. 先生必無往." 孔子不聽, 顏回爲馭, 子貢爲右, 往見盜蹠.

盜蹠乃方休卒徒大山之陽, 膾人肝而餔之. 孔子下車而前, 見謁者曰 : "魯人孔丘, 聞將軍高義, 敬再拜謁者." 謁者入通. 盜蹠聞之大怒, 目如明星, 髮上指冠, 曰 : "此夫魯國之巧僞人孔丘非邪? 爲我告之 : 爾作言造語, 妄稱文, 武, 冠枝木之冠, 帶死牛之脅, 多辭繆說, 不耕而食, 不織而衣, 搖脣鼓舌, 擅生是非, 以迷天下之主, 使天下學士不反其本, 妄作孝弟, 而僥幸於封侯富貴者也. 子之罪大極重, 疾走歸! 不然, 我將以子肝益 晝餔之膳."

孔子複通曰: "丘得幸於季, 願望履幕下." 謁者複通. 盜蹠曰: 使來前!" 孔子趨而進, 避席反走, 再拜盜蹠. 盜蹠大怒, 兩展其足, 案劍瞋目, 聲如乳虎, 曰: "丘來前! 若所言順吾意則生, 逆吾心則死."

孔子曰: "丘聞之, 凡天下有三德: 生而長大, 美好無雙, 少長貴賤見而皆說之, 此上德也; 知維天地, 能辯諸物, 此中德也; 勇悍果敢, 聚衆率兵, 此下德也. 凡人有此一德者, 足以南面稱孤矣. 今將軍兼此三者, 身長八尺二寸, 面目有光, 唇如激丹, 齒如齊貝, 音中黃鍾, 而名曰盜蹠, 丘竊爲將軍恥不取焉. 將軍有意聽臣, 臣請南使吳越, 北使齊魯, 東使宋衛, 西使晉楚, 使爲將軍造大城數百里, 立數十萬戶之邑, 尊將軍爲諸侯, 與天下更始, 罷兵休卒, 收養昆弟, 共祭先祖. 此聖人才士之行, 而天下之願也."

盜蹠大怒曰: "丘來前! 夫可規以利而可諫以言者, 皆愚陋恒民之謂耳. 今長大美好, 人見而悅之者, 此吾父母之遺德也, 丘雖不吾譽, 吾獨不自知邪? 且吾聞之, 好面譽人者, 亦好背而毁之. 今丘告我以大城衆民, 是欲規我以利而恒民畜我

也, 安可久長也! 城之大者, 莫大乎天下矣. 堯, 舜有天下,
子孫無置錐之地 ; 湯, 武立爲天子, 而後世絶滅. 非以其利大
故邪? 且吾聞之, 古者禽獸多而人少, 於是民皆巢居以避之.
晝拾橡栗, 暮棲木上, 故命之曰 '有巢氏之民.' 古者民不知衣
服, 夏多積薪, 冬則煬之, 故命之曰 '知生之民'. 神農之世,
臥則居居, 起則於於. 民知其母, 不知其父, 與麋鹿共處, 耕
而食, 織而衣, 無有相害之心. 此至德之隆也. 然而黃帝不能
致德, 與蚩尤戰於涿鹿之野, 流血百里. 堯, 舜作, 立群臣,
湯放其主, 武王殺紂. 自是之後, 以強陵弱, 以衆暴寡. 湯,
武以來, 皆亂人之徒也. 今子修文, 武之道, 掌天下之辯, 以
教後世. 縫衣淺帶, 矯言偽行, 以迷惑天下之主, 而欲求富貴
焉. 盜莫大於子, 天下何故不謂子爲盜丘, 而乃謂我爲盜蹠?

　子以甘辭說子路而使從之. 使子路去其危冠, 解其長劍, 而
受教於子. 天下皆曰 :'孔丘能止暴禁非.' 其卒之也, 子路欲
殺衛君而事不成, 身菹於衛東門之上, 是子教之不至也. 子自
謂才士聖人邪, 則再逐於魯, 削跡於衛, 窮於齊, 圍於陳蔡,
不容身於天下. 子教子路菹 此患, 上無以爲身, 下無以爲人.
子之道豈足貴邪? 世之所高, 莫若黃帝. 黃帝尚不能全德, 而
戰於涿鹿之野, 流血百里. 堯不慈, 舜不孝, 禹偏枯, 湯放其
主, 武王伐紂, 文王拘羑里. 此六子者, 世之所高也. 孰論之,

皆以利惑其真而強反其情性, 其行乃甚可羞也. 世之所謂賢士: 伯夷, 叔齊. 伯夷, 叔齊辭孤竹之君, 而餓死於首陽之山, 骨肉不葬. 鮑焦飾行非世, 抱木而死. 申徒狄諫而不聽, 負石自投於河, 爲魚鱉所食. 介子推至忠也, 自割其股以食文公. 文公後背之, 子推怒而去, 抱木而燔死. 尾生與女子期於梁下, 女子不來, 水至不去, 抱梁柱而死. 此六子者, 無異於磔犬流豕, 操瓢而乞者, 皆離名輕死, 不念本養壽命者也. 世之所謂忠臣者, 莫若王子比幹, 伍子胥. 子胥沉江, 比幹剖心. 此二子者, 世謂忠臣也, 然卒爲天下笑. 自上觀之, 至於子胥, 比幹, 皆不足貴也. 丘之所以說我者, 若告我以鬼事, 則我不能知也; 若告我以人事者, 不過此矣, 皆吾所聞知也. 今吾告子以人之情: 目欲視色, 耳欲聽聲, 口欲察味, 志氣欲盈. 人上壽百歲, 中壽八十, 下壽六十, 除病瘦死喪憂患, 其中開口而笑者, 一月之中不過四五日而已矣. 天與地無窮, 人死者有時. 操有時之具, 而托於無窮之間, 忽然無異騏驥之馳過隙也. 不能說其志意, 養其壽命者, 皆非通道者也. 丘之所言, 皆吾之所棄也. 亟去走歸, 無複言之! 子之道狂狂汲汲, 詐巧虛僞事也, 非可以全真也, 奚足論哉!"

孔子再拜趨走, 出門上車, 執轡三失, 目芒然無見, 色若死灰, 據軾低頭, 不能出氣.

歸到魯東門外, 適遇柳下季. 柳下季曰: "今者闕然, 數日不見, 車馬有行色, 得微往見蹠邪?" 孔子仰天而歎曰: "然! 柳下季曰: "蹠得無逆汝意若前乎?" 孔子曰: "然. 丘所謂無病而自灸也. 疾走料虎頭, 編虎須, 幾不免虎口哉!"

子張問於滿苟得曰: "盍不爲行? 無行則不信, 不信則不任, 不任則不利. 故觀之名, 計之利, 而義眞是也. 若棄名利, 反之於心, 則夫士之爲行, 不可一日不爲乎!"

滿苟得曰: "無恥者富, 多信者顯. 夫名利之大者, 幾在無恥而信. 故觀之名, 計之利, 而信眞是也. 若棄名利, 反之於心, 則夫士之爲行, 抱其天乎!"

子張曰: "昔者桀, 紂貴爲天子, 富有天下. 今謂臧聚曰: '汝行如桀, 紂.' 則有怍色, 有不服之心者, 小人所賤也. 仲尼, 墨翟, 窮爲匹夫, 今謂宰相曰'子行如仲尼, 墨翟.' 則變容易色, 稱不足者, 士誠貴也. 故勢爲天子, 未必貴也; 窮爲匹夫, 未必賤也. 貴賤之分, 在行之美惡."

滿苟得曰: "小盜者拘, 大盜者爲諸侯. 諸侯之門, 義士存焉. 昔者桓公小白殺兄入嫂, 而管仲爲臣; 田成子常殺君竊國, 而孔子受幣. 論則賤之, 行則下之, 則是言行之情悖戰於胸中也, 不亦拂乎! 故《書》曰: '孰惡孰美, 成者爲首, 不成者爲尾.'"

子張曰: "子不爲行, 即將疏戚無倫, 貴賤無義, 長幼無序. 五紀六位, 將何以爲別乎?"

滿苟得曰: "堯殺長子, 舜流母弟, 疏戚有倫乎? 湯放桀, 武王殺紂, 貴賤有義乎? 王季爲適, 周公殺兄, 長幼有序乎? 儒者僞辭, 墨子兼愛, 五紀六位, 將有別乎? 且子正爲名, 我正爲利. 名利之實, 不順於理, 不監於道. 吾日與子訟於無約, 曰'小人殉財, 君子殉名, 其所以變其情, 易其性則異矣; 乃至於棄其所爲而殉其所不爲則一也.' 故曰: 無爲小人, 反殉而天; 無爲君子, 從天之理. 若枉若直, 相而天極. 面觀四方, 與時消息. 若是若非, 執而圓機. 獨成而意, 與道徘徊. 無轉而行, 無成而義, 將失而所爲. 無赴而富, 無殉而成, 將棄而天. 比干剖心, 子胥抉眼, 忠之禍也; 直躬證父, 尾生溺死, 信之患也; 鮑子立幹, 申子不自理, 廉之害也; 孔子不見母, 匡子不見父, 義之失也. 此上世之所傳, 下世之所語以爲士者, 正其言, 必其行, 故服其殃, 離其患也."

無足問於知和曰: "人卒未有不興名就利者. 彼富則人歸之, 歸則下之, 下則貴之. 夫見下貴者, 所以長生安體樂意之道也. 今子獨無意焉, 知不足邪? 意知而力不能行邪? 故推正不妄邪?"

知和曰: "今夫此人, 以爲與己同時而生, 同鄉而處者, 以爲夫絶俗過世之士焉, 是專無主正, 所以覽古今之時, 是非之分也. 與俗化世, 去至重, 棄至尊, 以爲其所爲也. 此其所以論長生安體樂意之道, 不亦遠乎! 慘怛之疾, 恬愉之安, 不監於體 ; 怵惕之恐, 欣欣之喜, 不監於心. 知爲爲而不知所以爲. 是以貴爲天子, 富有天下, 而不免於患也."

無足曰 : "夫富之於人, 無所不利. 窮美究勢, 至人之所不得逮, 賢人之所不能及. 俠人之勇力而以爲威强, 秉人之知謀以爲明察, 因人之德以爲賢良, 非享國而嚴若君父. 且夫聲色滋味權勢之於人, 心不待學而樂之, 體不待象而安之. 夫欲惡避就, 固不待師, 此人之性也. 天下雖非我, 孰能辭之!"

知和曰 : "知者之爲, 故動以百姓, 不違其度, 是以足而不爭, 無以爲故不求. 不足故求之, 爭四處而不自以爲貪 ; 有餘故辭之, 棄天下而不自以爲廉. 廉貪之實, 非以迫外也, 反監之度. 勢爲天子, 而不以貴驕人 ; 富有天下, 而不以財戲人. 計其患, 慮其反, 以爲害於性, 故辭而不受也, 非以要名譽也. 堯, 舜爲帝而雍, 非仁天下也, 不以美害生 ; 善卷, 許由得帝而不受, 非虛辭讓也, 不以事害己. 此皆就其利, 辭其害, 而天下稱賢焉, 則可以有之, 彼非以興名譽也."

無足曰 : "必持其名, 苦體絶甘, 約養以持生, 則亦久病長厄而不死者也."

　知和日：“平爲福, 有餘爲害者, 物莫不然, 而財其甚者也. 今富人, 耳營鍾鼓管籥之聲, 口慊於芻豢醪醴之味, 以感其意, 遺忘其業, 可謂亂矣；侅溺於馮氣, 若負重行而上阪, 可謂苦矣；貪財而取慰, 貪權而取竭, 靜居則溺, 體澤則馮, 可謂疾矣；爲欲富就利, 故滿若堵耳而不知避, 且馮而不舍, 可謂辱矣；財積而無用, 服膺而不舍, 滿心戚醮, 求益而不止, 可謂憂矣；內則疑劫請之賊, 外則畏寇盜之害, 內周樓疏, 外不敢獨行, 可謂畏矣. 此六者, 天下之至害也, 皆遺忘而不知察. 及其患至, 求盡性竭財單以反一日之無故而不可得也. 故觀之名則不見, 求之利則不得. 繚意絶體而爭此, 不亦惑乎!”

8. 설검(說劍)

천자의 검이 있고,
제후의 검이 있고, 서인의 검이 있다.

옛날에 조(趙)나라 혜문왕(惠文王)은 칼싸움을 좋아했다. 검사(劍士)가 문전성시를 이루어 식객이 삼천여 명이나 되었다. 밤낮으로 문왕 앞에서 칼싸움을 하여 사상자가 1년에 백여 명이나 되었는데도 문왕은 조금도 싫증을 내지 않았다.

그렇게 삼 년이 지나자 나라가 쇠퇴하였다. 그러자 이웃나라 제후들이 조나라를 칠 모의를 했다.

태자(太子) 회(悝)는 이를 걱정하여 측근들을 모아놓고 말했다. "누구든 임금께 간하여 검사들의 칼싸움을 그치게 한다면 상으로 천금을 내리겠소."

좌우 신하들이 말했다. "장자(莊子)라면 능히 할 수 있을 것입니다."

태자가 사람을 시켜 천금을 가지고 가서 장자에게 바치게 하였는데, 장자는 받지 않고 사자와 함께 가서 태자를 만나보고 말했다. "태자께서는 내게 무엇을 시키려고 천금을 내렸는지요?"

태자가 말했다. "선생께서 총명하고 덕이 높은 성인이라 들었기에, 삼가 천금을 받들어 종자(從者)를 통해 예물을 바친 것인데, 선생께서 받지 않으시니, 제가 더 이상 무엇을 감히 말씀드리겠습니까?"

장자가 말했다. "듣건대, 태자께서 저를 쓰고자 하는 이유는 임금께서 좋아하여 즐기는 것을 끊게 하려는 것이라고 들었습니다. 내가 위로는 대왕을 설득하다 보면 왕의 뜻을 거스르고, 아래로는 태자의 뜻에 합당하지 못하면 내 몸은 형벌을 받아 죽게 될 것이니, 내가 죽은 후에 천금을 어디에 쓰겠습니까? 또한 그 반대로 내가 위로는 대왕을 설득하고, 아래로는 태자의 뜻에 합당하게 되면 조(趙)나라에서 무엇을 구한들 얻지 못하겠습니까?"

*설검(說劍) ; 검에 대해 이야기하다.
*조문왕(趙文王) ; 조나라 혜문왕(惠文王).

■ 天子之劍
_{천 자 지 검}

"천자의 칼."

【寓言】 장자가 태자와 함께 조나라 혜문왕(惠文王)을 뵈었다. 장자는 궁전 문안에 들어가 잰걸음으로 걷지 않고 왕을 보고도 절을 하지 않았다.

왕이 말했다. "그대는 과인에게 무엇을 가르치려고 태자를 앞장세워 왔는가?"

장자가 말했다. "신이 듣기로는, 대왕께서는 칼싸움을 즐기신다기에 제 검술을 가지고 왕을 뵙고자 한 것입니다."

왕이 말했다. "그대의 검은 어느 정도로 상대를 제압할 수 있는가?"

장자가 말했다. "신의 검은 열 걸음 나아갈 때마다 한 사람을 쓰러뜨리고, 그렇게 하여 천리를 나아가는 동안 가로막을 자가 없습니다."

왕이 크게 기뻐하여 말했다. "천하무적이로다!"

장자가 말했다. "무릇 칼을 쓰는 방법은, 상대에게 허점을 보이고, 나를 열어 상대를 유리하게 하고, 상대보다 늦게 칼을 쓰면서도 상대보다 먼저 칼을 상대의 몸에 이르게 합니다. 이 자리에서 그것을 시험할 수 있게 해주시기 바랍니다.”

왕이 말했다. “선생께서는 잠시 쉬면서 객사에 가서 명령을 기다리시오. 시합장을 갖추게 하고 나서 선생께 청하리다.”

그리고는 왕이 나서서 싸울 검사를 7일 동안 겨루어 선발하였는데, 그 때문에 죽거나 다친 이가 60여 명이었다. 그 가운데 5, 6명을 선발해서 그들에게 검을 들고 궁전 아래 모이게 한 후 마침내 장자를 불렀다.

왕이 말했다. “오늘 시험 삼아 이들 검사들로 하여금 검술을 닦게 하시오.”

장자가 말했다. “오랫동안 이 날을 기다려 왔습니다.”

왕이 말했다. “그런데 선생이 사용할 칼의 길이는 어느 정도가 좋겠습니까?”

장자가 말했다. “신이 가지고 쓸 칼은 어느 것이든 좋습니다. 그러나 신에게는 세 가지 칼이 있는데, 오직 왕께서 쓰고자 하시는 것을 따를 것이니, 먼저 칼에 대해 말씀을 드리고 나중에 시합을 하고 싶습니다.”

왕이 말했다. “세 가지 칼에 대해 듣고 싶소.”

장자가 말했다. “천자의 검이 있고, 제후의 검이 있고, 서인의 검이 있습니다(有天子劍 有諸侯劍 有庶人劍).”

왕이 말했다. "천자의 검이란 어떠한 것인지요?"

장자가 말했다. "천자의 검은 연계(燕谿)와 석성(石城)을 칼끝으로 삼고, 제(齊)나라와 대산(岱山)을 칼날로 삼으며, 서북의 진(晉)과 위(衛)를 칼등으로 삼고, 주(周)와 송(宋)을 칼자루 테두리로 삼고, 한(韓)과 위(魏)나라를 칼자루로 삼습니다.

사방 오랑캐로 그 둘레를 안고, 사시(四時 ; 춘하추동)의 추이로 그것을 감싸며, 발해(渤海)로 주위를 둘러치며, 상산(常山)을 띠로 삼아 칼을 허리에 찹니다.

오행(五行)으로 통제하며 형벌과 은덕으로 휘두르는 법을 논하며, 음양으로 칼을 뽑으며, 봄 여름에는 칼을 가지고만 있으며, 가을 겨울에는 칼로 내려칩니다.

이 칼은 앞으로 뻗으면 더 이상 앞이 없는 우주의 끝에까지 이르고, 위로 쳐들어 올리면 더 이상 위가 없는 무한의 높이를 가르고, 아래로 내리치면 더 낮은 데가 없는 아래를 치고, 휘두르면 사방 어디고 한정된 방향이 없습니다. 그리하여 위로는 뜬구름을 절단하고, 아래로는 대지를 묶은 굵은 밧줄을 끊습니다.

이 칼은 한번 쓰면 제후들의 옳지 못함을 바로잡고, 온 천하의 만백성이 복종합니다. 이것이 천자의 칼입니다(此劍一

用 匡諸侯 天下服矣 此天子之劍也)."

■ 諸侯之劍
제 후 지 검

"제후의 칼."

【寓言】 문왕이 망연자실하여 말했다. "그렇다면 제후의 검이란 어떠한 것인가요?"

장자가 말했다. "제후의 검은 지혜와 용기 있는 검사를 칼날 끝으로 삼고, 청렴한 검사를 칼등으로 삼고, 현명하고 어진 검사를 칼등으로 삼고, 충의와 성덕을 갖춘 검사를 칼자루 테두리로 삼고, 재지(才知)가 뛰어난 호걸(豪傑)을 칼자루로 삼습니다.

이 칼 역시 앞으로 곧바로 뻗으면 더 끝 간 데 없이 나아가고, 위로 치켜 올리면 또한 끝 간 데 없는 무한의 높이를 스치며, 아래로 내리치면 또한 끝 간 데 없는 낮은 데까지 치고, 휘두르면 또한 사방 어디든 끝 간 데가 없습니다.

그리하여 위로는 둥근 하늘을 본받아 해와 달과 별의 운행을 따르고, 아래로는 네모난 땅을 본받아 사계절의 추이(推移)를 따르고, 중간으로는 백성의 뜻을 살펴 나라를 안정시킵니다. 이 칼을 한번 휘두르면 천둥번개의 벽력과 같아서 사방 나라 안 백성이 공물을 들고 와서 복종하여 임금의 명령에 따르지 않는 자가 없습니다. 이것이 제후의 칼입니다(此劍一用 如雷霆之震也 四封之內 無不賓服而聽從君命者矣 此諸侯之劍也)."

■ 庶人之劍
서 인 지 검

"서인의 칼."

【寓言】왕이 말했다. "서인(庶人)의 검은 어떠한 것입니까?"

장자가 말했다. "서인의 칼은 봉두난발한 머리(蓬頭突鬢), 길게 뻗친 양 뺨의 구레나룻에 깊게 눌러쓴 관에다 장식 없는 거친 끈과 뒤가 짧은 옷을 입고, 눈 부릅뜨고 거칠게 소리 지르며, 임금 앞에서 서로 칼을 휘둘러대고, 위로는 목을 베고 아래로는 간과 폐를 칼로 도려냅니다. 이것이 서인의 검이니, 투계와 다를 게 없습니다(此庶人之劍 無異於鬪雞).

어느 날 갑자기 목숨이 끊어져버리니, 그렇게 되면 나랏일에 쓸모가 없게 됩니다. 이제 대왕께서는 천자의 자리에 있으면서 서인의 검을 좋아하시니, 저는 가만히 대왕을 위하여 애석하게 여깁니다.”

왕이 마침내 상사를 이끌고 궁전 위로 올라갔다. 그리고 요리사가 요리를 올리자, 왕은 음식은 먹지 않고 식탁 둘레를 세 번이나 빙빙 돌 뿐이었다.

장자가 말했다. “대왕께서는 편히 앉아서 기분을 안정시키십시오. 칼에 관한 이야기는 이미 모두 아뢰었습니다.”

이후로 문왕은 궁중에 들어앉은 채 석 달 동안을 밖에 나오지 않았으며, 검객들은 모두 그 자리에서 서로 상대를 칼로 찔러 엎드려 죽었다.

8. 說劍

昔趙文王喜劍, 劍士夾門而客三千餘人, 日夜相擊於前, 死傷者歲百餘人. 好之不厭. 如是三年, 國衰. 諸侯謀之. 太子悝患之, 募左右曰: "孰能說王之意止劍士者, 賜之千金." 左右曰: "莊子當能."

太子乃使人以千金奉莊子. 莊子弗受, 與使者俱往見太子, 曰: "太子何以教周, 賜周千金?" 太子曰: "聞夫子明聖, 謹奉千金以幣從者. 夫子弗受, 悝尚何敢言." 莊子曰: "聞太子所欲用周者, 欲絕王之喜好也. 使臣上說大王而逆王意, 下不當太子, 則身刑而死, 周尚安所事金乎? 使臣上說大王, 下當太子, 趙國何求而不得也!" 太子曰: "然. 吾王所見, 唯劍士也." 莊子曰: "諾. 周善爲劍." 太子曰: "然吾王所見劍士, 皆蓬頭突鬢, 垂冠, 曼胡之纓, 短後之衣, 瞋目而語難, 王乃說之. 今夫子必儒服而見王, 事必大逆." 莊子曰: "請治劍服." 治劍服三日, 乃見太子. 太子乃與見王. 王脫白刃待之.

莊子入殿門不趨, 見王不拜. 王曰: "子欲何以教寡人, 使太子先." 曰: "臣聞大王喜劍, 故以劍見王." 王曰: "子之劍何能禁制?" 曰: "臣之劍十步一人,　　千里不留行." 王大悅之,曰：“天下無敵矣.”莊子曰：“夫爲劍者，示之以虛，開之以利，後之以發，先之以至. 願得試之.”王曰：“夫子休，就舍待命，令設戲請夫子.”王乃校劍士七日，死傷者六十餘人，得五六人，使奉劍於殿下，乃召莊子. 王曰：“今日試使士敦劍.”莊子曰：“望之久矣!”王曰：“夫子所禦杖，長短何如?”曰：“臣之所奉皆可. 然臣有三劍，唯王所用. 請先言而後試.”

王曰：“願聞三劍.”曰：“有天子劍，有諸侯劍，有庶人劍.”王曰：“天子之劍何如?”曰：“天子之劍，以燕谿石城爲鋒，齊岱爲鍔，晉衛爲脊，周宋爲鐔，韓魏爲夾，包以四夷，裹以四時，繞以渤海，帶以常山，制以五行，論以刑德，開以陰陽，持以春夏，行以秋冬. 此劍直之無前，舉之無上，案之無下，運之無旁. 上決浮雲，下絕地紀. 此劍一用，匡諸侯，天下服矣. 此天子之劍也.”

文王芒然自失，曰：“諸侯之劍何如?”曰：“諸侯之劍，以知勇士爲鋒，以清廉士爲鍔，以賢良士爲脊，以忠聖士爲鐔，以豪桀士爲夾. 此劍直之亦無前，舉之亦無上，案之亦無下，運之亦無旁. 上法圓天，以順三光；下法方地，以順四時；中和民意，以安四鄉. 此劍一用，如雷霆之震也，四封之內，無不賓服而聽從君命者矣. 此諸侯之劍也.”王曰：“庶人之劍何如?”曰：“庶人之劍，蓬頭突鬢，垂冠，曼胡之纓，短後之衣，瞋目而語難, 相擊於前, 上斬頸領, 下決肝肺. 此庶人之劍, 無異於鬪雞, 一旦命已絕矣, 無所用於國事. 今大王有天子之位而好庶人之劍, 臣竊爲大王薄之."王乃牽而上殿, 宰人上食, 王三環之. 莊子曰: "大王安坐定氣, 劍事已畢奏矣!"於是文王不出宮三月, 劍士皆服 斃其處也.

9. 어부(漁父)

그림자를 두려워하고,
발자국을 싫어하여 도망친다

공자가 숲이 울창한 치유(緇帷)의 숲을 거닐다가 행단(杏壇)에 앉아 쉬고 있었다. 제자들은 책을 읽고 있었고, 공자는 노래를 부르면서 거문고를 타고 있었다.

타던 노래가 채 반이 끝나지 않았을 때였다. 어부 한 사람이 배에서 내려 가까이 다가왔다.

수염과 눈썹이 새하얀데 머리를 풀어헤치고 소매를 휘저으며 걸어 올라와 언덕에 이르러 멈춰 섰다. 그리고 왼손은 무릎 위에 얹고 오른손으로 턱을 괸 채 노랫소리에 귀를 기울였다.

노래가 끝나자 노인은 자공(子貢)과 자로(子路)를 손짓해 불러 두 사람이 함께 이 노인을 응대하였다. 노인이 공자를 가리키면서 말했다. "저 사람은 무얼 하는 사람인가?"

자로가 대답했다. "노나라의 군자입니다."

어부가 공자의 성(姓)을 물었다. 자로가 대답했다. "공(孔)입니다."

객이 말했다. "공씨는 무슨 일을 하고 있는가?"

자로가 금방 대답하지 못하고 머뭇거리고 있자, 자공이 대답했다. "공씨는 본성이 충(忠)과 신(信)을 갖추고 몸소 인의를 실행하며, 예악을 지키고 인륜을 갖추고서 위로는 세상의 군주에게 충의(忠義)를 다하고, 아래로는 만백성을 교화하여 장차 천하 사람들을 이롭게 하려 합니다. 이것이 공씨가 하는 일입니다."

객이 또 물었다. "영토를 가지고 있는 군주인가?"

자공이 말했다. "아닙니다."

객이 말했다. "그러면 제후나 왕을 보좌하는 사람인가?"

자공이 말했다. "아닙니다."

어부는 마침내 웃으면서 왔던 길을 되돌아가면서 이렇게 말했다. "그 사람 어질기는 하지만, 아마도 그 몸은 화를 면치 못할 것이다. 마음을 괴롭히고 몸뚱이를 지치게 해서 자신의 참된 본성을 위태롭게 할 것이다. 아아! 도에서 멀리 벗어나 있구나!"

*치유(緇帷) ; 검은 휘장. 치림(緇林)과 같은 말로 학문을 닦는 곳. 道를 강(講)하는 곳. 공자가 제자를 가르치던 곳은 검은 휘장을 친 것처럼 숲이 무성하였다는 고사에서 나온 말이다.

*행단(杏壇) ; 학문을 닦는 곳을 이르는 말. 공자가 은행나무 단에서 제자를 가르쳤다는 고사에서 유래한다.

■ 同類相從 同聲相應 固天之理也

"같은 종류는 서로 따르고, 같은 소리는 서로 호응하는 것은 본래 자연의 이치다."

【寓言】 자공으로부터 어부의 말을 전해들은 공자가 어부를 만나 두 번 절하고 말했다. "저는 일찍이 학문을 닦아 지금에 이르러 69세가 되었습니다. 그러나 지금까지 지극한 가르침을 들을 수 있는 분을 만나지 못했습니다. 감히 마음을 비우고 가르침을 기다립니다."

어부가 말했다. "같은 종류는 서로 따르고, 같은 소리는 서로 호응하는 것이 본래 자연의 이치입니다(同類相從 同聲相應 固天之理也). 나는 내가 아는 도(道)에 대해서는 잠시 접어두고 선생이 하는 일에 대해 살펴보겠습니다. 선생께서 하는 일은 인간의 일입니다.

천자·제후·대부·서인이 있는데, 이 네 계급이 각각의 자리에서 올바른 도를 지키면 다스림이 훌륭하게 되고, 네 계급이 각기 자기 자리를 지키지 못하면 큰 어려움이 올 것입니다.

관리는 맡은 직분을 잘 처리하고, 백성들이 자신의 일을 걱정하면 누구도 분수를 넘어서는 일이 없을 것입니다. 그러나 농토가 황폐해지고 집이 파괴되며, 입을 것과 먹을 것이 부족하고, 세금을 제 때에 내지 못하고, 처첩이 화목하지 못하고, 장유(長幼)의 질서가 없어지게 되는 것은 서인(庶人)의 걱정거리입니다.

능력이 모자라 임무를 감당하지 못하고, 관청의 일처리도 만족스럽지 못하며, 행동이 청렴하지 못하여(行不淸白) 아랫 사람이 태만하며 훌륭한 공적이 없어 작위와 봉록을 받을 수 없음은 대부(大夫)의 근심거리입니다(大夫之憂也).

조정에 충성스런 신하가 없어 나라가 혼란스러우며, 공인(工人)들의 기술이 정교하지 못하여 조정에 바치는 공물이 아름답지 못하며, 봄가을의 조근(朝覲)을 다른 제후들보다 서열이 뒤쳐져 천자의 명령을 잘 따르지 못하게 되는 것은 제후의 근심거리입니다(諸侯之憂也).

음양이 조화롭지 못하고, 계절의 추위와 더위가 때에 맞지 않아 만물을 손상하며, 제후들이 난을 일으켜 멋대로 서로 공격하여 백성의 생명을 살상하며, 예악(禮樂)이 절도에 맞지 않으며, 재정이 궁핍해지고 인륜이 지켜지지 않아 백성들의 풍속이 음란에 빠지는 것은 천자의 근심거리입니다(天子有司之憂也)."

■ 行^행不^불淸^청白^백

"행실이 맑고 결백하지 않음."

{행실이 맑고 결백하지 않으면 아래 관리들이 거칠고 게으러지니 이것이 대부의 근심이다(行不淸白 群下荒息 大夫之憂也). 여기서 청백(淸白)은 품행이 순수하고 깨끗한 것을 말한다. 『청백리(淸白吏)』는 맑고 깨끗한 마음으로 재물을 탐하지 않는 벼슬아치를 이르는 말이다.

중국에서는 청백리란 말보다는 청백재상(淸白宰相)이란 말이 더 많이 쓰였다. 청렴하고 결백한 재상이란 말인데, 이것은 일반명사가 아니고 실제로 송(宋)나라 때의 관리인 두연(杜衍, 978~1057)을 일컫는 말이다.}

■ 畏^외影^영惡^오跡^적迹^적而^이去^거之^지走^주

"그림자를 두려워하고, 발자국을 싫어하여 도망한다."

*跡 ; 자취, 흔적, 자국.

【寓言】어떤 사람이 자기 그림자를 두려워하고, 자기 발자국을 싫어 그것을 떨쳐내려고 달리는 자가 있었는데, 발을 움직이는 횟수가 많아지면 그만큼 발자국도 더욱 많아지고, 빨리 달리면 빨리 달릴수록 그림자도 몸에서 떨어지지 않았다. 그

사람은 스스로 아직도 자신의 달리기가 느리다고 생각하여 쉬지 않고 질주하다 보니 마침내 힘이 다하여 죽고 말았다.

그가 그늘 속으로 들어가면 그림자를 쉬게 할 수 있고, 조용히 멈추면 발자국을 쉬게 할 줄 몰랐으니, 어리석음이 또한 심하지 않으랴!

그림자가 무섭다면 스스로 그림자를 생기지 않게 하면 될 것이고, 또 발자국이 뒤에서 쫓아오는 것이 겁난다면 달아나지 않으면 될 것이다. 나쁜 짓을 하면 그 악의 그림자가 따라온다. 나쁜 짓을 하면서도 쫓기는 것을 걱정한다는 것은 어리석은 일이다.

■ 影不離身

"그림자는 몸을 떠나지 않는다."

【寓言】영불리신(影不離身) ; 그림자는 몸을 떠나지 않는다는 뜻으로, 자신의 허물이나 어떤 사안에 대한 근본적인 해결책을 강구하지 못하는 어리석음을 비유하는 말이다.

사람이 아무리 빨리 뛰어도 그림자는 그대로 따라오는 것처럼, 자신의 허물이나 어떤 사안에 대한 근본적인 해결책을 강구하지 못하는 어리석음을 비유하는 말이다.

공자(孔子)가 제자들과 숲에서 놀며 거문고를 타면서 시를 읊었다. 이때 어떤 어부가 공자의 제자에게 공자가 누구냐고 물었다. 그러자 자공(子貢)이 대답했다.

"저 공씨는 마음으로는 충언을 생각하고, 몸으로는 인의를 행하며, 예악을 닦아 갖추고 인륜을 정하며, 위로는 임금에게 충성하고 아래로는 백성을 교화해서 장차 천하를 이롭게 하려고 합니다. 이것이 공자가 다스리는 도입니다."

이에 어부는 돌아섰다. 그리고 걸어가면서 중얼거렸다.

"어질기는 어질다. 그러나 그 몸의 화는 면하지 못할 것이다. 함부로 마음을 괴롭히고 몸을 기쁘게 해서 그 참된 성품을 위태롭게 하는 것이다. 아아, 도를 멀리도 떠났구나!"

자공이 돌아와 공자에게 말하니, 공자는 정색을 하고 탄식하면서 그 어부를 찾아가 두 번 절하고 배움을 청했다.

어부가 공자에게 말했다. "이제 당신은 위로는 제후나 재상의 권세도 없고, 아래로는 대신(大臣)이나 어떤 벼슬도 없으면서, 마음대로 예의와 음악을 꾸미고, 인륜을 정하여 백성을 교화하려 하고 있으니, 너무 많은 일을 하는 것이 아닌지?"

이어서 어부는 사람들이 지니기 쉬운 팔자[八疵 : 자기가 하지 않아도 되는 일을 하는 총(摠)·영(侫)·첨(諂), 유(諛)·참

(讒)・적(賊)・특(慝)・험(險)의 여덟 가지 허물}와 사환(四患
: 큰일을 해내려고 기존의 것들을 변경하여 공명을 이루려고
애쓰는 도(叨)・탐(貪)・흔(很)・긍(矜)의 네 가지 환난}을 들
어 공자의 허물을 암시하였다. 그래도 공자가 깨닫지 못하고,
자신이 여러 가지 곤경을 겪는 까닭을 모르겠다고 했다.

그러자 어부가 말했다.

"어떤 사람이 자기 그림자가 두렵고 자기 발자국이 싫어
서 이것들을 떠나 달아나려 하였는데, 발을 자주 놀릴수록 발
자국은 더욱 많아졌고, 빨리 뛰면 뛸수록 그림자는 그의 몸을
떠나지 않았습니다(人有畏影惡跡而去之走者 擧足愈數而跡愈
多 走愈疾而影不離身). 그는 자기가 더디게 뛰기 때문이라 생
각하고는 쉬지 않고 질주하다가 결국 기력이 다하여 죽어 버
리고 말았습니다. 그는 그늘 속에 쉬면 그림자가 없어지고,
가만히 있으면 발자국도 그친다는 사실을 몰랐던 것이니 심
히 어리석다고 할 것입니다."

『외영오적(畏影惡跡)』도 이와 비슷한 의미로 사용된다.

■ 眞者 精誠之至也 不精不誠 不能動人
　　진 자　정 성 지 지 야　부 정 불 성　불 능 동 인

"진(眞)이란 정성(精誠)의 지극함이다. 순수하지 않거나

성실하지 못하면 사람의 마음을 움직일 수가 없다."

【寓言】 공자가 말했다. "무엇을 진(眞)이라고 하는지 듣고 싶습니다."

어부가 말했다. "진(眞)이란 정성(精誠)의 지극함이오. 순수하지 않거나 성실하지 못하면 사람의 마음을 움직일 수가 없습니다(眞者 精誠之至也 不精不誠 不能動人). 그러므로 억지로 곡(哭)을 하는 자는 비록 비통해 보이더라도 슬픈 것이 아니고, 억지로 성내는 자는 비록 엄하게 보여도 위엄을 느끼지 못하며, 억지로 친하고자 하는 자는 비록 웃더라도 사람들과 어울리지 못합니다.

진정한 슬픔은 소리가 없어도 슬픈 것이고, 진정한 노여움은 성내지 않아도 위엄이 있으며, 진정한 친밀함은 웃음이 없어도 사람들과 잘 어울립니다.

마음속에 진정이 있으면 신묘한 작용이 밖으로 드러나기 때문이니, 이것이 진정을 소중하게 여기는 까닭이오. 그것을 사람의 도리에 적용시켜 봅시다.

그것으로 어버이를 섬길 때는 자애와 효행이 되고, 임금을 섬길 때는 충(忠)과 정(貞)이 되고, 술을 마시면 기쁨과 즐거움이 되고, 상(喪)을 당해서는 슬픔이 됩니다.

충(忠)과 정(貞)은 공을 세우기 위한 것이고, 술을 마시는 것은 즐거움이 제일이고, 상(喪)을 치르는 것은 슬픔을 나타내기 위함이며, 어버이를 섬기는 것은 어버이의 뜻을 따르기 위함입니다.

공(功)을 이루기 위한 방법이 일정하게 정해져 있지 않습니다. 어버이를 섬길 때는 어버이의 뜻에 맞으면 되지, 그 방법은 따질 것이 없으며, 술을 마실 때는 즐거우면 그만이지, 술잔을 가리지 않으며, 상(喪)을 치를 때는 애통해 하면 되는 것이지, 장례의 예(禮)를 문제 삼을 일은 아닙니다.

禮라는 것은 세속에서 인위적으로 만든 것이며, 진정이라는 것은 자연에서 받은 것이므로 원래 그러한 것이니 바뀔 수가 없는 것입니다.

그러므로 성인은 하늘을 본받고, 진정을 귀하게 여겨 속세의 풍속에 얽매이지 않습니다. 어리석은 자들은 이에 반하여 하늘의 법을 본받을 줄 모르고, 사람의 일을 걱정하며 진정을 귀하게 여길 줄 모르고, 이리저리 휩쓸리면서 세속에 물들어 만족을 모르니 안타까울 따름입니다. 선생은 일찍부터 인위(人爲)에 빠져 지금에서야 대도(大道)를 듣게 되었소이다.”

9. 漁父

孔子遊乎緇帷之林, 休坐乎杏壇之上. 弟子讀書, 孔子弦歌鼓琴. 奏曲未半, 有漁父者, 下船而來, 須眉交白, 被髮揄袂, 行原以上, 距陸而止, 左手據膝, 右手持頤以聽. 曲終而招子貢, 子路二人俱對. 客指孔子曰: "彼何爲者也?" 子路對曰: "魯之君子也." 客問其族. 子路對曰: "族孔氏." 客曰: "孔氏者何治也?" 子路未應, 子貢對曰: "孔氏者, 性服忠信, 身行仁義, 飾禮樂, 選人倫. 上以忠於世主, 下以化於齊民, 將以利天下. 此孔氏之所治也." 又問曰: "有土之君與?" 子貢曰: "非也." "侯王之佐與?" 子貢曰: "非也." 客乃笑而還行, 言曰: "仁則仁矣, 恐不免其身. 苦心勞形以危其真. 嗚呼! 遠哉, 其分於道也."

子貢還, 報孔子. 孔子推琴而起, 曰: "其聖人與?" 乃下求之, 至於澤畔, 方將杖拏而引其船, 顧見孔子, 還鄕而立. 孔子反走, 再拜而進. 客曰: "子將何求?" 孔子曰: "曩者先生有緒言而去, 丘不肖, 未知所謂, 竊待於下風, 幸聞咳唾之音, 以卒相丘也." 客曰: "嘻! 甚矣, 子之好學也!" 孔子再拜而起, 曰: "丘少而修學, 以至於今, 六十九歲矣, 無所得聞至 敎,敢不虛心!"客曰:"同類相從, 同聲相應, 固天之理也. 吾請釋吾之所有而經子之所以. 子之所以者, 人事也. 天子諸侯大夫庶人, 此四者自正, 治之美也;四者離位而亂莫大焉. 官治其職, 人憂其事, 乃無所陵. 故田荒室露, 衣食不足, 征賦不屬, 妻妾不和, 長少無序, 庶人之憂也;能不勝任, 官事不治, 行不清白, 群下荒怠, 功美不有, 爵祿不持, 大夫之憂也;廷無忠臣, 國家昏亂, 工技不巧, 貢職不美, 春秋後倫, 不順天子, 諸侯之憂也;陰陽不和, 寒暑不時, 以傷庶物, 諸侯暴亂, 擅相攘伐, 以殘民人, 禮樂不節, 財用窮匱, 人倫不飭, 百姓淫亂, 天子有司之憂也. 今子既上無君侯有司之勢, 而下無大臣職事之官, 而擅飾禮樂, 選人倫, 以化齊民, 不泰多事乎? 且人有八疵, 事有四患, 不可不察也. 非其事而事之, 謂之摠;莫之顧而進之, 謂之佞;希意道言, 謂之諂;不擇是非而言, 謂之諛;好言人之惡, 謂之讒;析交離親, 謂之賊;稱譽詐僞以敗惡人, 謂之慝;不擇善否, 兩容頰適, 偸拔其所欲, 謂之險. 此八疵者, 外以亂人, 內以傷身, 君子不友, 明君不臣. 所謂四患者:好經大事, 變更易常, 以掛功名, 謂之叨;專知擅事, 侵人自用, 謂之貪;見過不更, 聞諫愈甚, 謂之很;人同於己則可, 不同於己, 雖善不善, 謂之矜. 此四患也. 能去八疵, 無行四患, 而始可教已.

孔子愀然而歎, 再拜而起, 曰: "丘再逐於魯, 削跡於衛, 伐樹於宋, 圍於陳蔡. 丘不知所失, 而離此四謗者何也?" 客凄然變容曰: "甚矣, 子之難悟也! 人有畏影惡跡而去之走者, 舉足愈數而跡愈多, 走愈疾而影不離身, 自以爲尙遲, 疾走不休, 絕力而死. 不知處陰 以休影, 處靜以息跡, 愚亦甚矣! 子審仁義之間, 察同異之際, 觀動靜之變, 適受與之度, 理好惡之情, 和喜怒之節, 而幾於不免矣. 謹修而身, 愼守其眞, 還以物與人, 則無所累矣. 今不修之身而求之人, 不亦外乎!"

孔子愀然曰: "請問何謂眞?" 客曰: "眞者, 精誠之至也. 不精不誠, 不能動人. 故强哭者, 雖悲不哀, 强怒者, 雖嚴不屯, 强親者, 雖笑不和. 眞悲無聲而哀, 眞怒未發而威, 眞親未笑而和. 眞在內者, 神動於外, 是所以貴眞也. 其用於人理也, 事親則慈孝, 事君則忠貞, 飮酒則歡樂, 處喪則悲哀. 忠貞以功爲主, 飮酒以樂爲主, 處喪以哀爲主, 事親以適爲主. 功成之美, 無一其跡矣; 事親以適, 不論所以矣; 飮酒以樂, 不選其具矣; 處喪以哀, 無問其禮矣. 禮者, 世俗之所爲也; 眞者, 所以受於天也, 自然不可易也. 故聖人法天貴眞, 不拘於俗. 愚者反此. 不能法天而恤於人, 不知貴眞, 祿祿而受 變於俗, 故不足. 惜哉, 子之蚤湛於僞而晚聞大道也!"

孔子再拜而起曰:“今者丘得遇也, 若天幸然. 先生不羞而
比之服役而身教之. 敢問舍所在, 請因受業而卒學大道.”客
曰:“吾聞之, 可與往者, 與之至於妙道;不可與往者, 不知
其道. 愼勿與之, 身乃無咎. 子勉之, 吾去子矣, 吾去子矣!”乃
刺船而去, 延緣葦間.

顔淵還車, 子路授綏, 孔子不顧, 待水波定, 不聞拏音而後
敢乘. 子路旁車而問曰:“由得爲役久矣, 未嘗見夫子遇人
如此其威也. 萬乘之主, 千乘之君, 見夫子未嘗不分庭伉禮,
夫子猶有倨傲之容. 今漁父杖拏逆立, 而夫子曲要磬折, 言拜
而應, 得無太甚乎!門人皆怪夫子矣, 漁父何以得此乎!”孔
子伏軾而歎, 曰:”甚矣, 由之難化也!湛於禮義有間矣, 而
樸鄙之心至今未去. 進, 吾語汝:夫遇長不敬, 失禮也;見賢
不尊, 不仁也. 彼非至人, 不能下人. 下人不精, 不得其眞,
故長傷身. 惜哉!不仁之於人也, 禍莫大焉, 而由獨擅之. 且
道者, 萬物之所由也. 庶物失之者死, 得之者生. 爲事逆之則
敗, 順之則成. 故道之所在, 聖人尊之. 今之漁父之於道, 可
謂有矣, 吾敢不敬乎!”

10. 열어구(列禦寇)

하늘과 땅을 관으로 삼고,
만물을 저승길 가는 선물로 삼는다

열어구(열자)가 제(齊)나라로 가다 말고 돌아오는 길에 스승 백혼무인(伯昏瞀人)을 만났다.

백혼무인이 말했다. "어찌하여 가다 말고 돌아왔느냐?"

열자가 말했다. "제게 놀랄 일이 있었기 때문입니다."

백혼무인이 말했다. "무엇에 놀랐다는 것이냐?"

열자가 말했다. "가는 길에 열 곳의 주막에서 식사를 했는데, 그 가운데 다섯 곳에서 제게 돈을 내기 전에 음식을 갖다 주었습니다."

백혼무인이 말했다. "어찌하여 그 정도의 일로 놀랐는가?"

열자가 말했다. "무릇 내면의 성실성이 풀리지 않아 밖으로 드러나 빛을 이루어 밖으로 사람들의 마음을 눌렀기 때문에 사람들로 하여금 노인들을 가볍게 여겨 공경하지 않게 했으니, 그로 인해 환난을 불러들이게 될 것입니다.

식당 주인은 다만 음식을 팔아서 남는 이익을 추구하니 거기서 얻어지는 이익이 적고, 그로 얻어지는 권세도 미약할 텐데도, 그들이 저를 그토록 우대하였으니, 하물며 만승(萬乘)의 천자야 더 말할 것이 있겠습니까?

천자는 나라 일을 하느라 몸이 지치고 마음이 진했기 때문에 내가 간다면 그는 저에게 나라 일을 맡겨 공을 세우기를 바랄 것입니다. 저는 이 때문에 놀란 것입니다."

백혼무인이 말했다. "잘 보았구나. 훌륭한 생각이다! 네가 자신을 잘 닦으면 사람들이 너를 따르게 될 것이다."

*열어구(列禦寇) ; 도가의 세 스승, 곧 노자(老子)·장자(莊子)·열자(列子)의 열자이다. 성이 열(列)이고 이름은 어구(禦寇).

■ <ruby>巧<rt>교</rt></ruby><ruby>者<rt>자</rt></ruby><ruby>勞<rt>노</rt></ruby><ruby>而<rt>이</rt></ruby><ruby>知<rt>지</rt></ruby><ruby>者<rt>자</rt></ruby><ruby>憂<rt>우</rt></ruby> <ruby>無<rt>무</rt></ruby><ruby>能<rt>능</rt></ruby><ruby>者<rt>자</rt></ruby><ruby>無<rt>무</rt></ruby><ruby>所<rt>소</rt></ruby><ruby>求<rt>구</rt></ruby>

"재주 있는 자는 수고스럽고, 지식이 있는 자는 걱정이 많으며, 무능한 자는 바라는 것이 없다."

{너무 재주가 많은 자는 수고가 많고, 너무 영리한 자는 쓸데없는 걱정으로 고생이 많다. 오히려 무능한 자는 밖으로 추구할 것이 없으니, 배불리 먹고 마음대로 놀면서 둥둥 얽매임 없이 떠다니는 배와 같이 스스로를 비우고 자유로이 노니는 사람이다.

그것 역시 하나의 재능이다.}

■ <ruby>知<rt>지</rt></ruby><ruby>道<rt>도</rt></ruby><ruby>易<rt>이</rt></ruby> <ruby>勿<rt>물</rt></ruby><ruby>言<rt>언</rt></ruby><ruby>難<rt>난</rt></ruby> <ruby>知<rt>지</rt></ruby><ruby>而<rt>이</rt></ruby><ruby>不<rt>불</rt></ruby><ruby>言<rt>언</rt></ruby> <ruby>所<rt>소</rt></ruby><ruby>以<rt>이</rt></ruby><ruby>之<rt>지</rt></ruby><ruby>天<rt>천</rt></ruby><ruby>也<rt>야</rt></ruby>

"도를 알기는 쉬워도 말하지 않기는 어렵다. 알면서 말하지 않는 것은 자연을 따르기 때문이다."

【寓言】 장자가 말했다. "道를 알기는 쉽고, 그것을 말하지 않기란 어렵다. 알면서 말하지 않는 것이 자연의 세계로 들어가는 길이고, 道를 알고서 그것을 말해버리는 것은 인위의 세계로 들어가는 것이다. 옛사람은 자연을 살폈지 인위를 추구하지 않았다."

■ 朱泙漫學屠龍於支離益 單千金之家

三年技成而無所用其巧

"주평만(朱泙漫)은 지리익(支離益)에게서 용을 잡는 기술을 배웠다. 천금의 가산을 탕진하여 3년 만에 그 재주를 익혔지만, 그 재주를 쓸 곳이 없었다."

*屠 ; 도살하다, 잡다.

【寓言】 도룡지기(屠龍之技) ; 용을 잡는 재주라는 뜻으로, 쓸데없는 재주를 이르는 말이다. 용은 상상의 동물이므로 용을 잡는 재주는 아무 쓸모없는 재주라는 말이다.

열어구(列禦寇)는 성이 열(列)이고 이름은 어구(禦寇)라고 불린 사람으로, 후세 사람들이 존중해서 열자(列子)라 불렀다. 열어구편은 인위적인 지(知)를 떠나 무위자연의 참된 자연의 지(知)를 터득하는 것에 관한 내용으로 모두 열 편의 독립된 단장으로 구성되어 있다.

장자는 천지만물의 근원인 도는 인격적인 것으로, 그것을 파악하기 위해서는 인위적인 지식을 떠나 도 그 자체에 몰입할 때 비로소 가능하다고 보았다. 장자는 지인과 소인의 차이를 이렇게 설명하고 있다.

장자가 말했다. " '道를 알기는 쉽고, 그것을 말하지 않기란 어렵다. 알면서 말하지 않는 것이 자연의 세계로 들어가는 길이고, 道를 알고서 그것을 털애버리는 것은 인위의 세계로 들어가는 것이다.' 옛사람은 자연을 살폈지 인위를 추구하지 않았다.

주평만(朱泙漫)이란 자는 지리익(支離益)에게서 용을 잡는 기술을 배웠다. 천금이나 되는 가산을 탕진하여 삼 년 만에 그 재주를 이어받았지만, 그 재주를 쓸 곳이 없었다(朱泙漫學 屠龍於支離益 單千金之家 三年技成而無所用其巧).

성인은 필연적인 일에 임할 때에도 그것을 필연적인 것으로 생각하지 않으므로 마음속에 감정의 다툼이 없다. 그러나 범속한 사람들은 필연적인 일이 아닌데도 필연적인 것으로 여기고 행동하므로 마음속에 감정의 다툼이 많고, 그런 다툼을 믿고 행하니까 밖에서 찾는 데가 있게 된다. 마음속의 다툼을 믿고 행동하면 파멸로 이르기 마련이다."

장자는 천지만물의 근원인 도를 인간이 파악하기 위해서는 인위적인 지식을 떠나 道 그 자체에 몰입할 때 비로소 가능해진다고 보았다.

■ 舐痔者得車

"똥구멍을 핥아 수레를 얻는다."

*舐痔 ; 남의 치질을 핥다, 후안무치하게 아첨하다.

【寓言】송(宋)나라 사람으로 조상(曹商)이란 사람이 있었는데, 송나라 왕을 위하여 진(秦)나라에 사신으로 갔다. 출발할 때는 몇 대의 수레를 타고 떠났는데, 진나라 왕이 그를 반겨 수레 백 대를 보태주었다.

조상이 송나라로 돌아와 장자를 만나 말했다. "옹색한 마을에서 궁색하게 살면서 짚신이나 삼고 비쩍 말라 누렇게 뜬 얼굴을 하고 있는 건 내게 어울리지 않습니다. 그러나 한 번에 만승의 천자를 깨닫게 하여 따르는 수레가 백 대가 되게 하는 것은 제가 잘하는 일입니다."

장자가 말했다. "진왕(秦王)이 병이 나서 의원을 불렀습니다. 종기를 째고 고름을 짠 의원은 수레 한 대를 받았는데, 똥구멍을 빨아서 치질을 고쳐 준 의원은 수레 다섯 대를 받았습니다(舐痔者得車五乘). 치료해 주는 부위가 아래로 내려갈수록 수레의 수가 많아진 셈입니다. 당신은 어떻게 진왕의 치질을 고쳐주었습니까? 어떻게 그렇게 많은 수레를 얻을 수 있었습니까? 그만 돌아가시오."

미천한 일을 하여 큰 이익을 얻음을 이르는 말로서, 자신의 목적을 위해서는 수단과 방법을 가리지 않음을 비난하여 이르는 말이다.

■ 凡人心險於山川 難於知天
범 인 심 험 어 산 천　　난 어 지 천

"무릇 사람의 마음은 산이나 강보다 험하고, 하늘을 아는 것보다 어렵다."

【寓言】공자가 말했다. "무릇 사람의 마음은 산이나 강보다 험하고, 하늘을 아는 것보다 어렵습니다(凡人心險於山川 難於知天). 하늘은 사계절과 아침저녁이 있으나, 사람은 두꺼운 얼굴 속에 마음을 깊이 숨기고 있습니다. 그 때문에 외모는 성실하게 보여도 교만한 사람이 있고, 겉으로는 잘난 것처럼 보이나 못난 사람이 있습니다. 겉으로는 신중한 것 같지만 경박한 사람이 있고, 겉으로는 강건하게 보이지만 유약한 자가 있고, 겉으로는 느긋한 듯 보이지만 급한 사람이 있습니다. 그러므로 의를 목마르게 추구하던 사람도 뜨거운 것을 피하듯 의를 떠나기도 합니다.

그러므로 군자는,

첫째, 사람을 멀리 놓고 부리면서 충성스러움을 살펴보고,

둘째, 가까이서 일을 시켜 그가 일을 공경하는지를 살피고,

셋째, 번거로운 일을 시켜 능력을 살피고,

넷째, 갑자기 질문을 던져 지혜를 살피고,

다섯째, 급하게 약속을 하여 신용을 살피고,

여섯째, 재물을 맡겨 어짊을 살피고,

일곱째, 위급함을 알려서 절의(節義)를 살피고,

여덟째, 술에 취하게 해서 법도를 살피고,

아홉째, 여자와 함께 있게 하여 호색(好色)을 살핀다.

이 아홉 가지의 검증을 거치면 어리석은 사람을 가려낼 수 있을 것입니다(九徵至 不肖人得矣)."

■ 九徵至 不肖人得
　구 징 지　불 초 인 득

"아홉 가지 검증을 거치면 못난 자를 가려낼 수 있다."

*徵 ; 증명하다, 검증하다.

*不肖 ; 닮지 않았다는 뜻으로, 매우 어리석은 사람을 말하거나 자식이 부모에게 낮출 때 쓰는 말.

【寓言】팔징구징(八徵九徵) ; "여덟 가지 징조와 아홉 가지 검증"이라는 뜻으로, 사람의 됨됨이를 판단하는 기준이나 방법을 이르는 말이다.

중국 고대 병서 《육도(六韜)》와 도교 철학서 《장자》에 나오는 인재선발의 여덟 가지 기준(八徵)과 아홉 가지 검증(九徵)을 합친 말이다. 아홉 가지 검증은 위에서 말했고, 여덟 가지 기준을 알아보자.

첫째, 말로 물어 말투를 살피고,

둘째, 말로써 궁지에 몰아넣어 변화를 살핀다.

셋째, 주변 사람에게 물어 그 성실함을 살피고,

넷째, 분명하게 드러내어 물어 덕성을 살피고,

다섯째, 재물을 다루게 하여 청렴함을 살피고,

여섯째, 여색으로 시험하여 정조를 살핀다.

일곱째, 어려운 상황을 알려 용기를 살피고,

여덟째, 술에 취하게 하여 태도를 살핀다.

이렇게 여덟 가지 징조를 시험해 보면 어질고 어리석음을 구별할 수 있다(八徵皆備 則賢不肖別矣).

이 같은 방법은 오늘날에도 사람의 됨됨이를 판별하고 인재를 발굴하는 방법으로 여전히 유효하게 받아들여지고 있다.

■ 千金之珠 必在九重之淵而驪龍頷下
천 금 지 주　필 재 구 중 지 연 이 여 룡 함 하

"천금의 진주는 틀림없이 깊고 깊은 연못, 검은 용의 턱 밑에 있었을 것이다."

*驪 ; 가라말, 검다, 검은 용.

*頷 ; 턱.

【寓言】 탐려득주(探驪得珠) ; "흑룡을 찾아 진주를 얻는다."라는 뜻으로, 문장이나 용어가 주제나 핵심을 잘 드러내고 있음을 비유하는 말이다.

춘추시대 한 사람이 송(宋)나라 임금님을 뵈었더니, 그에게 수레 열 대를 주었다. 그가 이 사실을 장자에게 뽐내자, 장자가 말했다

"황하(黃河)에 갈대로 발을 짜서 생계로 삼는 가난한 집이 있었다. 그 집 아들이 깊은 물속까지 들어가 천금의 가치가 있는 진주를 얻었다. 그러자 아버지가 자식에게, '돌을 가져와서 그 진주를 부셔버려라. 무릇 천금의 가치가 있는 진주는 반드시 아홉 겹의 심연 속에 사는 흑룡의 턱 밑에서 생기는 것이다(夫千金之珠 必在九重之淵而驪龍頷下). 네가 진주를 얻을 수 있었던 것은 흑룡이 잠을 자고 있었기 때문임이 틀림없다. 흑룡이 깨어났다면 네가 어찌 진주를 얻을 수 있었겠느냐.'라고 말했다.

지금 송나라의 깊음은 아홉 겹의 심연에 비할 바가 아니고, 송나라 왕의 흉맹함은 흑룡에 비할 바가 아니다. 그런데도 그대가 수레를 얻을 수 있었던 것은 왕이 잠든 때를 만났기 때문임이 틀림없다. 만약 송나라 왕이 깨어 있었다면 그대의 몸은 부서져 가루가 되었을 것이다."

장자는 그에게, 왕에게 아첨하여 이득을 얻는 것은 흑룡의 턱 밑에 있는 진주를 얻는 일보다 더 위험한 일임을 비유적으로 설명한 것이다.

원래 『탐려득주』는 큰 위험을 무릅쓰고 큰 이익을 얻는 것을 의미하는데, 나중에는 원뜻과 무관하게 문장이나 용어가 주제나 핵심을 잘 드러내고 있음을 비유하는 말로 사용되게 되었다.

■ 子見夫犧牛乎
자 견 부 희 우 호

"그대는 저 희생(犧牲)에 쓰이는 소를 보았는가?"
*犧 ; 희생(犧牲).

초왕(楚王)이 사신을 보내어 장자를 재상으로 초빙하고자 했다.

장자가 사신에게 말했다. "당신은 희생(犧牲)에 쓰는 소를 보았습니까? 수를 놓은 비단옷을 입히고 풀과 콩을 먹여 잘 키우지만, 막상 끌려 태묘(太廟)에 들어가게 되었을 때 그 소가 어미 잃은 외로운 송아지가 되기를 바란들 무슨 소용이 있겠소."

권력투쟁의 제물이 되는 것보다는 차라리 평민의 몸으로

평생을 아무 일 없이 보내고 싶다는 장자의 생각이다.

또 〈추수〉 편에도 있는 이야기다.

장자가 복수(濮水) 가에서 낚시질을 하고 있을 때, 초왕이 사람을 보내 장자를 초빙하고자 했다.

장자는 낚싯대를 드리운 채 돌아보지도 않고 말했다. "내가 듣기로는, 초나라에는 신구(神龜)라는 신령스런 거북이 있는데, 죽은 지 이미 삼천 년이나 되었다고 합니다. 임금은 그 거북을 비단으로 잘 싸서 상자에 넣어 묘당 위에 그것을 보관하고 있다고 하더이다. 그 거북의 입장이라면, 죽어서 뼈만 남아 존귀하게 되고 싶겠습니까, 아니면 살아서 진흙 속에 꼬리를 끌고 다니고 싶겠습니까(寧其生而曳尾於塗中乎)? 그만 돌아가시오."

■ 吾以天地爲棺槨
오 이 천 지 위 관 곽

"나는 하늘과 땅을 관곽으로 삼겠다."

*棺槨 ; 속 널과 겉 널.

【寓言】 장자(莊子)가 막 죽으려 할 때 제자들이 장례를 후하게 치르고자 했다.

장자가 말했다. "나는 하늘과 땅을 관곽(棺槨)으로 삼고,

해와 달을 한 쌍의 옥(玉)으로 삼고, 하늘에 떠 있는 별들을
둥근 옥과 모난 옥으로 삼고, 만물을 저승길 가는 선물로 삼
을 것이다. 그러니 내 장례에 필요한 도구는 완비되지 않았는
가. 무엇을 여기다 더 보탤 것이 있겠는가(吾以天地爲棺槨 以
日月爲連璧 星辰爲珠璣 萬物爲齎送 吾葬具豈不備邪 何以加
此)!"

　　제자들이 말했다. "저희들은 까마귀나 솔개가 선생님의
시신을 파먹을까 두렵습니다."

　　장자가 말했다. "풍장(風葬)을 하면 위에서 까마귀와 솔
개의 먹이가 되고, 매장(埋葬)을 하면 아래에서 땅강아지와
개미의 먹이가 될 것인데, 저쪽 것을 빼앗아 이쪽에다 주는
것은 아무래도 불공평하지 않은가."

■ 　이　불　평　평　　기　평　야　불　평
　　以不平平　其平也不平

　　"공평하지 않은 것을 기준으로 다른 것을 공평하게 하려
고 하면 진정한 공평이 아니다."

　　【寓言】 공평하지 않은 것을 기준으로 다른 것을 공평하
게 하려고 하면 진정한 공평이 아니고, 명백하지 않은 것을
기준으로 명백하게 하면 그런 명백함은 진정한 명백함이 되

지 못한다.

눈은 다만 정신의 심부름을 할 뿐이고, 정신이 이것을 명백하게 포착하는 것이니, 무릇 눈이 정신을 이기지 못한 지가 오래되었는데, 세상의 어리석은 자들은 눈이 본 것만을 의지하여 인위(人爲)의 세계에 빠져 들어가서 공적을 밖으로 드러내려 하니 또한 슬프지 아니한가!

10. 列禦寇

列禦寇之齊, 中道而反, 遇伯昏瞀人. 伯昏瞀人曰: "奚方而反?"曰: "吾驚焉."曰: "惡乎驚?"曰: "吾嘗食於十漿而五漿先饋."伯昏瞀人曰: "若是則汝何爲驚已?"曰: "夫內誠不解, 形諜成光, 以外鎭人心, 使人輕乎貴老, 而齏其所患. 夫漿人特爲食羹之貨, 無多餘之贏, 其爲利也薄, 其爲權也輕, 而猶若是, 而況於萬乘之主乎! 身勞於國而知盡於事. 彼將任我以事, 而效我以功. 吾是以驚."伯昏瞀人曰: "善哉觀乎! 女處已, 人將保汝矣!"

無幾何而往, 則戶外之屨滿矣. 伯昏瞀人北面而立, 敦杖蹙之乎頤. 立有間, 不言而出. 賓者以告列子, 列子提屨, 跣而走, 暨於門, 曰: "先生既來, 曾不發藥乎?"曰: "已矣, 吾固告汝曰: 人將保汝. 果保汝矣! 非汝能使人保汝, 而汝不能使人無保汝也, 而焉用之感豫出異也. 必且有感, 搖而本性, 又無謂也. 與汝遊者, 又莫汝告也. 彼所小言, 盡人毒也. 莫覺莫悟, 何相孰也. 巧者勞而知者憂, 無能者無所求, 飽食而敖遊, 汎若不系之舟, 虛而敖遊者也!

"鄭人緩也, 呻吟裘氏之地. 祇三年而緩爲儒. 河潤九里,澤及三族, 使其弟墨. 儒墨相與辯, 其父助翟. 十年而緩自殺.
其父夢之曰 :'使而子爲墨者, 予也, 闔嘗視其良? 既爲秋柏
之實矣.' 夫造物者之報人也, 不報其人而報其人之天, 彼故使
彼. 夫人以己爲有以異於人, 以賤其親. 齊人之井飮者相捽也.
故曰 : 今之世皆緩也. 自是有德者以不知也, 而況有道者乎!
古者謂之遁天之刑. 聖人安其所安, 不安其所不安; 衆人安其
所不安, 不安其所安.

"莊子曰 :'知道易, 勿言難. 知而不言, 所以之天也. 知而
言之, 所以之人也. 古之人, 天而不人.' 朱泙漫學屠龍於支離
益, 單千金之家, 三年技成而無所用其巧. 聖人以必不必, 故
無兵; 衆人以不必必之, 故多兵. 順於兵, 故行有求. 兵, 恃
之則亡. 小夫之知, 不離苞苴竿牘, 敝精神乎蹇淺, 而欲兼濟
道物, 太一形虛. 若是者, 迷惑於宇宙, 形累不知太初. 彼至
人者, 歸精神乎無始, 而甘冥乎無何有之鄕. 水流乎無形, 發
泄乎太淸. 悲哉乎! 汝爲知在毫毛而不知大寧."

宋人有曹商者, 爲宋王使秦. 其往也, 得車數乘. 王說之,
益車百乘. 反於宋, 見莊子, 曰 : "夫處窮閭厄巷, 困窘織屨,
槁項黃馘者, 商之所短也; 一悟萬乘之主而從車百乘者, 商之
所長也." 莊子曰 : "秦王有病召醫. 破癰潰痤者得車一乘,
舐痔者得車五乘, 所治愈下, 得車愈多. 子豈治其痔邪? 何得

車之多也? 子行矣!"

魯哀公問乎顏闔曰．"吾以仲尼爲貞幹, 國其有瘳乎?" 曰
："殆哉圾乎! 仲尼方且飾羽而畫, 從事華辭. 以支爲旨, 忍
性以視民, 而不知不信. 受乎心, 宰乎神, 夫何足以上民! 彼
宜女與予頤與, 誤而可矣! 今使民離實學僞, 非所以視民也.
爲後世慮, 不若休之. 難治也!" 施於人而不忘, 非天布也, 商
賈不齒. 雖以事齒之, 神者弗齒. 爲外刑者, 金與木也 ; 爲內
刑者, 動與過也. 宵人之離外刑者, 金木訊之 ; 離內刑者, 陰
陽食之. 夫免乎外內之刑者, 唯眞人能之.

孔子曰： "凡人心險於山川, 難於知天. 天猶有春秋冬夏
旦暮之期, 人者厚貌深情. 故有貌願而益, 有長若不肖, 有愼
狷而達, 有堅而縵, 有緩而悍. 故其就義若渴者, 其去義若熱.
故君子遠使之而觀其忠, 近使之而觀其敬, 煩使之而觀其能,
卒然問焉而觀其知, 急與之期而觀其信, 委之以財而觀其仁,
告之以危而觀其節, 醉之以酒而觀其側, 雜之以處而觀其色.
九徵至, 不肖人得矣."

正考父一命而傴, 再命而僂, 三命而俯, 循牆而走, 孰敢不
軌! 如而夫者, 一命而呂鉅, 再命而於車上舞, 三命而名諸父.
孰協唐許? 賊莫大乎德有心而心有睫, 及其有睫也而內視, 內
視而敗矣! 凶德有五, 中德爲首. 何謂中德? 中德也者, 有以

自好也而吡其所不爲者也. 窮有八極, 達有三必, 形有六府. 美, 髯, 長, 大, 壯, 麗, 勇, 敢, 八者俱過人也, 因以是窮 ; 緣循, 偃仰, 困畏, 不若人三者俱通達 ; 知慧外通, 勇動多怨, 仁義多責, 六者所以相刑也. 達生之性者傀, 達於知者肖, 達大命者隨, 達小命者遭.

人有見宋王者, 錫車十乘. 以其十乘驕稚莊子. 莊子曰 : "河上有家貧恃緯蕭而食者, 其子沒於淵, 得千金之珠. 其父謂其子曰 : ‘取石來鍛之! 夫千金之珠, 必在九重之淵而驪龍頷下. 子能得珠者, 必遭其睡也. 使驪龍而寤, 子尙奚微之有哉!’ 今宋國之深, 非直九重之淵也 ; 宋王之猛, 非直驪龍也. 子能得車者, 必遭其睡也 ; 使宋王而寐, 子爲齏粉夫."

或聘於莊子, 莊子應其使曰 : "子見夫犧牛乎? 衣以文繡, 食以芻叔. 及其牽而入於大廟, 雖欲爲孤犢, 其可得乎!"

莊子將死, 弟子欲厚葬之. 莊子曰 : "吾以天地爲棺槨, 以日月爲連璧, 星辰爲珠璣, 萬物爲齏送. 吾葬具豈不備邪? 何以加此!" 弟子曰 : "吾恐烏鳶之食夫子也." 莊子曰 : "在上爲烏鳶食, 在下爲螻蟻食, 奪彼與此, 何其偏也." 以不平平, 其平也不平 ; 以不徵徵, 其徵也不徵. 明者唯爲之使, 神者徵之. 夫明之不勝神也久矣, 而愚者恃其所見入於人, 其功外也, 不亦悲夫!

11. 천하(天下)

의(義)를 행동윤리로 삼고,
예(禮)를 행동규범으로 삼는다.

세상에는 도술(道術)을 추구하는 사람이 많은데, 모두가 자기 도술이 제일이라고 생각한다. 그렇다면 옛날 사람들이 말한 소위 도술이라고 하는 것은 과연 어디에 있는 것일까?

말하자면, "존재하지 않는 곳은 없다."

또, "신은 어디서 내려왔으며, 명철은 어디서 나왔을까?"

"성인은 태어난 까닭이 있고, 임금은 임금이 된 까닭이 있으니, 모두가 하나의 도에 뿌리를 두고 있다."

도의 근본에서 떠나지 않은 사람을 일러 천인(天人)이라 하고, 도의 순수함에서 떠나지 않은 사람을 신인(神人)이라 하며, 도의 본질에서 떠나지 않은 사람을 지인(至人)이라 하고, 하늘을 근본으로 삼고, 덕을 뿌리로 삼으며, 도를 문으로 삼아 변화의 조짐을 미리 아는 사람을 성인(聖人)이라 한다.

인(仁)으로 은혜를 베풀고, 의(義)를 행동윤리로 삼으며, 예(禮)를 행동규범으로 삼고, 악(樂)으로 화합을 이루며, 따뜻하고 자애로운 사람을 군자라고 한다.

■ 腓^비無^무胈^발 脛^경無^무毛^모 沐^목甚^심雨^우 櫛^즐疾^질風^풍

"장딴지와 정강이 털이 다 빠지고, 거센 빗줄기에 머리를 감고 세찬 바람으로 머리를 빗는다."

*腓 ; 장딴지(종아리).

*胈 ; 정강이 털.

*脛 ; 정강이.

*櫛 ; 빗, 빗다, 빗질하다.

【寓言】즐풍목우(櫛風沐雨) ; "바람에 머리를 빗고, 비에 몸을 씻는다."는 뜻으로, 긴 세월 동안에 목적을 달성하기 위하여 온갖 난관을 무릅씀을 이르는 말이다.

머리는 바람에 빗질이 되고, 몸은 비에 젖어 씻겨, 온몸이 비바람에 시달린다. 긴 세월을 객지에서 떠돌며 갖은 고생을 다함을 이르는 말이다.

묵자는 자신의 도(道)에 대하여 이렇게 말하고 있다.

"옛날 우(禹)임금은 홍수를 막아 양자강과 황하의 흐름을 터서, 사방 오랑캐들의 땅과 온 나라에 흐르게 하여 큰 강 삼백 개와 작은 강 삼천 개를 만들었으며, 작은 물줄기는 헤아릴 수 없다. 그 때 우임금은 몸소 삼태기와 보습을 가지고 천하의 작은 강들을 모아 큰 강으로 흘러들게 했다. 그 때문에 장딴지의 살은 떨어지고, 종아리의 털이 다 닳아 없어지고, 쏟아지는 비로 머리를 감으며, 거센 바람을 맞으면서 모든 나라를 안정시키니 우임금은 큰 성인이셨다. 그러면서 천하를 위하여 자기 몸을 힘들게 한 것이 이러하였다(腓無胈 脛無毛 沐甚雨 櫛疾風 置萬國 禹大聖也 而形勞天下也如此)."

그래서 묵자는 뒷세상의 자기를 따르는 사람으로 하여금 굵은 베옷을 입히고 나무신이나 짚신을 신겼고, 또 밤낮을 쉬지 않고 스스로 괴로워하는 것으로서 도의 지극한 것이라고 생각하게 했다. 그래서 그 제자들에게 이렇게 말했다.

"이런 일을 할 수 없다면 우임금의 도가 아니니, 묵가(墨家)가 되기에 부족하다."

■ 천 능 복 지 이 불 능 재 지　지 능 재 지 이 불 능 복 지
天能覆之而不能載之　地能載之而不能覆之

대 도 능 포 지 이 불 능 변 지
大道能包之而不能辯之

"하늘은 만물을 덮을 수는 있지만 실을 수는 없고, 땅은 만물을 실을 수는 있지만 덮을 수는 없다. 대도(大道)는 모든 것을 포용하지만, 그것을 말로 표현할 수는 없다."

*覆 ; 뒤집(히)다, 전복되다, 덮다.

*載 ; 신다, 쌓다, 가득하다, 넘치다.

【寓言】 공평하여 어느 한쪽으로 치우치지 아니하고, 평이하여 사사로움이 없고, 무엇하나 결코 주장하지 않고, 사물을 대하여 나누어 차별하지 아니하며, 미리 짐작하여 주위를 돌아보지 아니하고, 얄팍한 지혜로 계책을 꾸미지 아니하며, 외물을 대할 때 가리지 아니하고, 사물과 함께 가니 옛 도술(道術) 중에 이런 사람들이 있었다.

팽몽(彭蒙)과 전병(田騈)과 신도(愼到)가 그러한 학풍을 듣고 기뻐하였다. 그들은 만물을 평등하게 보고 그것을 으뜸가는 주장으로 삼아서 말하기를,

"하늘은 만물을 덮을 수는 있지만 실을 수는 없고, 땅은 만물을 실을 수는 있지만 덮을 수는 없다. 위대한 도는 모든 것을 포용하지만, 그것을 말로 표현할 수는 없다(天能覆之而不能載之 地能載之而不能覆之 大道能包之而不能辯之)."라고 했는데, 그로써 만물에는 인위적으로 가능한 것도 있지만 불가능한 것도 있음을 알고 있었다.

그래서 그들은 말하기를, "인위적으로 선택하면 모든 것에 보편적일 수 없고, 가부(可否)를 따져서 차별하면 완전한 경지에 이르지 못한다. 참다운 道는 어느 것 하나 빠뜨리지 않는 것이다."라고 했다.

荒唐之言 無端崖之辭
황 당 지 언 　 무 단 애 지 사

"황당한 말과 종잡을 수 없는 언사(言辭)"

*荒唐 ; 언행이 허황하여 믿을 수 없음, 거칠고 허황함.

*端 ; 끝, 단정하다, 처음.

*崖 ; 절벽, 낭떠러지, 벼랑, 사물의 가장자리(끝).

【寓言】황당무계(荒唐無稽) ; "허황되고 근거가 없다" 라는 뜻으로, 언행이 터무니없고 믿을 수 없음을 비유하는 말이다.

"황홀하고 적막하여 아무 형체도 없고 변화무쌍하다. 죽은 것인가, 산 것인가? 천지와 함께 나란히 존재하는 것인가? 신명에 따라 가는 것인가(惚漠無形 變化無常 死與生與 天地竝與 神明往與)? 망연히 어디로 가는 것인가? 홀연히 어디로 가는 것인가? 만물을 망라하고 있지만, 족히 귀일(歸一)할 곳이 없다. 옛날의 도술에는 이러한 경향이 있는 자가 있었다.

장주는 이런 학풍을 듣고 기뻐하였다. 그는 아득한 이론에 황당한 말(荒唐之言)과 종잡을 수 없는 말로(無端崖之辭) 이를 논하였다. 때로는 마음대로 논하였지만 치우치는 일이 없었고, 한 가지에만 얽매인 견해를 주장하지는 않았다."

이로써 『황당무계』는 언행이 터무니없고 허황하여 믿을 수 없는 경우를 비유하는 성어로 사용된다. 황탄무계(荒誕無

稽)라고도 한다.

■ <ruby>大<rt>대</rt></ruby><ruby>同<rt>동</rt></ruby><ruby>而<rt>이</rt></ruby><ruby>與<rt>여</rt></ruby><ruby>小<rt>소</rt></ruby><ruby>同<rt>동</rt></ruby><ruby>異<rt>이</rt></ruby> <ruby>此<rt>차</rt></ruby><ruby>之<rt>지</rt></ruby><ruby>謂<rt>위</rt></ruby> <ruby>小<rt>소</rt></ruby><ruby>同<rt>동</rt></ruby><ruby>異<rt>이</rt></ruby>

　<ruby>萬<rt>만</rt></ruby><ruby>物<rt>물</rt></ruby><ruby>畢<rt>필</rt></ruby><ruby>同<rt>동</rt></ruby><ruby>畢<rt>필</rt></ruby><ruby>異<rt>이</rt></ruby> <ruby>此<rt>차</rt></ruby><ruby>之<rt>지</rt></ruby><ruby>謂<rt>위</rt></ruby> <ruby>大<rt>대</rt></ruby><ruby>同<rt>동</rt></ruby><ruby>異<rt>이</rt></ruby>

　"크게 보면 같다가도 작게 보면 다르니 이것을 소동이(小同異)라 하고, 만물은 모두 같기도 하고 다르기도 하니 이것을 대동이(大同異)라 한다."

　*畢 ; 전부, 완전히, 모두.

　【寓言】대동소이(大同小異) ; "크게 같고 작게 다르다"라는 말로, 거의 같고 조금 다름. 비슷하다는 말.

　장자는 묵가(墨家)와 법가(法家) 등이 주장하는 논점을 밝혀 비판하고 도가의 철학을 선양한 다음, 뒷부분에 친구인 혜시(惠施)의 논리학을 소개하고, 이에 자기 의견을 덧붙였다. 『대동소이』라는 말도 혜시의 말 가운데 나온다.

　혜시의 저술은 다방면에 걸쳐 다섯 수레나 되지만, 그의 도는 뒤섞여서 고르지 못하고, 그가 말하는 바는 정곡(正鵠)을 잃었다. 그는 사물의 의미를 차례로 검토하여 다음과 같이 열거하였다.

　"지극히 커서 바깥이 없는 것을 대일(大一)이라 하고, 지

극히 작아서 안이 없는 것을 소일(小一)이라 한다. 두께가 없
는 것은 쌓아올릴 수가 없지만, 그 크기는 천리나 된다. 하늘
은 땅과 더불어 낮고, 산은 못(澤池)과 같이 평평하다. 해는
장차 중천에 뜨지만 장차 기울고, 만물은 장차 태어나지만 또
한 장차 죽는다.

크게 보면 같다가도 작게 보면 다르니, 이것을 소동이라
하고, 만물은 모두 같기도 하고 다르기도 하니, 이것을 대동
이라 한다(大同而與小同異 此之謂 小同異 萬物畢同畢異 此之
謂 大同異).

남쪽은 끝이 없음과 동시에 끝이 있고, 오늘 남쪽의 월(越)
나라로 간 것은 어제 월나라에서 온 것이다. 꿰어 있는 고리
도 풀 수가 있다. 나는 천하의 중심을 알고 있다. 연(燕)나라
의 북쪽이며 월나라의 남쪽이 그곳이다. 만물을 넓게 차별 없
이 사랑하면 천지(天地)도 하나가 된다."

혜시는 자기가 천하를 달관한 자라고 자부하여, 이로써 여
러 사람을 가르쳤다.

혜시는 시간과 공간의 무한성, 만물이 필연적으로 가지고
있는 상대성을 논한 것이다. 따라서 여기에서의 『대동소
이』란 상대적 관점에서 보이는 차이는 차이가 아니라는 말
이다. 오늘날에는 거의 비슷하다든지, 그게 그것이라는 의미

로 쓰이고 있다. 주자(朱子)도 《중용장구(中庸章句)》를 쓰면서 뜻은 대동소이하다는 표현을 쓰고 있다.

당나라의 노동(盧同)과 마이(馬異)가 사귐을 맺는 시에, "어제의 같음은 같음이 아니고 다름은 다름이 아니며, 이것이 크게는 같고 작게는 다르다고 말한다."고 쓰고 있다. 오늘날에는 거의 비슷하다든지 그게 그것이라는 의미로 쓰이고 있다.

혜시는 명가(名家)에 속하는 학자로서 장자와 같은 시대의 사람이고, 공손룡(公孫龍)보다 약간 앞 시대의 사람이다. 양(梁)의 혜왕(惠王), 양왕(襄王)을 섬겨 재상이 되었으나, 종횡가(縱橫家) 장의(張儀)에게 쫓겨 초(楚)나라로 갔다가 후에 고향으로 돌아와서 생애를 마쳤다.

박학(博學)한 사람으로 알려졌으며, 그의 저서는 수레로 다섯이나 되었다고 하나, 현재까지 전하는 것은 없다. 그의 주장은 《장자》에서 가끔 찾아볼 수 있으며, 명가(名家) 중에서 궤변이 가장 뛰어났다고 하는데, 그것은 형식과 현실과의 관계를 명확하게 하고, 치세(治世)의 이상상(理想像)을 설파한 것에 지나지 않는다.

■ 一尺之捶 日取其半 萬世不竭
　　일 척 지 추 　일 취 기 반 　만 세 불 갈

"한 자 채찍을 하루에 반으로 끊고, 이튿날 또 반으로, …… 이렇게 계속 끊어 간다면 만세(萬世)가 되어도 없어지지 않는다."

*捶 ; 채찍, 때리다, 매질하다.

*竭 ; 다하다, 없어지다, 끝나다.

【寓言】 궤변론자 혜시(惠施)의 논리다.

"알은 털이 있다. 닭에는 세 개의 발이 있다.

초나라 서울 영(郢)에 천하가 있다. 개는 양이 될 수 있다.

말은 알을 깐다. 개구리에 꼬리가 있다. 불은 뜨겁지 않다.

산은 사람의 입에서 나온다. 수레바퀴는 땅에 붙어 있지 않다. 눈은 보지 못한다.

손가락으로 가리키는 곳에 도달할 수 없으니, 손가락으로 가리키는 곳까지의 길이는 끊어지지 않는다.

거북이는 뱀보다 길다. 곱자로 네모를 그릴 수 없고, 그림쇠로 원을 그릴 수 없다.

구멍에 꽂아 넣은 쐐기를 구멍이 꽉 둘러싸고 있지 않다.

나는 새의 그림자는 결코 움직이지 않는다.

살촉이 붙은 화살이 빨리 날아가더라도 날아가지도 멈추지도 않는 순간이 있다.

강아지는 개가 아니다. 황색 말과 검은 소는 합해서 셋이다. 흰 개는 검다.

어미 없는 망아지는 본시 어미가 없다.

한 자 길이의 채찍을 매일 절반씩 자르면 영원토록 다 자를 수 없다(一尺之捶 日取其半 萬世不竭)."

당세(當世)의 변자(辯者)들은 이상의 명제(辯者二十一事)를 가지고 혜시(惠施)와 함께 서로 응수하면서 죽을 때까지 논쟁을 멈추지 않았다.

11. 天下

天下之治方術者多矣, 皆以其有爲不可加矣! 古之所謂道術者, 果惡乎在? 曰: "無乎不在." 曰: "神何由降? 明何由出?" "聖有所生, 王有所成, 皆原於一."

不離於宗, 謂之天人; 不離於精, 謂之神人; 不離於眞, 謂之至人. 以天爲宗, 以德爲本, 以道爲門, 兆於變化, 謂之聖人; 以仁爲恩, 以義爲理, 以禮爲行, 以樂爲和, 熏然慈仁, 謂之君子; 以法爲分, 以名爲表, 以參爲驗, 以稽爲決, 其數一二三四是也, 百官以此相齒; 以事爲常, 以衣食爲主, 蕃息畜藏, 老弱孤寡爲意, 皆有以養, 民之理也.

古之人其備乎! 配神明, 醇天地, 育萬物, 和天下, 澤及百姓, 明於本數, 系於末度, 六通四辟, 小大精粗, 其運無乎不在. 其明而在數度者, 舊法, 世傳之史尙多有之; 其在於《詩》,《書》,《禮》,《樂》者, 鄒魯之士, 縉紳先生多能明之.《詩》以道志,《書》以道事,《禮》以道行,《樂》以道和,《易》以道陰陽,《春秋》以道名分. 其數散於天下而設於中國者, 百家之學時或稱而道之.

天下大亂, 賢聖不明, 道德不一. 天下多得一察焉以自好.

譬如耳目鼻口, 皆有所明, 不能相通. 猶百家衆技也, 皆有所長, 時有所用. 雖然, 不該不遍, 一曲之士也. 判天地之美, 析萬物之理, 察古人之全. 寡能備於天地之美, 稱神明之容. 是故內聖外王之道, 暗而不明, 鬱而不發, 天下之人各爲其所欲焉以自爲方. 悲夫! 百家往而不反, 必不合矣! 後世之學者, 不幸不見天地之純, 古人之大體. 道術將爲天下裂.

不侈於後世, 不靡於萬物, 不暉於數度, 以繩墨自矯, 而備世之急. 古之道術有在於是者, 墨翟, 禽滑釐聞其風而說之. 爲之大過, 已之大順. 作爲《非樂》, 命之曰《節用》. 生不歌, 死無服. 墨子泛愛兼利而非鬥, 其道不怒. 又好學而博, 不異, 不與先王同, 毁古之禮樂. 黃帝有《鹹池》, 堯有《大章》, 舜有《大韶》, 禹有《大夏 》, 湯有《大濩》, 文王有辟雍之樂, 武王, 周公作《武》. 古之喪禮, 貴賤有儀, 上下有等. 天子棺槨七重, 諸侯五重, 大夫三重, 士再重. 今墨子獨生不歌, 死不服, 桐棺三寸而無槨, 以爲法式. 以此教人, 恐不愛人; 以此自行, 固不愛己. 未敗墨子道. 雖然, 歌而非歌, 哭而非哭, 樂而非樂, 是果類乎? 其生也勤, 其死也薄, 其道大觳. 使人憂, 使人悲, 其行難爲也. 恐其不可以爲聖人之道, 反天下之心. 天下不堪. 墨子雖獨能任, 奈天下何! 離於天下, 其去王也遠矣!

墨子稱道曰: "昔禹之湮洪水, 決江河而通四夷九州也. 名山三百, 支川三千, 小者無數. 禹親自操橐耜而九雜天下之川. 腓無胈, 脛無毛, 沐甚雨, 櫛疾風, 置萬國. 禹大聖也, 而形勞天下也如此." 使後世之墨者, 多以裘褐爲衣, 以屐蹻爲服, 日夜不休, 以自苦爲極, 曰: "不能如此, 非禹之道也, 不足謂墨."

相里勤之弟子, 五侯之徒, 南方之墨者若獲, 已齒, 鄧陵子之屬, 俱誦《墨經》, 而倍譎不同, 相謂別墨. 以堅白同異之辯相訾, 以奇偶不仵之辭相應, 以巨子爲聖人. 皆願爲之屍, 冀得爲其後世, 至今不決. 墨翟, 禽滑厘之意則是, 其行則非也. 將使後世之墨者, 必以自苦腓無胈, 脛無毛相進而已矣. 亂之上也, 治之下也. 雖然, 墨子真天下之好也, 將求之不得也, 雖枯槁不舍也, 才士也!

夫不累於俗, 不飾於物, 不苟於人, 不忮於衆, 願天下之安寧以活民命, 人我之養, 畢足而止, 以此白心. 古之道術有在於是者, 宋鈃, 尹文聞其風而悅之. 作爲華山之冠以自表, 接萬物以別宥爲始. 語心之容, 命之曰 "心之行". 以聏合歡, 以調海內. 請欲置之以爲主. 見侮不辱, 救民之鬪, 禁攻寢兵, 救世之戰. 以此周行天下, 上說下教. 雖天下不取, 強聒而不舍者也. 故曰: 上下見厭而強見也.

雖然, 其爲人太多, 其自爲太少, 曰: "請欲固置五升之飯足矣." 先生恐不得飽, 弟子雖饑, 不忘天下, 日夜不休. 曰: "我必得活哉!" 圖傲乎救世之士哉! 曰: "君子不爲苛察, 不以身假物." 以爲無益於天下者, 明之不如己也. 以禁攻寢兵爲外, 以情欲寡淺爲內. 其小大精粗, 其行適至是而止.

公而不黨, 易而無私, 決然無主, 趣物而不兩, 不顧於慮, 不謀於知, 於物無擇, 與之俱往. 古之道術有在於是者, 彭蒙, 田駢, 慎到聞其風而悅之. 齊萬物以爲首, 曰: "天能覆之而不能載之, 地能載之而不能覆之, 大道能包之而不能辯之." 知萬物皆有所可, 有所不可. 故曰: "選則不遍, 敎則不至, 道則無遺者矣."

是故慎到棄知去己, 而緣不得已. 泠汰於物, 以爲道理. 曰: "知不知, 將薄知而後鄰傷之者也." 謑髁無任, 而笑天下之尚賢也; 縱脫無行, 而非天下之大聖; 椎拍輐斷, 與物宛轉; 舍是與非, 苟可以免. 不師知慮, 不知前後, 魏然而已矣. 推而後行, 曳而後往. 若飄風之還, 若羽之旋, 若磨石之隧, 全而無非, 動靜無過, 未嘗有罪. 是何故? 夫無知之物, 無建己之患, 無用知之累, 動靜不離於理, 是以終身無譽. 故曰: "至於若無知之物而已, 無用賢聖. 夫塊不失道." 豪桀相與笑之曰: "慎到之道, 非生人之行, 而至死人之理." 適得怪焉. 田駢亦然, 學於彭蒙, 得不敎焉. 彭蒙之師曰: "古之道人, 至於莫之是,

莫之非而已矣. 其風窨然, 惡可而言."常反人, 不見觀, 而不
免於魭斷. 其所謂道非道, 而所言之韙不免於非. 彭蒙, 田駢,
慎到不知道. 雖然, 概乎皆嘗有聞者也.

以本爲精, 以物爲粗, 以有積爲不足, 澹然獨與神明居. 古
之道術有在於是者, 關尹, 老聃聞其風而悅之. 建之以常無有,
主之以太一. 以濡弱謙下爲表, 以空虛不毀萬物爲實. 關尹
曰: "在己無居, 形物自著."其動若水, 其靜若鏡, 其應若響.
芴乎若亡, 寂乎若淸. 同焉者和, 得焉者失. 未嘗先人而常隨人.

老聃曰: "知其雄, 守其雌, 爲天下溪 ; 知其白, 守其辱, 爲
天下穀."人皆取先, 己獨取後. 曰: "受天下之垢."人皆取實,
己獨取虛. "無藏也故有餘". 巋然而有餘. 其行身也, 徐而不
費, 無爲也而笑巧. 人皆求福, 己獨曲全. 曰: "苟免於咎"
以深爲根, 以約爲紀. 曰: "堅則毀矣, 銳則挫矣." 常寬容於
物, 不削於人. 雖未至於極, 關尹, 老聃乎, 古之博大眞人哉!

惚漠無形, 變化無常, 死與生與? 天地並與? 神明往與? 芒
乎何之? 忽乎何適? 萬物畢羅, 莫足以歸. 古之道術有在於是
者, 莊周聞其風而悅之. 以謬悠之說, 荒唐之言, 無端崖之辭,
時恣縱而不儻, 不奇見之也. 以天下爲沈濁, 不可與莊語. 以卮
言爲曼衍, 以重言爲眞, 以寓言爲廣. 獨與天地精神往來, 而不
敖倪於萬物. 不譴是非, 以與世俗處.

其書雖環瑋, 而連犿無傷也. 其辭雖參差, 而諔詭可觀. 彼其充實, 不可以已. 上與造物者遊, 而下與外死生, 無終始者爲友. 其於本也, 弘大而辟, 深閎而肆; 其於宗也, 可謂稠適而上遂矣. 雖然, 其應於化而解於物也, 其理不竭, 其來不蛻, 芒乎昧乎, 未之盡者.

惠施多方, 其書五車, 其道舛駁, 其言也不中. 曆物之意, 曰: "至大無外, 謂之大一; 至小無內, 謂之小一. 無厚, 不可積也, 其大千里. 天與地卑, 山與澤平. 日方中方睨, 物方生方死. 大同而與小同異, 此之謂 '小同異'; 萬物畢同畢異, 此之謂 '大同異'. 南方 無窮而有窮. 今日適越而昔來. 連環可解也. 我知天之中央, 燕之北, 越之南是也. 泛愛萬物, 天地一體也."

惠施以此爲大, 觀於天下 而曉辯者, 天下之辯者相與樂之. 卵有毛. 雞有三足. 郢有天下. 犬可以爲羊. 馬有卵. 丁子有尾. 火不熱. 山出口. 輪不蹍地. 目不見. 指不至, 至不絕. 龜長於蛇. 矩不方, 規不可以爲圓. 鑿不圍枘. 飛鳥之景未嘗動也. 鏃矢之疾, 而有不行, 不止之時. 狗非犬. 黃馬驪牛三. 白狗黑. 孤駒未嘗有母. 一尺之捶, 日取其半, 萬世不竭. 辯者以此與惠施相應, 終身無窮. 桓團, 公孫龍辯者之徒, 飾人之心, 易人之意, 能勝人之口, 不能服人之心, 辯者之囿也. 惠施日以其知與之辯, 特與天下之辯者爲怪, 此其柢也. 然惠施之口談, 自以爲最賢, 曰: "天地其壯乎, 施存雄而無術." 南方有倚人焉, 曰黃繚, 問天地所以不墜不陷, 風雨雷霆之故. 惠施不辭而應, 不慮而對, 遍爲萬物說. 說而不休, 多而無已, 猶以爲寡, 益之以怪, 以反人爲實, 而欲以勝人爲名, 是以與衆不適也. 弱於德, 强於物, 其塗隩矣. 由天地之道觀惠施之能, 其猶一蚊一虻之勞者也. 其於物也何庸! 夫充一尚可, 曰愈貴, 道幾矣! 惠施不能以此自寧, 散於萬物而不厭, 卒以善辯爲名. 惜乎! 惠施之才, 駘蕩而不得, 逐萬物而不反, 是窮響以聲, 形與影競走也, 悲夫!

| 사자성어 색인 |

경단급심(綆短汲深) ; 짧은 두레박줄로는 깊은 곳의 물을 길을 수 없다는 뜻으로, 능력이 모자라 일을 감당하지 못한다는 말. / 57

목계양도(木鷄養到) ; 싸움닭이 나무닭처럼 훈련된다는 뜻으로, 일이 훌륭하게 완성되었음을 비유하는 말이다. 싸움닭을 훈련하는 것과 같이 사람도 수양을 쌓아야 완전한 덕(德)을 지니게 된다는 것을 말한다. / 70

재여부재(材與不材) ; 쓸모 있음과 쓸모없음의 사이에 처하란 말로, 처세의 어려움을 이르는 말이다. / 86

감정선갈(甘井先渴) ; "물맛이 좋은 우물은 빨리 마른다." 라는 뜻으로, 재능 있는 사람은 많이 쓰여 일찍 쇠퇴한다는 말. / 90

역보역추(亦步亦趨) ; "남이 걸어가면 따라서 걷고 남이 종종걸음을 하면 따라서 종종걸음을 한다." 라는 뜻으로, 일일이 남이 하는 그대로 따라하는 것을 비유하는 말이다. / 107

옹리혜계(甕裏醯鷄) ; 독 안의 초파리라는 뜻으로, 식견이 좁고 세상물정을 잘 모르는 사람을 이르는 말. / 110

백구과극(白駒過隙) ; 흰 말이 문틈으로 휙 달려 지나간다는 말로서, 세월이 빨리 흐르는 것을 비유하여 이르는 말이

다. / 126

매황유하(每況愈下) ; 형편이 날로 악화되다. 날이 갈수록 점점 더 나빠진다는 말이다. / 128

간발이즐(簡髮而櫛) ; 머리카락을 낱낱이 골라 가며 빗질한다.”라는 말로, 본래의 목적에서 벗어나 자질구레한 일에 얽매이는 것을 비유하여 이르는 말. / 142

공곡공음(空谷跫音) ; “인적이 없는 빈 골짜기에서 들리는 사람의 발자국소리”라는 뜻으로, 적적할 때 사람이 찾아오는 것을 기뻐하는 마음을 이르는 말. / 163

해군지마(害群之馬) ; “무리를 해치는 말”이라는 뜻으로, 많은 사람에게 해를 끼치는 인물 또는 사회에 해악을 끼치는 인물을 비유하는 말. / 167

와각지쟁(蝸角之爭) ; 달팽이의 더듬이 위에서 싸운다는 뜻으로, 하찮은 일로 벌이는 싸움이나, 작은 나라끼리의 싸움을 비유적으로 이르는 말. / 189

지리멸렬(支離滅裂) ; 이리저리 흩어지고 찢기어 도무지 종잡을 수 없는 일. 곧 체계가 없이 마구 흩어져 갈피를 잡을 수 없음을 뜻하는 말. / 191

학철부어(涸轍鮒魚) ; 수레바퀴 자국에 괸 물에 있는 붕어라는 뜻으로, 곤궁한 처지나 다급한 위기를 비유한 말. / 205

득어망전(得魚忘筌) ; 물고기를 잡으면 통발을 잊는다는 뜻
으로, 바라던 바를 이루고 나면 이를 이루기 위하여 했던
일들을 잊어버림을 이르는 말. / 210

수주탄작(隨株彈雀) ; "수후(隨侯)의 구슬을 탄알로 하여 참
새를 쏜다."는 뜻으로, 작은 것을 탐내다 큰 것을 잃음을
비유한 말. / 228

착금현주(捉襟見肘) ; 초라한 차림새나 제 몸에 맞는 옷을 입
을 형편이 못될 정도로 생활이 곤궁한 상태를 비유하는
말. / 232

치추지지(置錐之地) ; 송곳 하나 세울 만한 땅이란 뜻으로, 매
우 좁아 조금의 여유도 없음을 이르는 말. / 247

무병자구(無病自灸) ; 병도 없는데 스스로 뜸질을 한다는 뜻으
로, 쓸데없는 일에 정력을 쏟아 화를 부른다는 뜻. / 249

영불리신(影不離身) ; 그림자는 몸을 떠나지 않는다는 뜻으로,
자신의 허물이나 어떤 사안에 대한 근본적인 해결책을 강
구하지 못하는 어리석음을 비유하는 말. / 278

도룡지기(屠龍之技) ; 용을 잡는 기술이란 뜻으로, 아무리 교
묘해도 실용적 가치가 없는 기술을 비유적으로 이르는 말.
/ 290

팔징구징(八徵九徵) ; "여덟 가지 징조와 아홉 가지 검증"

이라는 뜻으로, 사람의 됨됨이를 판단하는 기준이나 방법
을 이르는 말. / 294

탐려득주(探驪得珠) ; "흑룡을 찾아 진주를 얻는다."라는
뜻으로, 문장이나 용어가 주제나 핵심을 잘 드러내고 있
음을 비유하는 말. / 296

즐풍목우(櫛風沐雨) ; "바람에 머리를 빗고, 비에 몸을 씻는
다."는 뜻으로, 긴 세월 동안에 목적을 달성하기 위하여
온갖 난관을 무릅씀을 이르는 말. / 306

| 명문동양문고 | 莊子
장자 名言 100 (下)

초판 인쇄일 / 2019년 11월 13일

초판 발행일 / 2019년 11월 18일

☆

엮은이 / 金東求

펴낸이 / 金東求

펴낸데 / 明文堂 (창립 1923년 10월 1일)

서울특별시 종로구 윤보선길 61(안국동)

우체국 010579-01-000682

☎ (영업) 733-3039, 734-4798

(편집) 733-4748

FAX. 734-9209

e-mail : mmdbook1@hanmail.net

등록 1977. 11. 19. 제 1-148호

☆

ISBN 979-11-90155-26-7 03140

☆

값 10,000 원 (낙장이나 파본은 구입하신 서점에서 교환해 드립니다.)